L'HYGIÈNE

TYPOGRAPHIE DE CH. LAHURE
Imprimeur du Sénat et de la Cour de Cassation
rue de Vaugirard, 9

L'HYGIÈNE

OU

L'ART DE CONSERVER LA SANTÉ

PAR

LE Dr BEAUGRAND

ancien interne des hôpitaux de Paris
médecin du bureau de bienfaisance du Ve arrondissement
rédacteur du *Journal des connaissances médicales*, etc.

PARIS

LIBRAIRIE DE L. HACHETTE ET Cie

RUE PIERRE-SARRAZIN, No 14

1855

INTRODUCTION.

I. Utilité et but de l'hygiène.

On a, pendant longtemps, reproché à l'autorité administrative de ne pas veiller d'une manière assez attentive ni assez suivie sur la santé publique, spécialement dans les campagnes ; ce reproche ne pouvait-il pas s'adresser bien plus justement encore aux simples particuliers, sur la négligence vraiment coupable que chacun apporte dans sa manière de vivre? On va répétant sans cesse que la santé est le premier des biens, qu'elle remplace la richesse, etc., et cependant on la prodigue comme une chose futile et sans valeur; ne semble-t-on pas avoir pris pour devise ces maximes du débauché Sténo?

> Mes jours, je les dépense au hasard, sans compter;
> Qu'en faire? on en a tant!...
>
> (C. Delavigne, *Marino Faliero*, acte II.)

Et pourtant le fonds ne tarde pas à s'épuiser, et le médecin est appelé à dresser le bilan de tous ces trésors de vigueur et de jeunesse si follement dissipés.

Est-ce donc que la vie matérielle de l'homme n'a pas ses règles de conduite tracées depuis longtemps aussi bien que la vie morale?... Des préceptes, variables suivant les différentes conditions d'âge, de sexe, de saison, de climat, n'ont-ils pas été promulgués depuis des siècles? Les livres des législateurs, des philosophes, des médecins de l'antiquité sont là pour répondre. Voyez Moïse, Lycurgue, les prêtres égyptiens, et surtout ces maîtres en toutes les choses utiles, les Romains; voyez quels soins ils ont donnés à la conservation de la santé publique, quelle variété de règlements, d'institutions, de ressources, toujours appropriés aux circonstances particulières au milieu desquelles ils vivaient. Dans son admirable *Traité des airs, des eaux et des lieux*, Hippocrate n'a-t-il pas analysé, avec la profondeur du génie, les influences diverses du climat, du sol, et même de la forme du gouvernement, sur la constitution physique, les mœurs et le caractère de l'homme? En un mot, ne trouvons-nous pas établie, dès la plus haute antiquité, cette science, ou cet art, comme on voudra l'appeler, qui constitue l'hygiène, et dont les Grecs avaient fait une divinité? Oui, dans ces temps reculés, les connaissances relatives à la santé publique et privée avaient fait des progrès immenses. A cette époque où la force du corps et la beauté des formes extérieures étaient si bien appréciées, tous les moyens de développer et d'augmenter l'une et l'autre étaient sévèrement prescrits et scrupuleusement, on peut même dire ici, dans toute l'acception du mot, religieusement exécutés. Avouons-le donc à notre honte, malgré d'incontestables améliorations, pour la plupart de date toute récente, malgré les remarquables travaux des hygiénistes contemporains, nous sommes restés, sous le point de vue qui nous occupe, au-dessous des peuples civilisés de l'antiquité.

Qu'est-ce donc que l'hygiène, quel est son objet, quelles sont ses applications? C'est ce que nous allons examiner sommairement et d'une manière générale.

L'hygiène, sans entrer avec les auteurs dans de vaines discussions sur la définition de ce mot, signifie pour nous comme pour tout le monde, l'*art de conserver la santé.* Développant ce simple énoncé, nous pourrons dire avec Royer-Collard que « l'hygiène nous apprend à régler la vie de l'homme, considéré soit comme *individu* soit comme *espèce*, de manière à assurer l'exercice régulier de toutes ses fonctions et le développement complet de toutes ses facultés. » Son sujet est l'homme; elle exige donc, dans celui qui l'enseigne, la connaissance exacte de la physiologie, c'est-à-dire des lois de l'organisme. Elle a pour objet l'étude des influences diverses, extérieures ou individuelles, qui peuvent modifier plus ou moins profondément l'économie animale, soit d'une manière avantageuse, soit d'une manière nuisible, et dont nous indiquerons le classement à la fin de cette introduction. On voit dès à présent les différences très-grandes qui séparent l'hygiène de la médecine. Celle-ci a pour but de traiter les maladies, c'est-à-dire les troubles divers survenus dans la santé, tandis que la première a pour mission de les prévenir ; l'hygiène sert aussi à consolider la santé quand la maladie a été guérie, et elle complète alors le traitement.

D'après les mots soulignés dans la définition de Royer-Collard, on voit qu'il y a deux sortes d'hygiène : l'une qui s'occupe de la santé de l'individu, c'est l'*hygiène privée;* l'autre qui s'occupe de la santé des populations, c'est l'*hygiène publique.* Il ne sera question, dans ce livre, que de la première.

II. Hygiène privée.

La connaissance des influences qui peuvent modifier la santé serait, sinon stérile, du moins insuffisante, si l'on ne possédait l'art de paralyser celles qui sont nuisibles, en leur en opposant de favorables, ou bien de les détruire par divers procédés. Et en effet, il ne suffit pas de savoir que l'air altéré par la respiration d'un certain nombre de personnes renfermées dans un même local peut occasionner des accidents graves et même la mort ; il faut faire connaître quelle est la quantité d'air pur nécessaire à chaque individu dans un temps donné, comment on peut renouveler ou purifier cet air avec facilité et sans inconvénients. Ce n'est pas tout de dire que tel aliment est lourd et indigeste; il faut indiquer encore s'il existe quelque moyen de le rendre plus facilement attaquable par les facultés digestives. Il est, sans contredit, très-important d'apprendre quels sont les dangers que présente tel climat, mais à la condition que l'on enseignera les lois et les procédés de l'acclimatement. Eh bien! l'hygiéniste, s'appuyant sur l'analyse exacte des influences que nous allons bientôt passer en revue, nous signale celles que nous devons fuir et celles que nous devons rechercher; il attaque directement les puissances nuisibles auxquelles nous ne pouvons nous soustraire, et, dans cette lutte, il appelle à son aide les ressources que la physique, la chimie et les lois de l'organisme mettent à sa disposition. Il dirige, pour les régulariser, les différentes fonctions de l'économie, les excitant quand elles languissent, les modérant quand leur action est exagérée, ramenant au type normal celles qui sont perverties, rétablissant partout, enfin, cette harmonie qui constitue précisément la santé. Et ce n'est pas seulement de la vie matérielle qu'il s'agit ici, mais encore de nos penchants, de nos appétits, de nos passions. L'hygiène est donc un véritable code de morale appliquée, et c'est bien ainsi que la comprenait Rousseau, lui qui la regardait moins comme une science que comme une vertu. N'est-ce pas elle, en effet, qui peut nous donner ce que les anciens demandaient aux dieux, un esprit sain dans un corps robuste?

Orandum est ut sit mens sana in corpore sano.
(Juvénal, *Sat.* X.)

III. Hygiène publique

Après avoir veillé sur la santé de l'homme isolé et considéré comme individu, l'hygiéniste, se plaçant à un point de vue plus élevé, s'adresse à l'homme en état de réunion ou de société. Sa mission s'agrandit alors de toute l'importance des questions qu'il lui reste à résoudre. Il s'occupe de la salubrité des villes et des campagnes, des armées et des flottes, des hôpitaux et des prisons; il recherche les causes des maladies des artisans, et leur enseigne les moyens préventifs d'y porter remède; il réglemente les industries insalubres, surveille la construction des édifices publics, de ceux-là surtout qui, devant renfermer de nombreuses agglomérations d'hommes ou d'animaux, réclament une aération sagement ménagée; il étudie les localités malsaines, auxquelles il applique les différents modes d'assainissement; il reprend d'une manière plus large la question des endémies, des épidémies et de la contagion, qu'il peut aller attaquer dans leur point de départ. Mais alors il ne se borne pas, comme précédemment, à donner des conseils que le respect pour la liberté individuelle ne permet pas de rendre obligatoires; désormais appuyé sur un autre grand principe, celui de l'utilité publique, il voit ses prescriptions prendre force de loi.

C'est ici que les applications doivent être et sont en

effet nombreuses et fécondes, et, malgré tout ce qui a été fait à cet égard dans ces derniers temps, combien ne reste-t-il pas encore à entreprendre? Mais, chose bien importante à signaler, l'un des principaux obstacles que l'autorité trouve alors devant elle, c'est précisément cette même insouciance que nous déplorions en commençant; chaque jour les mesures les plus sages sont entravées par les difficultés sans nombre que suscite l'inertie ou le mauvais vouloir des populations, toutes les fois qu'il s'agit de salubrité.

D'où vient donc cette résistance singulière à des prescriptions qui ont pour but le bien-être et la santé de l'homme? Nous accuserons d'abord l'ignorance où l'on est généralement des dangers que peuvent faire courir certaines habitudes, certaines conditions de la vie, et de l'action des modificateurs dont nous parlions plus haut; puis l'ennui de s'assujettir à des précautions dont on ne sent pas l'importance; et enfin cette éternelle ennemie du progrès, la routine. L'hygiène ayant été négligée chez nous pendant une longue suite de siècles, on n'a pas appris dès l'enfance à reconnaître sa valeur; on s'est habitué à vivre dans des conditions mauvaises, et cette fâcheuse tradition, transmise jusqu'à nous, se maintient avec toute la ténacité des coutumes depuis longtemps enracinées. A l'égard de l'hygiène, comme de tant d'autres améliorations, bien du temps, bien des efforts seront nécessaires pour triompher de cette inertie, et pour réveiller les populations endormies dans l'ornière du passé; on n'y parviendra qu'avec une grande persévérance, à l'aide d'une impulsion continue et scientifiquement dirigée. Le gouvernement est déjà largement entré dans cette voie : l'institution des comités d'hygiène répandus dans toute la France, l'assainissement des logements insalubres, l'organisation des bains et lavoirs publics, de récentes décisions sur le système des quarantaines, sur certaines professions insalubres ; une nouvelle législation, sévèrement exécutée, sur la vente des substances alimentaires, etc., etc., montrent une résolution bien arrêtée de surmonter les obstacles qui ont perpétué jusqu'à ce jour un si déplorable *statu quo*.

IV. Moyens de répandre la connaissance de l'hygiène.

Introduire l'hygiène dans nos mœurs, dans nos habitudes, tel est le but nettement posé qu'il convient d'avoir sans cesse devant les yeux. Il faudrait donc d'abord inculquer à toutes les classes des notions précises et facilement applicables des procédés hygiéniques, en les mettant à la portée de ceux auxquels on les adresse. Pourquoi l'hygiène ne prendrait-elle pas dans l'éducation une place proportionnée à l'importance du rôle qu'elle doit jouer dans la vie? Pourquoi ne pas substituer à l'enseignement nécessairement incomplet de la botanique et de l'histoire naturelle, quelques généralités d'anatomie et de physiologie comparées, qui serviraient d'introduction à un cours d'hygiène positive? Là trouveraient leur application immédiate les leçons de physique et de chimie. Ne serait-il pas bien important aussi de faire pénétrer l'hygiène dans le peuple et particulièrement au sein des campagnes, au moyen d'almanachs, de manuels, et dans les grandes villes, au moyen de cours publics? Certains encouragements d'une part, et, de l'autre, l'exécution rigoureuse des lois et règlements qui la concernent, achèveraient de prouver l'active sollicitude du pouvoir pour ces graves questions.

L'hygiène est liée plus étroitement que beaucoup de personnes ne paraissent le croire au mouvement de la civilisation, si, par ce mot, on veut entendre avec M. Guizot les progrès et la diffusion des lumières et du bien-être; l'histoire nous montre, en effet, l'hygiène s'élevant avec la civilisation dans les temps anciens, soit en Égypte, soit pendant les grands siècles de la Grèce et de Rome, et retombant avec elle pendant cette période de barbarie et d'ignorance qu'on appelle le moyen âge. Si depuis cette époque l'hygiène est restée en arrière, on semble avoir compris, depuis quelque temps, combien son concours est nécessaire au bonheur des peuples, et tout nous montre qu'elle ne tardera pas à reprendre son rang.

V. Plan de l'ouvrage.

L'hygiène, avons-nous dit plus haut, et il est bien entendu qu'il s'agit seulement ici de celle qui s'occupe de l'individu, l'*hygiène privée* en un mot, a pour objet l'étude des influences extérieures ou individuelles qui peuvent modifier plus ou moins profondément l'économie animale, soit d'une manière avantageuse, soit d'une manière nuisible. Il s'agit de classer ces influences, afin de les étudier, dans un ordre qui les fixe d'autant mieux dans la mémoire qu'elles s'enchaîneront d'une manière plus logique.

Les causes qui peuvent modifier la santé sont *extérieures* ou *individuelles*. Voilà déjà une première distinction qui nous permet d'établir deux grandes coupes dans l'histoire des modificateurs de la vie.

1° *Causes ou influences extérieures.* L'homme placé sur le globe terrestre subit *nécessairement* l'action des phénomènes physiques et chimiques qui s'accomplissent autour de lui à la surface de ce globe. Telles sont les grandes influences exercées par la direction et les mouvements de la terre, qui changent sa situation par rapport au soleil et déterminent les alternatives de jour et de nuit, les saisons et les climats ; telles sont les actions exercées par l'air atmosphérique qui nous enveloppe de toutes parts et sert d'intermédiaire aux agents physiques de la nature, l'électricité, la lumière, le calorique en plus (chaleur) ou en moins (froid), l'humidité, etc.; telles sont les influences que le sol exerce sur l'homme par sa configuration, sa structure, l'état de sa surface, etc.; telles sont, enfin, les influences exercées par les eaux courantes ou stagnantes répandues à la surface du globe.

L'homme est-il donc condamné à subir l'action de modificateurs si énergiques sans pouvoir lutter contre leurs effets plus ou moins nuisibles? Non, assurément. Il emprunte au monde extérieur les armes qu'il oppose aux influences du monde extérieur : c'est ainsi qu'il se construit des demeures, qu'il se couvre de vêtements pour combattre les intempéries chaudes ou froides des climats et des saisons; qu'à l'aide des bains il prémunit son corps contre ces intempéries en même temps qu'il le débarrasse des impuretés que les poussières, etc., ont accumulées à sa surface. Mais ces moyens agissent, eux aussi, d'une manière favorable ou défavorable sur l'économie, suivant qu'ils sont employés avec ou sans discernement. C'est là une catégorie de causes extérieures bien tranchée, et il importe de la séparer de la première plus nettement que ne l'ont fait les hygiénistes, qui semblent n'avoir pas compris la valeur philosophique de cette distinction.

Ce n'est pas tout : il se passe dans l'homme des phénomènes incessants de déperdition, qui entraînent un besoin incessant aussi de réparation, surtout dans certaines circonstances, quand le corps s'accroît, par exemple, dans les grandes fatigues, etc. Au total, c'est encore dans le monde extérieur qu'il faut aller chercher les matériaux de réparation : ce sont les substances solides ou liquides que l'on ingère dans les voies digestives sous les noms d'*aliments* et de *boissons*. Mais ces aliments et ces boissons ne sont pas tous également réparateurs, ils ne sont pas tous également attaquables par les puissances digestives; ils jouissent de propriétés fort différentes, excitantes, relâchantes, etc., ils exercent dès lors une action très-grande sur la santé. Le rôle de l'hygiéniste est ici de diriger l'homme en santé dans le choix de ses aliments, pour les approprier aux conditions différentes de saison, de climat, d'âge, de tempérament, etc., dans lesquelles le sujet se trouve placé. Cette nouvelle classe de modificateurs est donc encore bien nettement déterminée et elle conduit, par une transition toute logique, à la seconde division principale, celle qui traite des influences individuelles, puisque c'est pour répondre à des besoins dont la source est dans l'individu que l'on va emprunter ainsi les éléments de restauration au monde extérieur.

2° *Influences individuelles*. Ici les causes sont dans l'homme lui-même. Il est certain que la manière de vivre de l'enfant, de l'adulte et du vieillard ne saurait être la même; que les sexes, les tempéraments, les constitutions, créent également des manières d'être qui exigent des soins spéciaux. Les différentes fonctions ont aussi leur hygiène; les sens, celui de la vue en particulier, l'exercice de la voix, de la parole et du chant, doivent être réglementés. Les travaux intellectuels n'ont-ils pas sur la santé une influence qui mérite au plus haut point l'attention de l'hygiéniste? Enfin, que de considérations importantes, et variées dans leur application, l'étude des mouvements ne nous fournit-elle point? De là découlent les questions si intéressantes des attitudes, des exercices, de la gymnastique, etc.

En résumé, deux parties bien distinctes :

PREMIÈRE PARTIE.

INFLUENCES EXTÉRIEURES.

PREMIÈRE SECTION. *Influences des phénomènes célestes et des agents physiques et chimiques de la nature.*

Influences : 1° des astres et des mouvements de la terre (alternatives de jour et de nuit); 2° de la pesanteur; 3° de l'air atmosphérique et de ses différentes altérations; 4° de l'électricité; 5° de la lumière; 6° de la température, de l'humidité et de la sécheresse; 7° des climats; 8° des saisons; 9° du sol (configuration, inégalités, état de la surface, etc.); 10° des eaux (pluviales, courantes, de mer, stagnantes); 11° des endémies, des épidémies, de la contagion.

DEUXIÈME SECTION. *Influences des agents matériels opposés par l'homme aux influences physiques et chimiques de la nature.*

1° Des habitations; 2° des vêtements; 3° des bains.

TROISIÈME SECTION. *Influences des substances matérielles ingérées par l'homme pour réparer ses déperditions.*

1° Des aliments; 2° des boissons; 3° de quelques modificateurs particuliers (tabac, opium, haschisch, etc.).

DEUXIÈME PARTIE.

INFLUENCES INDIVIDUELLES.

1° Des âges; 2° des sexes; 3° des tempéraments; 4° des constitutions, des idiosyncrasies, de l'obésité et de la maigreur; 5° hygiène des sens, et du sens de la vue en particulier; 6° hygiène de la voix et de la parole; 7° hygiène de l'intelligence et des passions; 8° hygiène des mouvements (exercices, promenades, gymnastique, équitation, natation, escrime, etc.).

VI. Bibliographie.

Comme les différentes questions que nous passons en revue dans ce livre sont, pour la plupart, fort importantes; que chacune d'elles a fourni matière à des travaux plus ou moins étendus; et enfin que nos lecteurs pourraient désirer en approfondir quelques-unes, nous avons jugé à propos de donner, à l'occasion de chaque article, une courte notice bibliographique dans laquelle nous ferons connaître l'ouvrage ou les ouvrages spéciaux, mémoires, etc., qu'il conviendrait de consulter.

Et pour commencer nous indiquerons, comme traités généraux d'hygiène très-développés et tout à fait au niveau de la science, les ouvrages suivants :

1° *Nouveaux éléments d'hygiène*, par Ch. Loude. 2 vol. in-8°, 3e édition, Paris, 1847, chez J. B. Baillière. Ce traité, dont la première édition remonte à 1827, a obtenu un succès justement mérité. M. Loude a consacré la presque totalité du premier volume à l'hygiène des facultés de l'intelligence, qu'il étudie d'après la classification de Gall.

2° *Traité d'hygiène publique et privée*, par Michel Levy. 2 forts vol. in-8°, 2e édition, Paris, 1850, chez J. B. Baillière. Ouvrage très-étendu, très-méthodique, riche de faits et rempli d'explications physiologiques fort savantes, hasardées quelquefois, ingénieuses toujours, bien importantes pour le médecin, mais qui ne seraient peut-être pas toujours à la portée des personnes étrangères à la science médicale.

3° *Cours d'hygiène fait à la faculté de médecine de Paris*, par le docteur Louis Fleury. 8 livraisons grand in-8° ont paru chez Labé, place de l'École-de-Médecine. Ce grand et important ouvrage est encore en voie de publication, mais ne tardera pas à être terminé. On peut le regarder, dès à présent, comme le traité le plus complet qui ait été publié chez nous sur l'hygiène. L'auteur joint une grande élégance à une grande lucidité de style ; nous lui reprocherons seulement d'avoir un peu trop sacrifié aux sciences accessoires, physique, météorologie, etc.

4° *Traité élémentaire d'hygiène privée et publique*, par le docteur A. BECQUEREL. 1 vol. grand in-18, 2e édition, Paris, 1854, chez Labé. Livre classique très-bien fait, où toutes les questions d'hygiène se trouvent traitées d'une manière nette et concise.

Si nous ne mentionnons pas le grand dictionnaire récemment publié par M. le docteur A. TARDIEU (3 vol. in-8°), c'est que ce travail est à peu près exclusivement consacré à l'hygiène publique. Les administrateurs y trouveront, outre des détails hygiéniques très-circonstanciés et des indications bibliographiques très-nombreuses, le texte des lois, décrets, ordonnances, etc., qui régissent la matière.

L'HYGIÈNE.

PREMIÈRE PARTIE.

INFLUENCE DES AGENTS EXTÉRIEURS.

PREMIÈRE SECTION.

INFLUENCE DES AGENTS PHYSIQUES ET CHIMIQUES DE LA NATURE.

I.

INFLUENCE DES ASTRES ET DES MOUVEMENTS DE LA TERRE.

On connaît le rôle que les anciens faisaient jouer aux astres dans les destinées de la vie humaine ; la santé n'était pas oubliée dans ces bizarres et ridicules croyances, et les principaux organes du corps avaient été placés sous le patronage des planètes alors connues. Aujourd'hui Mars, Vénus, Saturne, etc., ont perdu leur crédit ; mais la lune, astre plus rapproché de nous et plus visible, a encore conservé une partie du sien. Aux yeux de beaucoup de gens, certaines époques des phases de la lune exercent une grande action sur le nombre des naissances, sur divers phénomènes nerveux tels que les attaques d'épilepsie, sur les manifestations de la folie, etc. Est-il nécessaire de dire que, pour les naissances, les relevés des registres de l'état civil, pour les maladies, les statistiques médicales donnent le plus complet démenti à toutes ces imaginations? Ainsi, pour l'épilepsie en particulier, M. Moreau de Tours ayant cru devoir étudier cette question pendant cinq années sur 108 épileptiques qui lui ont fourni le chiffre imposant de 42 637 accès, il en est résulté pour lui cette conséquence que l'action de la lune sur les attaques d'épilepsie doit être niée de la manière la plus absolue !... On peut en dire autant pour les autres affections.

Cependant il résulte des rapports de la terre avec les astres certains effets qui agissent sur l'homme d'une manière incontestable, et qui s'expliquent parfaitement; nous noterons : 1° le mouvement de rotation de la terre sur son axe, par suite duquel les différents points de la surface du globe sont successivement présentés aux rayons du soleil, et d'où résultent les alternatives du *jour* et de la *nuit*; 2° le mouvement de translation autour du soleil, qui donne naissance aux *saisons*; 3° enfin le grand fait de l'inclinaison du globe sur l'écliptique, qui détermine les *climats*. Ces circonstances jouent un grand rôle en hygiène ; nous apprécierons plus loin les deux dernières, voyons tout de suite la première.

Des alternatives du jour et de la nuit. — De la veille et du sommeil.

Le jour est le temps de la veille, des travaux, c'est-à-dire de la manifestation de l'activité humaine. La nuit est le temps du repos, de la réparation des forces, et cela non-seulement pour l'homme, mais encore pour les animaux et même pour les plantes.

On sait que dans les zones tempérées, mais surtout en se rapprochant des pôles, la différence de longueur des jours et des nuits varie avec les saisons; de telle sorte que pendant l'été, dans les régions polaires, il y a un jour permanent de plusieurs mois, et pendant l'hiver une nuit profonde de plusieurs mois également. Chez nous (zone tempérée), la durée moyenne de la nuit est de 14 heures 1/2 en automne et en hiver, et de 9 heures 1/2 au printemps et en été, tandis que sous l'équateur il y a sensiblement égalité entre ces deux alternatives d'obscurité et de lumière. Or, l'homme ne consacre pas au sommeil tout le temps de l'obscurité, et nous verrons plus loin (voy. *Ages*) quelle doit être la durée du sommeil pour l'enfant et le vieillard; disons tout de suite que, pour l'adulte, elle doit être de six à sept heures, huit heures au plus.

Le sommeil s'annonce par une sensation de pesanteur et d'engourdissement du corps et de l'esprit. Ce besoin est d'autant plus impérieux que la fatigue physique ou intellectuelle est plus grande, que le sujet est plus faible, plus jeune, plus lymphatique; les sujets sanguins et vigoureux ressentent très-vivement ce besoin quand il y a chez eux surabondance de sang: c'est là, pour ces personnes, un symptôme sur lequel il convient d'attirer l'attention du médecin. La durée du sommeil subit les mêmes influences; les enfants, les femmes, les sujets à constitution délicate dorment très-longtemps. Enfin l'intensité du sommeil varie suivant les individus, et surtout suivant les circonstances que nous venons de rappeler. Quant aux heures du coucher et du lever, elles sont nécessairement subordonnées aux occupations, à la résidence dans les villes ou à la campagne. Dans les villes, on se couche et l'on se lève généralement trop tard. Le repos au lit de dix ou onze heures du soir à six ou sept heures du matin serait d'une bonne hygiène pour les citadins.

On connaît les graves inconvénients qu'il y a de vouloir intervertir les lois de la nature, et de faire de la nuit le jour. Les personnes qui, par état, sont obligées de veiller la nuit, ont le teint pâle, blafard; le système nerveux est exalté aux dépens de la vigueur réelle : aussi la mortalité est-elle très-grande chez les ouvriers, les boulangers, par exemple, qui passent les nuits à travailler, et chez les personnes du monde qui abusent des bals, des parties et des fêtes nocturnes, dans lesquels les inconvénients de l'air confiné, des lumières artificielles (voy. *Habitations*) s'ajoutent à la privation du sommeil. Le repos pendant le jour n'est nullement réparateur ; il laisse du dégoût, du malaise, de la fatigue. Il faut cependant en excepter la sieste des pays chauds, qui est très-avantageuse (voy. *Climats*).

Les personnes qui dorment beaucoup prennent un embonpoint considérable, et cela tient surtout à ce que, pendant le sommeil, la respiration est ralentie, et qu'alors le poumon consomme moins de carbone et d'hydrogène, principes qui forment les matières grasses (voy. *Alimentation*); de plus, les facultés intellectuelles s'émoussent : un repos modérément prolongé, mais calme, laisse au réveil les facultés physiques et morales dans toute la plénitude de leur énergie.

Bien que le travail de la digestion porte au sommeil, il ne faut pourtant pas s'y livrer avant que trois ou quatre heures se soient écoulées depuis un repas abondant ; car, chez beaucoup de personnes, le sommeil trouble la digestion.

La nuit exerce une influence très-remarquable sur certains actes de la vie, mais surtout pendant l'état de maladie ; nous n'avons pas à nous en occuper ici. Les naissances sont manifestement plus nombreuses la nuit que le jour. On croyait qu'il en était de même pour les décès; mais les relevés de M. Quetelet n'ont pas démontré cette assertion.

Une circonstance fort curieuse notée par un statisticien distingué, M. Guerry, c'est que le plus grand nombre des suicides, mais surtout des suicides par suspension, ont lieu de six à huit heures du matin ; les hygiénistes ont noté ce fait comme une curiosité, sans en deviner la cause qui est cependant bien facile à comprendre. Si les suicides sont plus nombreux pendant la matinée, c'est que le matin succède à la nuit, et que la nuit est le temps des réflexions tristes et pénibles. Alors, en effet, l'imagination s'exalte, le malheur apparaît dans sa hideuse nudité et prend même des proportions exagérées : le désespoir s'empare de l'âme.... de là au suicide il n'y a qu'un pas., et ce pas est bientôt franchi.

II.

DE LA PESANTEUR.

Les corps vivants, en vertu des lois spéciales qui les régissent, résistent à l'action des agents physiques de la nature. Ainsi, par le fait de la circulation, le sang résiste à l'action de la *pesanteur*, qui tend à le faire descendre dans les parties les plus basses du corps. Cependant la situation sur la tête, les jambes étant en l'air, que prennent souvent les bateleurs, ne peut être continuée pendant plus de quelques minutes sans danger de congestion cérébrale. Les personnes que leur profession oblige à se tenir longtemps debout sont exposées aux varices, aux ulcères aux jambes, aux descentes; la station assise donne souvent lieu aux hémorrhoïdes, à la constipation, et, chez les femmes, à certaines maladies spéciales à leur sexe. Ces effets sont d'autant plus marqués que l'individu est plus faible, et qu'il ne peut opposer des forces de résistance suffisantes pour combattre les effets de la pesanteur. Nous y reviendrons à propos des attitudes: mais nous devions signaler ces faits.

III.

DE L'AIR ATMOSPHÉRIQUE.

On appelle *atmosphère* cette masse gazeuse qui environne de toutes parts le globe terrestre, et lui forme une enveloppe de quinze à vingt lieues d'épaisseur. Le gaz ou plutôt le mélange de gaz qui forme cette couche extérieure du globe se nomme *air*. L'air est composé, sur 100 parties, de 21 d'oxygène ou air vital, et de 79 d'azote, gaz impropre à la respiration; il s'y joint encore un peu d'acide carbonique (de 3 à 6 dix-millièmes), une quantité de vapeur d'eau (6 à 9 millièmes) variable suivant la température et suivant quelques autres circonstances. Ainsi constitué, l'air est à l'état normal, il est *pur*; c'est l'aliment de la respiration, indispensable à l'entretien de la vie; mais sa composition peut être altérée par différentes causes, par le mélange de certains gaz, de certaines vapeurs, par des poussières plus ou moins fines, plus ou moins irritantes, par des émanations provenant de matières animales ou végétales en putréfaction, etc., qui lui communiquent des qualités nuisibles. Ces influences doivent être attentivement étudiées par l'hygiéniste, afin qu'il puisse les neutraliser dans leur principe et les combattre dans leurs effets. Ce n'est pas tout : l'air, en tant que masse gazeuse immobile ou en mouvement, exerce encore sur l'homme des actions qu'il importe de signaler, afin que l'on tâche de s'y soustraire quand ces actions sont dangereuses.

Nous allons passer en revue ces différentes influences, nous bornant toutefois à mentionner, de peur de répétitions et de redites, celles dont l'histoire se rattache à certaines autres influences complexes dont il sera question plus tard.

I. Pression ou pesanteur de l'air.

L'air, avons-nous dit, forme autour du globe terrestre une couche épaisse de quinze à vingt lieues, mais dont la densité[1]

1. On entend par densité l'état plus ou moins grand de rapprochement des particules des corps : d'où, par hypothèse, la pesanteur plus ou moins grande de ces corps, suivant qu'ils renferment plus ou moins de particules pour un volume égal. Ainsi, sous le même volume, un morceau de plomb est plus lourd qu'un morceau de chêne, un morceau de chêne plus lourd qu'un morceau de liége, parce que dans ces différents corps les particules sont dans un état très-différent de condensation.

n'est pas la même à toutes les hauteurs. Depuis la surface du sol jusqu'à sa limite extrême, l'air va toujours se raréfiant, c'est-à-dire que ses particules sont de plus en plus écartées les unes des autres, jusqu'à ce qu'enfin elles manquent tout à fait. On comprend dès lors que, plus on s'élève, moins la pression doit être forte, puisque d'une part la hauteur de la colonne d'air qui pèse sur le corps diminue, et que, d'autre part, cette colonne est de moins en moins riche en particules. Or, ce changement dans la densité de l'air et dans la pression que cette masse détermine sur le corps de l'homme suivant les différentes hauteurs, doit nécessairement produire des phénomènes très-appréciables, dont l'étude doit nous arrêter un moment.

Ici se présente une notion de physique assez curieuse à connaître : c'est l'énorme pression que fait éprouver au corps le poids de l'atmosphère. Ce poids étant évalué d'après le poids de la colonne de mercure auquel l'air fait équilibre dans le baromètre, on voit qu'à Paris, où le mercure se maintient à 756 millimètres, la pesanteur de l'air, représentant celle d'une colonne de mercure de 756 millimètres, est très-exactement de 1028 grammes par centimètre carré. Or, la surface du corps offre en moyenne 17 500 centimètres carrés; donc la pression éprouvée par le corps est égale à 17 990 kilogrammes (environ trente-six mille livres)! Comment notre organisme si frêle, si fragile, n'est-il pas broyé, aplati par cette effrayante compression? mieux que cela, comment se fait-il que nous n'en ayons même pas la conscience? Tout simplement parce que l'air contenu dans les grandes cavités de la poitrine et de l'intestin d'une part, et de l'autre la force *expansive* des gaz et des vapeurs enfermés dans nos vaisseaux font équilibre à l'air extérieur; enfin par suite de l'égalité de pression supportée par tous les points de la surface du corps, de telle sorte que la colonne d'air qui presse de haut en bas est contre-balancée par celle qui presse de bas en haut, etc.... Ainsi, par une merveilleuse prévision de la nature, ces différentes forces, opposées les unes aux autres, s'annulent les unes par les autres.

Cependant, les brusques variations atmosphériques amenant des modifications brusques dans l'action expansive des gaz et des vapeurs intérieurs, il doit en résulter des désordres dans la santé. Voici ce qui le prouve. On a plusieurs fois observé des cas de mort subite par apoplexie cérébrale et pulmonaire, ou simplement des symptômes de congestion. lorsque le thermomètre venait à subir rapidement un abaissement considérable indiquant une diminution très-marquée dans la pression atmosphérique. La dilatation brusque du sang moins fortement comprimé explique ces phénomènes.

Les effets résultant de la diminution de la pression de l'air se font surtout remarquer quand on s'élève à une certaine hauteur, soit en ballon, soit au sommet des montagnes. On éprouve alors un ensemble d'accidents très-curieux, caractérisés surtout par de l'essoufflement, de la faiblesse, de la somnolence, etc., que nous étudierons et dont nous apprécierons les conséquences au point de vue de l'hygiène, en parlant des montagnes (voy. *Sol*).

L'air, devenant de plus en plus rare avec la hauteur, doit nécessairement devenir de plus en plus dense à mesure qu'on descend au-dessous de la surface du sol; mais, comme les excavations creusées dans le sein de la terre, puits, mines, etc., sont en réalité d'une profondeur très-peu considérable par rapport à la hauteur de la couche atmosphérique, les effets sont à peine marqués. D'ailleurs il y a là d'autres influences beaucoup plus énergiques d'obscurité, d'humidité, etc., qui masquent entièrement les effets de l'augmentation de pression atmosphérique.

Pour connaître les effets d'une pression supérieure à celle que l'air exerce sur nous à la surface du sol où nous vivons, il a fallu recourir à des appareils particuliers dans lesquels l'air était artificiellement condensé. Alors on a constaté des phénomènes inverses de ceux que produit l'air raréfié : respiration lente, large, facile; pouls plus lent qu'à l'état naturel; sentiment de bien-être, de force et d'agilité; intelligence plus nette, plus lucide, quelquefois même exaltée; faim très-vive, etc.: en un mot, la vie semble doublée.

On comprend qu'il est fort difficile de combattre les effets des changements brusques survenus dans la pression barométrique. On peut cependant donner aux personnes sanguines, à col court, et en un mot aux personnes exposées ou sujettes aux congestions cérébrales, quelques conseils de précaution. Quand le baromètre indiquera, par un abaissement considérable, une diminution rapide dans la pression de la masse atmosphérique, elles devront éviter tout ce qui peut faire porter ou retenir le sang à la tête ou à la poitrine, tels que les vêtements trop chauds et surtout trop serrés, les cravates trop étroitement liées autour du cou, les stimulants alcooliques, les aliments trop substantiels ou pris en trop grande abondance, un travail intellectuel trop assidu ou nécessitant une trop grande contention de l'esprit, etc.

Nous aurions bien des choses à dire sur l'application des bains d'air comprimé chez les sujets débiles, lymphatiques, scrofuleux, etc. Mais il y a là des indications particulières dont l'appréciation ne peut être faite que par un médecin.

II. Des mouvements de l'air. — Des vents.

Lorsque de grandes masses d'air viennent à se déplacer, entraînées qu'elles sont vers d'autres régions de l'atmosphère, il en résulte des courants plus ou moins rapides connus sous le nom de *vents*.

La température des vents diffère suivant qu'ils proviennent d'une contrée froide ou chaude : ainsi, pour nos climats, les vents du Nord sont froids, ceux du Midi sont chauds; s'ils ont traversé la mer ou de vastes étendues d'eau, il s'y ajoute de l'humidité; à Paris, les vents de l'Ouest qui ont traversé l'Océan sont chargés de vapeur d'eau; ceux de l'Est, qui viennent du continent, sont plus secs.

Les vents froids, quand ils frappent le corps de l'homme, déterminent un refroidissement très-rapide, surtout si l'on est en sueur ou si les vêtements sont mouillés. Il peut en résulter des esquinancies, des rhumes, des fluxions de poitrine, ou bien des inflammations intestinales, des dysenteries. Les personnes déjà malades de la poitrine, les asthmatiques, les catarrheux, les phthisiques, etc., en éprouvent des effets très-fâcheux. Les vents chauds, si terribles dans les régions tropicales, comme le simoun d'Afrique, par exemple, n'ont pas chez nous d'action bien redoutable; ils peuvent causer un sentiment de malaise et d'oppression, mais qui cesse bientôt quand la cause a disparu.

Règles hygiéniques. Il faut se soustraire à l'action des *vents froids*, soit en se vêtant convenablement, soit par une marche rapide, soit enfin en évitant de s'exposer à leur action. Quant aux vents chauds, on cherchera un abri où l'on puisse se tenir au frais, on agitera l'air avec un éventail, un mouchoir; nous n'avons pas besoin d'insister sur ces précautions. Il est certaines contrées où des vents froids ou chauds règnent alternativement avec une certaine régularité. Ici encore l'indication est bien évidente; on évitera de s'y exposer, ou bien on se garantira de leur action à l'aide de vêtements convenables. Nous y reviendrons à l'occasion des *climats.*

Nous reparlerons encore de l'influence des vents à propos des *épidémies*, des *effluves marécageux*, etc.

III. Altérations de l'air dans sa composition.

1° *Air confiné.* Lorsque des hommes, des animaux, sont réunis dans un espace fermé, les proportions des différents gaz qui constituent l'air sont notablement modifiées par l'acte de la respiration, dans lequel de l'oxygène est pris et de l'acide carbonique exhalé. La combustion des corps destinés à l'éclairage et au chauffage produit le même effet, et l'air ainsi altéré ne tarde pas à devenir nuisible. Nous examinerons avec soin cette importante question à propos des *habitations*, et nous indiquerons en même temps les moyens de remédier à cette viciation.

2° *Altération de l'air par différents gaz.* Les émanations des fosses d'aisances, des matières végétales et animales en putréfaction, viennent altérer la pureté de l'air d'une manière très-dangereuse pour la santé de l'homme C'est encore là un sujet fort important de considérations hygiéniques, que nous devons renvoyer aux habitations; nous ferons connaître alors quels sont les meilleurs *désinfectants.*

3° *Altération de l'air par les odeurs et les émanations des plantes.* Encore à renvoyer à l'article des habitations.

4° *Altération de l'air par les poussières.* Les poussières fines que soulèvent les grands vents n'agissent que d'une manière passagère sur ceux qui s'y trouvent accidentellement exposés. Elles peuvent causer de la sécheresse à la gorge, de la toux ; mais cette toux s'accompagne bientôt d'une sécrétion muqueuse qui détache les poussières et les entraîne par l'expectoration. Tout s'arrête là. Il n'en est pas de même pour certaines professions (charbonniers, amidonniers, fondeurs, éplucheurs de crin, cardeurs, etc.), qui soumettent ceux qui les exercent à l'action presque incessante de poussières plus ou moins nuisibles. On a imaginé beaucoup d'appareils et de procédés pour soustraire ces ouvriers aux dangers de leur profession. Mais c'est là une question d'hygiène publique qui ne nous regarde point.

5° *Altération de l'air par les miasmes.* Voy. *Sol*, *Marais*, *Endémies* et *Épidémies*.

IV.

DE L'ÉLECTRICITÉ ATMOSPHÉRIQUE ET ARTIFICIELLE.

L'électricité est un des plus puissants agents du monde physique ; c'est par son intervention que l'on explique une foule de phénomènes météorologiques dont le plus connu et le plus redouté consiste dans la production de la foudre. Nous aurons à examiner ici successivement les effets de l'électricité atmosphérique et ceux de l'électricité développée artificiellement par les machines.

I. De la foudre. — Considérations sur les moyens de s'en garantir[1].

La somme d'électricité naturellement répandue dans l'atmosphère varie suivant la température, l'humidité de l'air, la force et la direction des vents. Les orages dépendent le plus ordinairement d'une condensation rapide de vapeurs formées sous l'influence de la chaleur; aussi sont-ils plus fréquents et plus intenses pendant l'été que pendant l'hiver, tant dans les pays chauds que dans les pays froids.

Lorsque l'atmosphère renferme des nuages fortement chargés d'électricité, que le temps est, comme on le dit, à l'orage, beaucoup de personnes, mais plus particulièrement les sujets faibles, nerveux, impressionnables, éprouvent du malaise, des pesanteurs ou des maux de tête; les anciennes blessures deviennent douloureuses; les douleurs rhumatismales ou névralgiques se réveillent; les personnes malades et alitées ressentent des redoublements très-marqués. Ces effets sont-ils dus seulement à l'électricité? Si l'on songe que dans les temps d'orage la chaleur est ordinairement très-considérable, que l'air est chargé d'humidité, que la pression de l'air s'est modifiée, on comprendra que la cause est bien manifestement complexe.

On sait que l'éclair qui sillonne l'atmosphère pendant les orages n'est autre chose que l'étincelle échangée entre deux

1. Voy. Arago, *Notice sur le tonnerre*, Annuaire du bureau des longitudes pour l'année 1838. Dans cette Notice, l'illustre savant a exposé, avec cette clarté qui le met à la portée de toutes les intelligences, les principaux phénomènes du terrible météore qui s'appelle la foudre.

nuages chargés d'électricité ; que le grondement du tonnerre n'est autre chose que la prolongation et le roulement en échos de l'explosion qui accompagne la formation de l'étincelle, et que produisent en petit les machines électriques ; on sait enfin que le foudroiement n'est autre chose que la décharge d'un nuage électrisé sur un objet ou un individu placé à la surface de la terre[1].

Peut-on diminuer l'intensité des effets produits sur l'économie quand le temps est à l'orage ? peut-on se soustraire à l'action de la foudre ? Ce sont là de véritables questions d'hygiène.

Les effets complexes dont nous avons parlé affectent surtout les personnes nerveuses ; c'est donc à fortifier le tempérament qu'il faut s'attacher (voy. *Hygiène des tempéraments*), et cela d'une manière générale et non en vue du cas particulier dont il s'agit. Ensuite, comme le conseille M. Londe, on diminuera le malaise au moment même de l'orage, en évitant de se charger l'estomac de trop d'aliments, en aidant à la digestion par quelques distractions agréables, une promenade dans un appartement frais, etc.

L'action de la foudre est bien autrement importante à éviter ; l'énoncé de quelques-uns des accidents si bizarres et si variés de ce redoutable phénomène nous indiquera quelques-uns des moyens que l'on peut employer pour s'y soustraire, abstraction faite du plus puissant de tous, du *paratonnerre*, dont il sera parlé à propos des habitations.

Ces accidents sont bizarres et variés, avons-nous dit. En effet, on a vu des individus renversés, roulés par la foudre, leurs vêtements brûlés et déchirés, les objets en métal, chaînes, clefs, pièces de monnaie, qu'ils portaient sur eux,

1. Je n'écris pas ici un article sur la foudre considérée au point de vue météorologique ; je me borne donc à l'expression générale des faits, sans tenir compte de la manière dont s'accomplit l'échange de l'électricité entre les nuages et les objets ou les individus placés à la surface du sol, sans m'occuper du *choc en retour*, etc. (Voy. les Traités de physique, et surtout de la Notice d'Arago.)

fondus en lingots, et cependant ces individus se relevaient sans blessures; d'autres ont été paralysés de tout le corps ou d'un membre, affectés de perte de la vue, etc., d'une manière permanente ou temporaire ; d'autres éprouvent des brûlures, des contusions, des plaies de diverses formes; dans d'autres cas, enfin, la mort est immédiate, ou bien elle est la suite des désordres que nous venons d'indiquer.

La foudre frappe d'ordinaire les objets élevés et terminés en pointe, tels que les grands arbres, les clochers, les mâts de vaisseau, etc. Il ne faut donc pas chercher un refuge, pendant les orages, auprès d'un arbre, dans une église, dans un colombier, etc. On dit que certains arbres tels que le hêtre, le bouleau, etc., sont respectés par la foudre; rien ne prouve la réalité de cette assertion; tous les arbres élevés doivent être réputés également dangereux.

La foudre frappe de préférence les objets métalliques. Ainsi, on a vu un chef de brigands, retenu par une forte chaîne, être seul atteint dans une salle où se trouvaient vingt prisonniers. Un individu porteur d'une chaîne dite magnétique a été tué à sa fenêtre pendant un orage. Il faut donc se dépouiller des objets métalliques que l'on peut avoir sur soi, ne pas se placer auprès d'un tuyau de poêle remontant dans une cheminée ou s'élevant à l'extérieur, s'éloigner des cheminées, parce que la suie est un très-bon conducteur de l'électricité ; éviter le voisinage des tuyaux de conduite des eaux, de la rampe de fer d'un escalier, d'une lampe suspendue, d'un lustre, et même ne pas s'approcher trop près des murs, surtout lorsqu'ils sont humides, car les objets mouillés deviennent, comme on dit, d'excellents conducteurs de l'électricité. Les personnes très-pusillanimes pourraient se réfugier sur un tabouret à pieds de verre, ou se coucher dans un hamac suspendu à des cordons de soie au centre d'un vaste appartement.

La foudre semble se porter là où il y a un courant d'air. Il faut donc éviter d'ouvrir les portes et les fenêtres; si l'on est dehors, il faut marcher tranquillement et non courir.

La foudre tombe souvent là où il y a une agglomération d'hommes et d'animaux. Si, comme le disait l'abbé Nollet, le danger d'être foudroyé dans une localité augmente en proportion du nombre des personnes qui s'y trouvent réunies, la conséquence est bien évidente, c'est de s'isoler. « Lorsque, dit Arago, la foudre tombe sur des hommes ou des animaux placés les uns à la suite des autres, soit en ligne droite, soit le long d'une courbe *non fermée*, c'est aux deux extrémités de la file que ses effets sont généralement les plus intenses et les plus fâcheux. » Ainsi, le 22 août 1808, la foudre tomba sur une maison du village de Knonau, en Suisse. Cinq enfants lisaient assis sur un banc dans une des pièces du rez-de-chaussée ; le premier et le dernier tombèrent roides morts, les trois autres en furent quittes pour une violente commotion. « On comprendra j'espère, continue Arago, que je traite ici une simple question de science, et qu'en indiquant la place où l'on est le moins exposé, je n'entends conseiller à personne d'aller s'y réfugier, puisque, en atténuant par là ses propres risques, l'on augmenterait inévitablement ceux d'autrui. » Quant à moi, imitant la réserve de l'illustre savant, je me borne à dire : Voilà le fait ; à bon entendeur....

Viennent maintenant quelques questions qui demandent à être posées ici, avec la solution complète ou incomplète qu'elles comportent.

Est-il des tissus qui protégent contre l'action de la foudre? Comme la soie est un très-mauvais conducteur de l'électricité, on pourrait s'envelopper de vêtements de cette étoffe. Voici un fait à l'appui. La foudre tombe sur une église; deux des trois prêtres qui entouraient l'autel sont gravement frappés, le troisième reste sain et sauf : lui seul était revêtu d'ornements de soie. On a reconnu aussi que le taffetas ciré et la laine sont moins perméables à la matière de la foudre que les toiles de lin, de chanvre ou de toute autre substance végétale.

Les caves offrent-elles un abri contre la foudre? Beaucoup de personnes, pensant que la foudre ne pénètre pas profondément dans le sol, cherchent un abri dans leurs caves. Malheureusement, on a des exemples de pénétration à plus de dix mètres de profondeur; nonobstant, une cave bien voûtée en pierres de taille n'est pas sans offrir quelques garanties, du moins contre les coups descendants, mais non contre les coups *ascendants*.

La position horizontale met-elle à l'abri de la foudre? Non; des personnes couchées ont été atteintes et tuées.

Les sonneries de cloches éloignent-elles le tonnerre? Ce qu'il y a de certain, c'est que les clochers, en raison de leur forme, sont plus souvent atteints que les autres édifices; c'est que le mouvement des cloches produit des courants d'air dangereux; c'est que la corde, ordinairement humide, transmet aisément l'électricité jusqu'aux personnes qui sonnent les cloches. Les preuves, les voici : en Allemagne, dans l'espace de trente-trois ans, la foudre est tombée sur *trois cent quatre-vingt-six clochers*, y a tué *cent vingt-un* sonneurs, et en a blessé un nombre bien plus considérable encore. Et quant à la question en elle-même, il paraît prouvé que la foudre frappe de préférence les clochers où l'on sonne.

Nous ne parlons pas des grands feux allumés, des coups de canon, etc., dont l'action paraît être tout à fait nulle, et d'ailleurs ce ne sont pas là des moyens à la disposition des simples particuliers.

II. De l'électricité artificiellement développée par les machines. — Ses dangers. — Ordonnance de police.

Les appareils à l'aide desquels on développe artificiellement l'électricité déterminent, lorsqu'ils sont en contact avec nos organes, des secousses, des commotions douloureuses, surtout au niveau des articulations. Ces effets sont loin d'être innocents; il peut en résulter des troubles plus ou moins graves dans le système nerveux. Aussi l'électrisation a-t-elle été souvent employée par les médecins à titre de médication énergique. Mais ce moyen demande à être manié avec prudence et à l'aide de procédés spéciaux. Il ne doit donc pas être abandonné à des mains ignorantes et téméraires.

Dans le courant de l'année 1853, quelques marchands de vin imaginèrent de joindre à leur commerce des électrisations par la machine ordinaire. Des accidents nerveux plus ou moins graves, des mouvements convulsifs, des palpitations avec étouffements en furent la conséquence chez plusieurs femmes ou jeunes filles qui se soumirent imprudemment à ces électrisations. M. le docteur Vernois en a publié un exemple très-curieux qu'il avait observé à l'hôpital Saint-Antoine. L'autorité dut intervenir, et une ordonnance de police (octobre 1853) mit un terme à ces dangereux amusements.

V.

DE LA LUMIÈRE NATURELLE. — DE SON INFLUENCE SUR LES CORPS ORGANISÉS.

La lumière naturelle nous vient du soleil; on appelle lumière artificielle celle que dégagent les corps qui brûlent. C'est de la première seulement que nous entendons parler ici; il sera question de la seconde à propos des *habitations*.

La lumière naturelle ou solaire agit sur l'homme de différentes manières: 1° sur l'organe destiné à en donner la perception, c'est-à-dire *sur l'œil*. Les effets que la lumière produit sur cet organe et les conséquences hygiéniques que l'on peut en déduire seront étudiés dans la seconde partie à l'occasion de l'hygiène des sens.

2° De nombreuses expériences sur les végétaux et sur les animaux ont démontré que la lumière exerce une grande influence *sur le développement des êtres organisés*. Ainsi les plantes, bien que placées dans d'excellentes conditions de chaleur et d'humidité, cessent de vivre dans l'obscurité ou bien deviennent blafardes, élancées, gorgées de sucs aqueux, présentent en un mot une sorte de dégradation connue sous le nom d'*étiolement;* des œufs de grenouille placés dans deux vases, l'un éclairé, l'autre privé de lumière, n'ont éclos que dans le premier; des têtards[1] placés dans les mêmes conditions ne se sont transformés en grenouilles que dans le vase éclairé.

A la surface du globe, le développement des êtres est en rapport avec l'intensité de la lumière; de là cette exubérance de vie, aussi bien chez les végétaux que chez les animaux, dans les régions où le soleil verse à flots sa lumière et sa chaleur; de là cette souplesse, cette agilité, cette élégance de formes qui distinguent l'habitant des pays méridionaux (voy. *Climats*).

Quelques-uns attribuent à l'absence d'insolation directe les difformités et les déviations de la taille si rares chez les sauvages, qui, dans les contrées tropicales, vivent dans un état presque complet de nudité. Les individus qui sont habituellement sinon dans les ténèbres, du moins privés de l'action directe des rayons du soleil, les mineurs, les prisonniers, les portiers, les ouvriers qui travaillent dans des lieux bas et sombres, sont atteints d'un état particulier d'atonie tout à fait pareil à l'étiolement des plantes. Ils sont petits, chétifs, d'une pâleur blafarde, souvent accompagnée de bouffissure; leurs fonctions vitales languissent, s'exécutent mal; leur sang est pauvre en matière colorante et en principes plastiques ou réparateurs (fibrine, albumine, fer). La partie aqueuse s'y trouve, au contraire, en abondance. Enfin ils sont exposés à toutes les maladies qui reconnaissent pour cause la débilité, telles que le rachitisme, les scrofules, la

1. On appelle *têtard* la grenouille à la première période de son évolution, alors qu'elle est dépourvue de pattes apparentes, munie d'une longue queue et armée d'un petit bec corné.

phthisie, la chloro-anémie[1], le scorbut, etc. Du reste il faut ici tenir compte de quelques autres modificateurs qui viennent souvent ajouter leur action à celle de l'obscurité, chez les individus dont nous venons de parler, comme l'humidité, les chagrins, la misère, les excès de travail, etc.

Mais, sans prendre des exemples aussi évidents, n'est-ce pas au défaut d'insolation qu'il faut attribuer le teint pâle et blême des habitants des villes, et particulièrement des femmes appartenant aux classes riches qui vivent trop renfermées ? Nous y reviendrons à propos des *habitations*.

3° La lumière exerce encore une grande influence *sur la coloration*. C'est dans le Midi que l'on trouve les fleurs les plus brillantes, les oiseaux, les insectes parés des couleurs les plus vives; dans le Nord, au contraire, le pelage des mammifères, le plumage des oiseaux est le plus ordinairement blanc ou grisâtre. Les septentrionaux ont en général la peau très-blanche, les cheveux blonds, tandis que les hommes du Midi sont basanés et même noirs; on a attribué à l'éclat des neiges la couleur brune et la chevelure noire des Esquimaux et des Samoyèdes; mais pourquoi les rennes et les ours de ces mêmes contrées seraient-ils décolorés? Il faut voir là une différence de race. Dans nos contrées, les habitants de la campagne, les ouvriers qui travaillent au grand air ont les parties découvertes plus ou moins fortement hâlées, tandis que celles que recouvrent les vêtements ont conservé leur blancheur; et chez les citadins qui s'exposent à l'action du soleil, le visage, les mains, ne tardent pas à prendre une teinte brune ou bien à se couvrir de taches de rousseur. Enfin, dans les régions tropicales, les femmes qui, suivant les mœurs du pays, vivent enfermées, ont une blancheur mate qui contraste d'une manière bien tranchée avec la couleur basanée des hommes.

L'exposition à un soleil trop ardent, ou le passage brusque d'un endroit peu éclairé, dans lequel on a séjourné long-

1. Chloro-anémie ou *pâles couleurs*.

temps, aux rayons du soleil, peut produire une inflammation de la portion de la peau qui en reçoit les atteintes (coup de soleil), mais il faut tenir compte ici de la chaleur (voy. plus bas).

Les *règles hygiéniques* auxquelles conduisent les remarques précédentes et qui consistent à mettre en relief la nécessité d'une bonne exposition dans les habitations et de l'exercice au grand air, surtout pour les enfants et les personnes délicates, seront soigneusement exposées à propos des *habitations*, des *âges* et des *tempéraments*.

VI.

DE LA TEMPÉRATURE ET DE L'HUMIDITÉ[1].

1. De la température en général.

On donne les noms de *chaleur* et de *froid* à deux sensations opposées que nous fait éprouver un seul et même agent physique, le *calorique*, suivant qu'il est en *plus* ou en *moins*. Les sensations, on le sait, ne peuvent se définir; chacun les connaît pour les avoir ressenties; de plus, elles sont éminemment variables, suivant les différents individus d'une part, et chez un même individu, suivant l'âge et l'état de santé ou de maladie dans lequel il se trouve. C'est particulièrement dans les degrés intermédiaires que ces différences dans la manière de sentir se manifestent : telle température froide pour l'un paraîtra fraîche et même douce à un autre. La sensation des variations de température est habituellement appréciable pour nos organes, de cinq en cinq degrés. De brusques changements nous impressionnent très-vive-

1. Voy. EDWARDS, *De l'influence des agents physiques sur la vie.* (Paris, 1824), ouvrage rempli de recherches et de faits très-curieux.

ment. Dans leur voyage au pôle nord, le capitaine Ross et son équipage éprouvèrent une sensation agréable de chaleur un jour que le thermomètre était remonté de 47° centigrades au-dessous de 0 à — 24°, et pourtant cette dernière température est assurément bien basse !... Mais ici tout est relatif, et les 25 ou 30 degrés centigrades au-dessus de 0 que le thermomètre accuse chez nous pendant les plus grandes chaleurs de l'été paraîtraient une température à peine tiède à un habitant de la zone torride.

Lorsque l'on place un corps non vivant, un morceau de bois ou de marbre, par exemple, dans un endroit plus chaud ou plus froid que ne l'est ce corps, la température de celui-ci ne tarde pas à s'élever ou à s'abaisser, pour se mettre au niveau de la température du milieu dans lequel il se trouve ; il s'établit ce qu'on appelle un équilibre de température. En est-il de même pour les êtres vivants ? Non, pour le plus grand nombre, et pour l'homme en particulier.

Le corps de l'homme et des animaux qui s'en rapprochent le plus (mammifères et oiseaux) produit naturellement une chaleur qui lui est propre et qui ne peut être élevée ou abaissée de plusieurs degrés sans qu'il en résulte dans l'économie une perturbation bientôt suivie de la mort. Des animaux placés dans des étuves chauffées à 70 ou 90° meurent quand leur température s'est élevée de 5 ou 6°. Ils meurent aussi dans des mélanges réfrigérants qui leur soutirent plus de chaleur qu'ils n'en peuvent produire, et aussitôt qu'ils ont perdu un peu plus du tiers de leur chaleur naturelle, c'est-à-dire 14 ou 15 degrés.

La température naturelle du corps humain est de 36 à 37° ; or, la température des localités qu'il habite est ordinairement au-dessus ou au-dessous de ce chiffre. Pour supporter cette température supérieure ou inférieure, il faut donc, en outre des procédés artificiels empruntés aux modes de vêtements ou d'abris créés par le génie de l'homme, un travail organique particulier et très-intéressant que nous examinerons sous le nom de *résistance* à la *chaleur* et au *froid*, en parlant de ces deux ordres de phénomènes.

Comme les effets produits sur nos organes diffèrent suivant que la chaleur ou le froid s'accompagnent d'humidité ou de sécheresse, nous devons étudier ici cette complication que l'on ne saurait en séparer.

II. De l'humidité.

L'air contient toujours une certaine quantité de vapeur d'eau ; il faudrait peut-être aller au milieu des déserts sablonneux de l'Afrique pour trouver l'atmosphère complétement sèche. Du reste, la présence de cette humidité est nécessaire à l'accomplissement des phénomènes de la vie.

L'air est donc habituellement humide, mais cette faculté de contenir ainsi de la vapeur aqueuse n'est pas illimitée; quand, pour un degré donné de température, l'air en renferme une quantité déterminée, il ne peut plus en recevoir davantage : il y a, comme on dit, *saturation;* plus l'air est chaud, plus il peut absorber de vapeur; le degré de saturation varie donc suivant la température. Ainsi l'air qui, à 25 degrés au-dessous de 0, ne peut renfermer que 93 centigrammes de vapeur par mètre cube, en aura déjà 2gr,87 à —10°; à 0°, cette proportion atteindra 5gr,66; à 10° au-dessus de 0, on aura 10gr,57, et enfin à 30° un mètre cube d'air pourra dissoudre 31gr,93, c'est-à-dire une once (près du quart d'un verre d'eau).

C'est donc pendant l'été et dans les pays chauds que l'atmosphère se charge de la plus forte proportion d'eau; mais, comme il n'y a réellement humidité appréciable que quand on approche du degré de saturation, il en résulte que, par un temps froid, l'air peut paraître humide quoique renfermant une très-petite quantité de vapeur, tandis que par une forte chaleur l'air pourra sembler sec, bien que contenant en réalité beaucoup plus d'eau vaporisée.

L'humidité exerce sur l'organisme une influence bien manifeste; mais cette action ne peut être séparée de celle de la chaleur, à laquelle elle est intimement unie, comme nous venons de le dire : aussi aurons-nous à examiner, dans les paragraphes suivants, les effets de la chaleur sèche ou humide, du froid sec ou humide.

Un physiologiste distingué, M. Edwards, ayant plongé des animaux (des cochons d'Inde) dans des appareils contenant les uns de l'air sec, les autres de l'air humide à une même température (15°), a constaté que les pertes par la transpiration étaient plus considérables dans l'air sec que dans l'air humide, et cependant la transpiration paraissait plus abondante dans le second cas que dans le premier. Elle l'était bien en effet; mais il faut observer que, dans l'air humide, il y a absorption par les pores de la peau d'une assez forte proportion d'eau, de sorte qu'il s'établit presque équilibre entre la portion d'eau rejetée par la sueur et celle qui est gagnée par l'absorption. Tout le monde sait que, dans les étuves humides, la chaleur est beaucoup plus pénible à supporter que dans les étuves sèches, et cela pour une même température. On y éprouve de l'oppression, de la pesanteur de tête, etc. Du reste, nous allons y revenir.

III. De la chaleur sèche et de la chaleur humide.

Entre 15 et 25° centigrades, la température est dite modérée, et ses effets consistent en une stimulation favorable à l'économie, dont nous dirons plus bas quelques mots; à partir de 25° jusqu'à 40, et au delà, c'est la chaleur véritable dont l'action est éminemment débilitante, et, même au-dessus de 50°, elle ne tarderait pas à devenir délétère si elle se prolongeait trop longtemps.

1° *De la chaleur sèche*. Le premier effet de la chaleur est de dilater les fluides, puis elle les projette vers l'extérieur, et semble porter toute l'activité vitale à la surface du corps aux dépens des fonctions intérieures; la peau se colore, se gonfle, transpire; en même temps, la sécrétion urinaire diminue, les urines sont rares; les muqueuses de la gorge, des bronches et du nez se dessèchent; la respiration absorbe moins d'oxygène, rejette moins d'acide carbonique, et compense, par son accélération, une moindre consommation des éléments respiratoires. La circulation est également plus active; *la bile se produit en plus grande abondance*, pénètre la masse sanguine et va colorer la surface extérieure d'une teinte jaunâtre. Les fonctions digestives se ralentissent, et, tandis que la soif est très-vive, l'appétit presque nul a besoin d'être stimulé par les acides et les épices; les intestins deviennent paresseux, il y a de la constipation, et l'amaigrissement ne tarde pas à se manifester, mais en même temps le système nerveux s'anime et s'exalte. Cependant, dit un savant hygiéniste, M. Lévy, les personnes molles, d'une complexion humide, profitent de l'air sec et chaud; elles ont de l'appétit, digèrent mieux, acquièrent de l'embonpoint : il semble que la chaleur atmosphérique élève la vitalité de leurs organes au degré nécessaire pour en régulariser le mécanisme.

2° *De la chaleur humide.* L'air chaud et humide, raréfié par la chaleur et par l'interposition des particules de vapeur aqueuse, contient, sous un même volume, moins d'air respirable : il a perdu de sa pesanteur et de son élasticité. Cet air exerce sur nos organes une action débilitante très-prononcée. Toutes les fonctions languissent; la transpiration se fait mal dans un air déjà saturé d'humidité, son produit reste à la surface de la peau qu'il humecte et qu'il gonfle; la sécrétion graisseuse est favorisée : de là une sorte d'embonpoint, ou mieux de bouffissure, plutôt morbide que de bonne nature; l'intelligence elle-même est engourdie, affaissée.

Ce n'est pas tout encore : la chaleur humide favorise la fermentation putride dans les détritus organiques animaux et végétaux qui couvrent le sol; de là des émanations, des effluves délétères qui se mêlent avec facilité à la vapeur aqueuse dont l'air est saturé. Cette vapeur qui leur sert de véhicule, emportée avec eux par les vents, va semer au loin des principes morbides, sources de nombreuses maladies, et qui agissent avec d'autant plus d'intensité, qu'ils rencontrent des organisations débilitées et privées de réaction vitale par le fait de cette même chaleur humide.

Quand la température atmosphérique dépasse la température normale de l'homme, par quel mécanisme peut-il *résister* et conserver sa température propre? On sait que les liquides, pour passer à l'état de vapeur, absorbent une quantité de calorique très-considérable; or, la sueur qui baigne la peau, se vaporisant en grande partie, rafraîchit incessamment la surface cutanée. La même chose a lieu dans les poumons par l'exhalation aqueuse très-abondante qui se produit au sein de cet organe. On doit comprendre dès lors pourquoi la chaleur humide atmosphérique ou celle des étuves humides est si insupportable : c'est que l'évaporation de la sueur ne peut s'accomplir dans un air saturé de vapeur; pourquoi, dans les ardeurs de l'été, la moindre brise produit une si délicieuse sensation de fraîcheur : c'est que le passage du gaz atmosphérique apporte incessamment au contact de la peau un air sec qui facilite très-rapidement la vaporisation des produits de la transpiration.

Effets de la chaleur sur la santé.

L'action directe d'un soleil ardent produit assez souvent sur les parties découvertes une inflammation superficielle très-douloureuse, connue sous le nom de *coup de soleil.* D'après les recherches des observateurs, les congestions cérébrales sont très-communes dans les mois les plus chauds de l'année; il n'est pas rare de voir de pauvres moissonneurs, travaillant pendant les ardeurs de la canicule, tomber atteints de congestion cérébrale ou d'apoplexie. Les rayons du soleil frappant sur la tête nue ont plusieurs fois donné lieu à des fièvres cérébrales; la folie a été assez souvent aussi la conséquence de cette même cause. Dans les mers tropicales, on a rencontré, chez les marins, une affection fort singulière nommée la *calenture*, et caractérisée par un délire furieux, avec désir irrésistible de se précipiter à la mer. On avait nié l'existence de la calenture sur terre; mais des faits observés en Afrique ne permettent plus de la révoquer en doute dans ces conditions. Ainsi, en juin 1836, lors de l'expédition de Tlemcen par le maréchal Bugeaud, des soldats, étant parvenus à un certain passage par lequel l'armée défilait alors que le soleil était au zénith, crurent voir une voûte suspendue au-dessus de leur tête, et se figurèrent entendre des voix aériennes et des chants qui descendaient de cette voûte merveilleuse; d'autres poussèrent des plaintes, des cris; d'autres, au dernier degré de l'exaltation, se suicidèrent. Ces mêmes exemples de visions bizarres, de délire avec *tendance au suicide*, ont été vus en Algérie dans quelques autres expéditions.

Quant aux effets de la *chaleur humide*, nous en reparlerons à l'occasion du climat. Ceux qui résultent du séjour dans un lieu trop échauffé seront étudiés à propos des habitations.

Les *conséquences hygiéniques* qui résultent des faits que nous venons d'exposer sont trop faciles à comprendre pour que nous ayons à y insister bien longuement, et d'ailleurs, les moyens à employer pour combattre l'influence d'un soleil trop ardent vont trouver leur place quand nous parlerons du climat et des saisons.

IV. Du froid sec et du froid humide.

Dans nos climats et avec nos vêtements, la sensation du froid ne commence réellement qu'à partir de 6° au-dessus de zéro; elle est de plus en plus vive, pénétrante et douloureuse, à mesure que le thermomètre descend au-dessous de zéro. Les transitions exercent ici encore une notable influence; pendant les chaleurs de l'été, nous trouvons très-froide une cave dont la température moyenne de 10 à 12° nous semble chaude pendant les froids de l'hiver. Après l'été, nous trouvons très-désagréable, en octobre, une température qui nous paraît douce en mars et en avril, au sortir des rigueurs de l'hiver. Enfin, pendant les ardeurs de la canicule, on est très-sensible au refroidissement subit qui succède aux pluies d'orage, et, dans certaines contrées méridionales, au refroidissement de l'air qui suit le coucher du soleil.

Relativement à son action sur l'économie, le froid modéré et de courte durée peut être considéré comme stimulant, à cause de la réaction qui lui succède; intense ou prolongé, c'est un calmant, un sédatif puissant; enfin, très-intense, il devient stupéfiant et cause la mort. Nous allons examiner successivement ces différents modes.

1° *Du froid sec modéré.* C'est le froid de l'hiver dans nos climats : de zéro à 8 ou 10°, 15 au-dessous de 0, au plus. Les fonctions digestives sont activées, l'appétit est vif et la soif peu intense, ce qui s'explique par l'absence de transpiration. L'air étant condensé fournit, sous un même volume, plus d'éléments à la respiration, qui est large et facile. La circulation est un peu accélérée, et le système nerveux convenablement stimulé; enfin les forces musculaires sont presque toujours très-développées. Sous ces influences favorables, la santé générale se maintient très-bonne, et le corps peut acquérir de l'embonpoint.

2° *Du froid humide.* « Cet air, dit M. Lévy, enlève plus de chaleur au corps que l'air froid et sec, parce que l'eau qu'il contient augmente sa conductibilité pour le calorique. De là l'incommode sensation de froid pénétrant que déterminent les brouillards par une température basse : il semble que l'air humide s'applique plus exactement à la surface de la peau; il produit des effets qui n'ont lieu, par un froid sec, qu'à une température beaucoup plus basse. Le givre qui glace les parties découvertes, la pluie qui se convertit en verglas par le contact d'un sol plus froid que l'atmosphère, occasionnent des engelures, des congélations partielles. » L'humidité froide, loin de tonifier les tissus, les amollit et les relâche; elle déprime les fonctions et semble alanguir la vitalité des organes. L'humidité extérieure qui est absorbée par la peau vient ajouter encore à l'affaiblissement, et donne au corps une sensation incommode de pesanteur et de malaise.

3° *Du froid très-intense.* C'est celui des hivers dans les régions septentrionales; il commence à partir de 15 ou 20° au-dessous de 0; il peut s'étendre à — 40° et plus bas encore. Les malheureux soumis pendant quelque temps à l'action de ce froid, surtout si la fatigue et les privations viennent à s'y joindre, comme on l'a vu dans certaines circonstances (campagnes de Charles XII et de Napoléon en Russie), ne tardent pas à éprouver un sentiment de faiblesse, de courbature, une tendance invincible au sommeil, sommeil plein de douceur, mais promptement mortel. Outre ces phénomènes généraux, un froid excessif peut amener aussi des accidents locaux, des congélations partielles des parties exposées à l'air (le nez, les oreilles), ou éloignées du centre de la circulation (les pieds).

De même qu'il résiste à la chaleur, l'homme *résiste* à l'action du froid, et plus souvent encore, car il est habituellement plongé dans un air dont la température est inférieure à celle de son corps. Il se défend d'abord par les vêtements dont il se couvre, et de plus, certaines modifications physiologiques lui viennent en aide. Mais d'abord le mouvement est indispensable. L'immobilité amène bientôt un engourdissement qui, lorsque le froid est très-intense, peut occasionner la mort. Comme, dans l'économie vivante, la respiration est la source de la chaleur, c'est à l'activité plus grande de cette fonction qu'il faut rapporter la résistance au froid. On consomme plus d'oxygène, et l'on émet une plus grande quantité d'acide carbonique. Les chimistes modernes ont reconnu que l'homme, dans les saisons et les pays froids, absorbe une plus grande quantité de substances, telles que les huiles et les corps gras, capables d'activer et d'entretenir la consommation du carbone, véritable phénomène de combustion qui se passe dans les poumons; de là encore cette effrayante voracité des peuples qui habitent les régions polaires. L'habitude d'une part, une bonne constitution de l'autre, contribuent à augmenter la puissance de résistance au froid; les individus faibles, délicats, très-jeunes ou très-âgés, les personnes élevées dans la mollesse, etc., subissent avec beaucoup de peine les abaissements de température.

Effets du froid sur la santé.

Le *froid sec* produit plus particulièrement des gerçures ou crevasses aux lèvres, aux mains, des engelures, des douleurs névralgiques, etc. Quant aux autres maladies, rhumes, rhumatismes, fluxions de poitrine, etc., ce sont surtout les brusques alternatives de température qu'il faut en accuser.

Le *froid humide*, surtout lorsqu'il agit d'une manière continue, est la cause d'un grand nombre d'affections plus ou moins graves; telles sont les affections catarrhales, les rhumatismes, les douleurs névralgiques, le scorbut (surtout s'il s'y joint de la misère, des chagrins, une mauvaise nourriture), des engorgements de diverse nature, etc.

Les *conséquences hygiéniques* à tirer de ce qui précède ont leur place marquée dans les articles consacrés aux climats, aux saisons et aux habitations.

Effets des variations de température.

Puisque le corps, pour résister à l'action de la chaleur et du froid, se livre à un travail physiologique particulier, on comprend que les variations, les brusques alternatives de température venant le troubler dans ce travail, il doit en résulter des secousses, des désordres très-préjudiciables à la santé. Ainsi, l'action *resserrante* du froid venant surprendre le corps alors qu'il est dans l'état d'expansion et de transpiration que provoque la chaleur, il se produira un refoulement des fluides, de l'extérieur vers l'intérieur, qui engendrera des affections quelquefois fort graves, des fluxions de poitrine, des diarrhées, des dysenteries, des rhumatismes aigus, des tétanos, etc.

Résumé général des influences des agents physiques de la nature.

Si maintenant nous résumons en quelques mots toutes ces influences exercées par les agents physiques sur le corps de l'homme, nous verrons :

1° Que l'*électricité* agit plus particulièrement sur le système nerveux ;

2° Que la *lumière* agit sur le développement des organes et sur la richesse du fluide nourricier, le sang ;

3° Que la *chaleur*, qui est un dilatant, appelle les fluides à l'extérieur, provoque les sécrétions de la peau, et porte aussi son action sur le cerveau, qu'elle excite ;

4° Que le *froid*, qui est un resserrant, refoule les fluides à l'intérieur, stimule le système digestif, et, comme conséquence, augmente le travail de la nutrition ;

5° Que l'*humidité* gonfle les tissus, les ramollit et y fait prédominer le fluide lymphatique ;

6° Que la *sécheresse*, au contraire, la sécheresse relative, s'entend, tonifie les organes, favorise l'évaporation cutanée, et agit d'une manière favorable sur toute l'économie.

VII.

DES CLIMATS ET DES SAISONS.

DES CLIMATS[1].

Il faut entendre par le mot *climat* l'ensemble des circon-

1. Voy. Foissac, *De l'influence des climats sur l'homme.* Paris, 1837.

stances extérieures (chaleur, humidité, lumière, etc.) qui, dans les différentes régions, et en raison de la place qu'occupent ces régions à la surface du globe, sont susceptibles d'exercer une action particulière sur le corps de l'homme.

De toutes les circonstances qui constituent les climats, la plus importante, celle qui domine toutes les autres, c'est assurément la température ; de là la classification vulgaire, et tout à fait légitime, en climats brûlants, chauds, tempérés, froids et glacés. Comme la température dépend à peu près uniquement de l'action plus ou moins directe des rayons du soleil, il est bien évident que nous trouverons les climats brûlants sous la ligne équatoriale, les climats chauds vers les tropiques, les climats tempérés entre les tropiques et les cercles polaires, les climats froids vers ces mêmes cercles, et les climats glacés en dedans des cercles polaires. Pour établir cette classification, on a pris la température moyenne de l'année entre les jours les plus chauds de l'été et les jours les plus froids de l'hiver, et l'on a appelé brûlantes les régions dont la chaleur moyenne oscille entre 25 et 30° ; chaudes, celles qui ont pour moyenne de 18 à 25° ; douces ou tempérées, celles qui donnent de 10 à 15 ou 18° ; froides, celles qui sont au-dessous de 10°, mais encore au-dessus de zéro, et enfin glaciales, celles où la moyenne est au-dessous de zéro. Du reste, pour simplifier la question, nous ramenons les climats à trois principaux : chauds, de 20 à 30° ; tem-

— Thévenot, *Traité des maladies des Européens dans les pays chauds*. Paris, 1840, 1 vol. in-8. Dans cet ouvrage, il s'agit surtout du Sénégal. — Levacher, *Guide médical des Antilles*. Paris, 1840, 1 vol. in-8. — Sigaud, *Du climat et des maladies du Brésil*. Paris, 1845, 1 vol. in-8. — Aubert-Roche, *Essai sur l'acclimatement des Européens dans les pays chauds*. Br. in-8. Paris, 1845. Il s'agit ici de l'acclimatement en Abyssinie et sur les bords de la mer Rouge. — Périer, *De l'hygiène en Algérie*. Paris, 1847. — Eug. Celle, *Hygiène pratique des pays chauds*. Paris, 1848. Il est surtout question de l'Algérie. — Carrière, *Le climat de l'Italie sous le rapport hygiénique et médical*. Paris, 1849, 1 vol. in-8. — Caillot, *Voyage médical dans les provinces danubiennes*. Br. in-8. 1854. — Fuster, *Du climat de la France*, 1845.

pérés, de 10 à 20°; froids, de 0 à 10°. Nous ne parlons pas ici des régions glacées, qui sont inhabitables, tandis que l'homme peut vivre sous la zone torride.

Les variations de la température dans les différentes saisons ont fait établir certaines formes particulières dans les climats. Ainsi, il y a les climats *constants*, dans lesquels la température varie peu dans le courant de l'année; les différences entre l'été et l'hiver y sont peu sensibles. Dans d'autres, les différences sont assez nettement accusées : ce sont les climats *variables*. Enfin il y en a dans lesquels les étés sont très-chauds et les hivers très-froids : ce sont les climats *extrêmes*.

Il faut encore tenir compte de certaines circonstances qui peuvent notablement modifier la température dans les diverses localités. Nous citerons en première ligne l'élévation au-dessus du niveau de la mer; à mesure que l'on s'élève, la température décroît; c'est ce que l'on voit dans les contrées montagneuses de la zone torride : au pied des montagnes une chaleur brûlante, au sommet des neiges éternelles et le climat des pôles. Ainsi, en gravissant les hauteurs, on passe successivement dans l'espace de quelques lieues par les différents climats du globe. Le voisinage de la mer adoucit notablement la température d'une localité, et la rend plus constante; les étés y sont moins chauds, les hivers moins froids. Dans le centre des continents on trouve les climats extrêmes.

Quoi qu'on en ait dit, les climats, considérés dans leur ensemble, ne paraissent pas avoir changé depuis les temps historiques. Cependant certaines localités ont éprouvé de notables modifications de la part de divers bouleversements physiques, mais surtout de changements apportés par la main des hommes; ainsi, les déboisements, les desséchements, les irrigations, etc., ont produit des effets que nous signalerons en parlant de l'état du sol.

Les auteurs, depuis Hippocrate, se sont beaucoup occupés de l'influence du climat sur les *mœurs*, les *habitudes* et le *caractère* de l'homme. Montesquieu, dans son *Esprit des lois* (livre XIV), a fondé toute une doctrine sur cette influence qu'il a exagérée outre mesure, jusqu'à faire dépendre de la température la forme des gouvernements, jusqu'à chercher, en quelque sorte, le thermomètre à la main, le degré d'asservissement ou de liberté qui convient à un peuple suivant la région qu'il habite.

Voltaire, dans son *Dictionnaire philosophique* (art. CLIMAT), et dans ses *Notes sur Montesquieu*, mais particulièrement Volney (*Voyage en Égypte et en Syrie*), ont victorieusement réfuté les erreurs et les exagérations de Montesquieu et de ceux qui ont adopté ses doctrines. Ainsi, on parle sans cesse de la lâcheté et de l'apathie des habitants des contrées équatoriales, que l'on oppose à la bravoure et à l'énergie des hommes du Nord; du despotisme sous lequel gémissent les premiers, comparé aux aspirations vers la liberté qui, dit-on, sont propres aux septentrionaux. Mais, comme le dit si bien Volney : « Étaient-ce des peuples indolents que ces Assyriens qui, pendant cinq cents ans, troublèrent l'Asie par leur ambition et leurs guerres ; que ces Mèdes qui rejetèrent leur joug et les dépossédèrent ; que ces Perses de Cyrus, qui, dans un espace de trente ans, conquirent depuis l'Indus jusqu'à la Méditerranée? Étaient-ce des peuples sans activité que ces Phéniciens qui, pendant tant de siècles, embrassèrent le commerce de tout l'ancien monde...? enfin, que ces Juifs même qui, bornés à un petit État, ne cessèrent de lutter pendant mille ans contre des empires puissants? Si les hommes de ces nations furent des hommes inertes, qu'est-ce que l'activité? S'ils furent actifs, où est l'influence du climat? Pourquoi, dans les mêmes contrées où se développa jadis tant d'énergie, règne-t-il aujourd'hui une inertie si profonde? Pourquoi ces Grecs modernes si avilis [1], sur les ruines de Sparte, d'Athènes, dans les champs de Marathon et des Thermopyles...? Si l'indolence est propre aux zones méridio-

1. Volney écrivait ceci vers 1786.

nales, pourquoi a-t-on vu Carthage en Afrique, Rome en Italie, les flibustiers à Saint-Domingue? Pourquoi trouvons-nous les Malais dans l'Inde et les Bédouins dans l'Arabie? Pourquoi, dans un même temps, sous un même ciel, Sybaris près de Crotone, Capoue près de Rome, Sardes près de Milet? Pourquoi sous nos yeux, dans notre Europe, des États du Nord aussi languissants que ceux du Midi? Pourquoi, dans notre propre empire, des provinces du midi plus actives que celles du nord, etc[1].

Par une singulière contradiction, on s'extasie sur la vivacité et la mimique expressive des méridionaux, et l'on oublie la gravité proverbiale des Espagnols et des Arabes.

Cependant il faut reconnaître que les méridionaux ont l'imagination plus vive, plus ardente, les passions plus fougueuses, et, leur structure généralement grêle et sèche le démontre, le système nerveux plus développé que les hommes du Nord.

Quant aux effets sur la santé, ils sont incontestables, mais plus particulièrement pour les habitants des zones froides ou même tempérées qui vont résider sans transition dans les régions équatoriales; c'est d'ailleurs ce qu'il nous reste à examiner.

I. Des climats chauds.

Les climats chauds ont, en général, deux saisons, l'une de sécheresse avec ardeur brûlante, l'autre de pluies, pendant laquelle la température subit un certain abaissement. La seconde est assurément la plus malsaine, surtout dans les contrées basses, situées sur le littoral de la mer ou près de l'embouchure des grands fleuves, etc.; les effets s'en font souvent sentir au commencement de la saison sèche, alors que les ardeurs continues du soleil, ayant desséché en partie les vastes amas d'eau formés pendant les pluies, favorisent les émanations miasmatiques.

1. *Voyage de Syrie*, chap. XIX.

Ces effets nuisibles exercés sur la santé par la chaleur dans les régions équatoriales peuvent s'exprimer en chiffres, comme l'a démontré M. le docteur Motard dans son excellent *Traité d'hygiène générale*. Voici un tableau qui doit lever tous les doutes; il s'agit de la mortalité dans les différentes zones du globe :

Sous la zone torride.	1 sur 25.
De 20 à 40 de latitude (climats chauds).	1 sur 34.
De 40 à 60 (climats tempérés).	1 sur 42.
De 60 à 70 (climats froids)	1 sur 50.

Le même calcul appliqué à la France donne :

Pour le nord.	1 sur 44.
Pour le midi.	1 sur 39.

Ainsi se trouve constaté ce fait que nous signalions, la plus grande salubrité des régions septentrionales. Une chose digne de remarque, c'est que, chez les nouveau-nés, la mortalité suit une loi inverse; elle est plus grande dans le Nord que dans le Midi; nous y reviendrons à propos de l'hygiène des âges.

On croit avoir également constaté que les centenaires, ou du moins les vieillards très-avancés en âge, sont plus communs dans le Nord. On sait également que, dans le Midi, la puberté est beaucoup plus précoce, surtout chez les femmes.

Voyons maintenant quelles sont les maladies des pays chauds; ici se présente l'application de la distinction que nous avons faite plus haut de la chaleur, en chaleur sèche ou humide.

Pendant la sécheresse, on voit surtout des inflammations du cerveau, du poumon et des intestins, des érysipèles, des coups de soleil, des inflammations des yeux, mais celles-ci plus spécialement dans les régions sablonneuses et dans les localités où les maisons blanchies à la chaux fatiguent la vue par une réverbération trop active des rayons du soleil; on observe encore le tétanos, différentes affections nerveuses et l'aliénation mentale.

Pendant la saison des pluies ou de l'humidité, on verra régner des dyssenteries, des inflammations et des abcès du foie. Dans les régions basses et marécageuses, les affections intermittentes, pernicieuses ou non, se montreront pendant les grandes chaleurs, quand l'évaporation aura mis à nu la vase fétide des marais ou des rives des grands fleuves.

Enfin, comme maladies propres aux pays chauds, il nous faut encore noter les maladies de la peau, dont quelques-unes sont particulières à certaines contrées, comme le pian des Antilles, le béribéri de l'Inde, et enfin la fameuse lèpre si commune dans la Syrie et dans les régions équatoriales de l'Amérique.

Beaucoup de personnes pensent que la phthisie ne se rencontre pas dans les pays chauds; c'est malheureusement une erreur. Cette maladie se montre indifféremment dans toutes les contrées du globe. Seulement, les phthisiques d'une contrée voient leur état s'améliorer en passant dans un pays plus chaud et *vice versa*. Les Anglais et les Français vont en Italie, les Italiens en Égypte, les Égyptiens d'Alexandrie dans le Saïd (Haute-Égypte), etc.

II. Des climats froids.

Les climats froids comprennent les régions qui s'étendent depuis le 55e ou le 60e degré de latitude jusqu'aux pôles; ces régions sont, pour notre hémisphère, le moins froid des deux, la Suède, la Norvége, la Laponie, les portions de la Russie que baignent le golfe de Finlande et la mer Blanche, la Nouvelle-Zemble, le Spitzberg, les îles Schetland, l'Islande, etc.

Dans les latitudes les plus élevées, la température descend jusqu'à 50 et même 56 degrés au-dessous de zéro; aussi la plupart des terres qui avoisinent le pôle sont elles complétement inhabitables. Au 60e degré de latitude la vigne s'arrête, et jusqu'au 70e on trouve encore des pins, des sapins, des mélèzes, de l'orge, de l'avoine, mais ces plantes sont de plus en plus maigres et chétives; enfin, à partir du 70e, il n'y a que des fougères et quelques autres plantes herbacées sèches et arides, qui finissent même par disparaître entièrement sur les terres nues et désolées du pôle.

Dans les pays froids, les saisons sont ainsi partagées : au printemps, des neiges, de la pluie, puis la fonte des glaces et la débâcle; pendant l'été, qui comprend les mois de mai, de juin et de juillet, peu d'orages, le thermomètre s'élève quelquefois jusqu'à 15 degrés; l'automne commence dès le mois d'août par des neiges et un abaissement considérable de la température, de fortes gelées ont lieu en octobre, et au mois de novembre la mer est prise aux alentours des terres; l'hiver polaire atteint son summum d'intensité en janvier et en février : alors aux rigueurs d'un froid glacial se joint l'horreur des ténèbres; pendant plusieurs mois le soleil est absent de l'horizon. La nuit complète est précédée d'un crépuscule de six semaines et suivie d'une aurore de même durée. L'obscurité est fréquemment éclairée par des aurores boréales et d'autres météores électriques, dont l'aspect splendide fait l'admiration des voyageurs. Pendant l'été, le soleil ne quitte pas l'horizon; c'est un jour continu de trois mois environ.

Les effets du froid sur l'homme qui s'y expose témérairement ont été mentionnés plus haut (voy. p. 28). Nous n'y reviendrons pas, non plus que sur les maladies qui sont la conséquence d'un abaissement considérable de température. Disons seulement que, dans les climats froids, les inflammations, surtout celles de la poitrine, sont très-communes et très-graves; que l'éclat de la neige, l'action des vents chargés de particules glacées, et l'action de la fumée qui remplit les habitations des misérables habitants de ces contrées, causent des inflammations des yeux comparables à celles que l'éclat du soleil et le vent poussiéreux des déserts font naître sous les tropiques. Disons enfin que, dans les contrées où l'humidité se joint à l'âpreté du climat, les scrofules, les affections scorbutiques et les maladies catarrhales sont très-fréquentes et très-opiniâtres.

III. Des climats tempérés.

Les climats tempérés s'étendent du 30e ou 35e degré de latitude au 50 ou 55e; et, pour notre hémisphère, ils comprennent à peu près toute l'Europe. Les quatre saisons y sont, en général, très-nettement délimitées.

Dans les régions tempérées, nous ne trouvons rien de particulier à noter relativement aux influences exercées sur la santé de l'homme; et cela précisément parce que cette action est modérée et qu'elle n'a pas cette énergie que produit un froid glacial ou un soleil de feu. C'est seulement vers les limites que l'on peut observer quelque chose de plus tranché. Ainsi, dans les régions les plus chaudes, les conditions se rapprochent de celles des climats chauds; dans les régions les plus froides, de celles des climats froids. Dans les contrées intermédiaires, tout est subordonné aux localités plus ou moins heureusement exposées, plus ou moins salubres, au régime de vie des habitants, au degré d'aisance ou de civilisation, etc.; car les saisons interposées entre les ardeurs de l'été et les rigueurs de l'hiver y préparent peu à peu l'économie et jouent le rôle de l'acclimatement progressif dont nous allons bientôt parler.

Cependant les variations atmosphériques si fréquentes, surtout dans les saisons de transition, rendent très-communes alors les affections catarrhales (rhumes, maux de gorge, etc.) et les douleurs rhumatismales et névralgiques. Pendant l'hiver, ce sont plutôt des inflammations de poitrine ou des rhumatismes articulaires, comme dans les pays froids; pendant l'été, des maladies des voies intestinales et des affections bilieuses, comme dans les pays chauds.

Du climat de l'Europe en particulier.

Si nous laissons de côté les terres situées au-dessus du 65e degré de latitude et qui comprennent les régions glacées de la Laponie, de l'Islande et du pays des Samoyèdes, nous pouvons reconnaître en Europe quatre climats principaux :

1° *Une zone très-froide*, comprenant le nord de l'Écosse, la Norvége, la Suède, le Danemark, la Russie septentrionale. Ici l'été est court et très-chaud, l'hiver long et rigoureux. L'hiver prédomine.

2° *Une zone froide*. Elle comprend l'Irlande, l'Angleterre, les Pays-Bas, la Hollande, le nord de l'Allemagne; l'hiver est court, mais rude; le printemps et l'automne sont prolongés et d'une température douce. L'été est chaud et court. Dans cette zone, ce sont les saisons intermédiaires qui prédominent.

3° *Une zone tempérée*. Elle renferme la France, le midi de l'Allemagne, la Hongrie, la Moldavie, la Russie méridionale. Les saisons y sont très-variables, sujettes à de grandes intempéries, mais de durée à peu près égale et conservant chacune son caractère, sans qu'aucune l'emporte sur les autres.

4° Enfin *une zone chaude*, qui est formée par l'Espagne, le midi de la France, l'Italie, la Grèce, la Turquie d'Europe. Le printemps est délicieux, l'été sec et brûlant, l'automne chaud, l'hiver très-court et habituellement exempt de neige et de gelées durables. C'est ici l'été qui l'emporte.

Ces distinctions intéressent beaucoup les personnes que des maladies obligent de quitter leur résidence habituelle pour chercher la santé sous un autre ciel. Comme c'est l'Italie qui est le refuge le plus habituel des valétudinaires et surtout des personnes atteintes de maladies de poitrine, nous dirons ici quelques mots du climat de cette contrée, en indiquant certaines localités peu connues qui offrent un séjour convenable à des sujets atteints de différentes maladies chroniques.

Nous empruntons les détails qui vont suivre à l'excellent ouvrage de M. le docteur Ed. Carrière (voy. la note, p. 131), véritable manuel des personnes qui vont demander la santé au soleil de l'Italie.

Du climat de l'Italie.

On se fait en général une idée très-fausse de la salubrité et de la température de l'Italie, et les pauvres malades qui s'aventurent dans ce pays sans avoir pris des renseignements bien exacts se préparent d'amères et cruelles déceptions.

Le climat de la péninsule italique a subi de nombreuses variations depuis les temps anciens. Quelques-unes de ces modifications ont été apportées par l'homme, qui ici a amélioré l'état du sol, et là, au contraire, a laissé perdre le fruit des travaux de ses prédécesseurs; d'autres ont été déterminées par des changements survenus dans le cours et la répartition des eaux, etc., etc. Le voisinage de la mer, qui, en raison de la forme péninsulaire de l'Italie, offre tant de points de contact avec les terres; le voisinage des montagnes qui la bordent au nord (les Alpes) ou la partagent dans toute sa longueur (les Apennins); les grands amas d'eaux stagnantes, marais ou lacs, qui couvrent une partie de sa surface; les fleuves qui la sillonnent, les courants d'air chaud qui lui arrivent des plages brûlantes de l'Afrique, ceux qui descendent glacés des cimes neigeuses, que laissent passer les profondes découpures des montagnes ou qui suivent les grands cours d'eau, sont autant de circonstances qui font varier les conditions climatériques des différentes contrées de l'Italie, tant sous le rapport de la température que sous le rapport de la salubrité de l'air.

La péninsule est partagée dans toute sa longueur, par la chaîne des Apennins, en deux bandes ou versants. L'un, qui regarde au midi et à l'ouest, est baigné par la Méditerranée et reçoit les vents chauds et humides du continent africain; l'autre, dirigé à l'est et au nord, en contact avec l'Adriatique, est plus particulièrement livré aux vents secs du nord et du nord-est. Le premier est favorable aux constitutions qui réclament un air calme et imprégné de vapeurs chaudes; le second convient aux organisations qui se vivifient sous l'influence d'un air relativement froid, sec et agité.

M. Carrière divise l'Italie en trois régions : la première occupe toute la partie située au sud d'une ligne tirée de la pointe septentrionale du golfe de Gaëte, à l'embouchure du Pescara, sur l'Adriatique : c'est la région méridionale; la seconde, ou région moyenne, est comprise entre la ligne précédente et une autre ligne qui coupe transversalement l'Italie en passant par Lucques et Bologne; enfin la région septentrionale est située entre cette dernière ligne et les Alpes.

Or, dans chacune de ces régions, il est des localités qui offrent des conditions climatériques différentes et dont le séjour est plus avantageux dans une saison que dans une autre. Ainsi, pour en citer quelques exemples, dans la région méridionale, Sorrente et Castellemare feraient d'excellentes stations d'été, et Salerne, sur le golfe de ce nom, Salerne, dont l'air si pur conserve sa salubrité même à l'époque des fièvres, offrirait un excellent refuge pour l'hiver. Dans le nord, les malades pourront hiverner à Venise et passer l'été sur les bords des grands lacs du Milanais, etc. A l'aide de ces précieuses indications, on évite ces grands déplacements, ces voyages qui font perdre en quelques semaines le bénéfice d'un séjour de plusieurs mois. Enfin, et c'est là le fait sur lequel insiste le plus M. Carrière, grâce à la connaissance de ces *stations* d'hiver et de ces *stations* d'été, on peut demeurer plus longtemps qu'on ne le fait ordinairement en Italie, et compléter en un an ou deux une cure que tant d'allées et de venues prolongent indéfiniment.

IV. Acclimatement.

Lorsque l'on passe d'une région froide dans une contrée plus chaude, ou *vice versa*, il faut que l'organisme s'accommode aux conditions extérieures nouvelles et opposées dans lesquelles il se trouve placé; c'est le travail nécessaire pour atteindre ce résultat que l'on désigne sous le nom d'*acclimatement*. Or, comme ces conditions de température, d'humidité, etc., exercent, ainsi que nous l'avons vu, une action très-puissante sur l'homme, le passage d'un climat à un autre ne peut avoir lieu sans que la constitution en ressente une atteinte plus ou moins profonde. C'est ici que l'hygiène doit intervenir pour atténuer les effets de ces influences et rendre la transition moins pénible à supporter.

C'est l'acclimatement dans les pays chauds qui est le plus laborieux et qui exige le plus de précautions. Aussi ce que nous avons à dire ici se rapporte-t-il à peu près exclusivement à l'habitation dans les climats à température élevée. Une controverse fort animée s'est élevée entre plusieurs savants hygiénistes sur la question de savoir si les Européens peuvent, oui ou non, s'acclimater dans les régions tropicales. Des débats un peu confus qui ont eu lieu à cet égard, il résulte pourtant ceci : que la mortalité des nouveaux arrivés est très-considérable dans les pays équatoriaux, surtout dans les contrées où règnent les funestes influences de l'humidité et des eaux stagnantes, dans l'Inde, par exemple, au Sénégal, aux Antilles, en Algérie ; que les effets dont nous parlons se font particulièrement sentir sur les troupes envoyées d'Europe dans ces localités; que la mortalité, qui chez nous est de huit pour mille dans l'armée, année moyenne, s'élève à soixante-dix, soixante-quinze, quatre-vingts et même quatre-vingt-cinq pour le même chiffre. Or, ce n'est pas seulement la première année que cette effrayante mortalité pèse sur les immigrants; elle semble aller en augmentant!... Mais, nous le répétons, cela n'est vrai que pour les contrées ou règnent les émanations marécageuses.

Préceptes hygiéniques relatifs à l'acclimatement dans les pays chauds.

Disons d'abord d'une manière générale que l'acclimatement sera d'autant plus facile : 1° que le sol de la localité sera plus élevé et plus sec ; 2° que l'immigrant sera lui-même natif ou habitant d'une contrée déjà rapprochée du Midi. Ajoutons : 3° que les sujets à constitution sèche et nerveuse ou lymphatique, à habitudes sobres et régulières, les femmes par exemple, s'acclimatent beaucoup mieux que les sujets sanguins, vigoureux, adonnés aux plaisirs et à la bonne chère ; 4° que les personnes attaquées de maladies du foie ou de l'intestin sont grandement exposées à ressentir les plus dangereuses atteintes des affections propres aux pays chauds ; 5° enfin, que l'ennui, les chagrins, suite inévitable des déceptions qui attendent si souvent les immigrants, et le regret du pays natal, sont autant de circonstances qui rendent l'acclimatement difficile.

Une chose digne de remarque, c'est que les enfants européens périssent en grand nombre dans les pays chauds.

Les règles propres à l'acclimatement dans les contrées équatoriales sont les suivantes :

1° S'accoutumer par degrés aux conditions des pays chauds en habitant successivement des pays à température de plus en plus élevée, afin d'éviter l'inconvénient si grave d'une transition trop brusque qui amène une perturbation subite et profonde dans les fonctions de l'économie ;

2° Le moment de l'arrivée ne doit pas répondre à l'époque des pluies, mais à celle qui est marquée par une fraîcheur relative ou par la sécheresse. Dans le Sénégal, par exemple, il faudra arriver vers la fin de décembre ou dans le courant de janvier.

3° On devra choisir son habitation dans un lieu sec et élevé, ou du moins fuir le voisinage des endroits marécageux. On donnera la préférence à une exposition dirigée au nord ou au nord-est.

4° L'alimentation doit être peu abondante, modérément substantielle et légèrement excitante, composée autant que possible de viandes et de légumes en proportions à peu près égales. Dans les boissons, ne faire entrer que très-peu de substances stimulantes, de l'eau légèrement rougie ; de l'orangeade sucrée, de l'eau coupée avec du lait doivent suffire surtout pour un nouvel arrivant. Ce n'est pas sans de sérieuses raisons hygiéniques que Mahomet défendait l'usage du vin à ses sectaires, sous le ciel embrasé de l'Arabie. Cependant le thé, le café, un grog léger sont pris avec avantage et étanchent très-bien la soif. Les fruits acides sont dangereux, mais en grande partie par l'abus qu'en font les nouveaux venus. Ces fruits peuvent produire de graves dyssenteries. Les médecins qui ont pratiqué dans les régions équatoriales conseillent trois repas par jour : un léger déjeuner vers dix heures du matin, un repas plus substantiel vers deux heures, et dans la soirée un léger souper.

5° Les vêtements doivent être minces et très-amples, de manière que l'air y puisse circuler librement. A cet égard, il est bon d'imiter la manière de se vêtir des indigènes instruits par l'expérience : comme eux on préférera aux autres étoffes la laine et le coton, qui sont mauvais conducteurs du calorique et empêchent l'action d'une chaleur excessive, en même temps qu'ils défendent le corps contre les atteintes d'un brusque abaissement de température. La ceinture de laine qui protége le ventre, le burnous à capuchon ou le manteau, ont été adoptés depuis la plus haute antiquité par les Orientaux, et, si les caprices de la mode n'ont pas fait pénétrer chez eux ce ridicule amour du changement qui caractérise les Européens, c'est que, pour eux, la forme et la disposition des vêtements sont des choses de première nécessité.

Mêmes remarques pour la coiffure ; le turban ou le large chapeau en paille tressée abritent très-efficacement la tête contre les ardeurs du soleil : on devra donc les adopter.

6° Il faut, autant que possible, éviter et les feux du soleil dans le milieu du jour et la fraîcheur des nuits si commune dans certaines régions. Il faudra sortir dans la matinée et dans la soirée, se reposer ou mieux encore dormir dans le milieu du jour, faire la sieste. Toute fatigue corporelle un peu considérable est dangereuse ; car, dans l'acclimatement, on est placé constamment entre un double écueil, une stimulation trop vive, une débilitation trop grande. Toutes les causes d'affaiblissement sont donc nuisibles, car il n'est pas permis d'y remédier par un régime amplement réparateur et stimulant.

7° Il faut résister aussi, comme nous le disions plus haut, aux affections tristes de l'âme : le chagrin, l'ennui, sont de véritables débilitants ; un travail intellectuel trop intense et trop prolongé est également dangereux ; enfin, modifiant quelque peu un vers bien connu, nous dirons comme dernier conseil, et c'est le plus important peut-être :

« Fuyez des *voluptés* les *mortelles* amorces !... »

Après un an, dix-huit mois, deux ans, plus ou moins, de ce régime, lorsque les phénomènes de l'acclimatement commencent à se manifester, c'est-à-dire quand l'immigrant commence à prendre l'aspect physique, la pâleur mate, etc., des indigènes, on se relâchera peu à peu de la sévérité du régime pour le rendre un peu plus stimulant et réparateur ; mais il faut ici procéder avec beaucoup de précautions, sans que pour cela on puisse jamais reprendre les habitudes hygiéniques des pays septentrionaux.

Préceptes hygiéniques relatifs à l'acclimatement dans les pays froids.

Le séjour dans les pays très-froids n'offre pas, même pour les habitants des tropiques, des dangers comparables à ceux que présentent les pays chauds. L'acclimatement se fait très-facilement, sans mettre la vie en péril, et, à part la sensation pénible d'une température trop basse, la santé ne souffre aucune atteinte. Cependant, si le passage des tropiques aux pôles peut se faire graduellement, les effets n'en seront que plus avantageux. Quant à nous, habitants des régions tempérées, la rigueur de nos hivers nous prépare à l'action des glaces polaires. Nous devons noter comme circonstance très-remarquable que les méridionaux supportent mieux les plus basses températures des climats froids que les hommes du Nord eux-mêmes. C'est ce que les médecins militaires ont observé dans la désastreuse retraite de Moscou.

Les préceptes hygiéniques sont ici des plus simples et méritent à peine d'être indiqués.

1° Il faudra se soustraire à l'action d'un froid trop intense par des vêtements suffisamment épais, par un aménagement d'habitation et un système de chauffage que nous étudierons à propos des *habitations*.

2° L'alimentation doit être réparatrice; les vins généreux, les boissons alcoolisées, le thé, le café, toujours sans abus, cela est évident, sont ici parfaitement indiqués. Il faut, en effet, fournir aux poumons l'aliment, ou plus exactement, le combustible nécessaire à l'entretien de la chaleur du corps.

3° Enfin les exercices, l'activité corporelle, si nuisibles dans les grandes chaleurs des contrées méridionales, deviennent de première nécessité dans les zones glaciales.

Quant à l'*acclimatement dans les régions tempérées*, il n'y a qu'une seule chose à dire, c'est qu'il faut bien prendre garde aux brusques variations atmosphériques qui s'y observent si fréquemment, qu'il ne faut pas quitter trop tôt ses vêtements d'hiver, ni les reprendre trop tard.

DES SAISONS.

L'inclinaison des diverses régions de la terre par rapport à la direction des rayons solaires variant aux différentes époques de l'année, il en résulte, dans la température et dans la durée des jours pour un même lieu, des changements d'autant plus marqués que ce lieu est plus éloigné de l'équateur. Ce sont ces différences dans le cours de la révolution annuelle qui constituent les saisons. La division de l'année en quatre saisons repose sur des données astronomiques. Ainsi, le printemps commence à l'équinoxe du 21 mars [1] et finit au solstice

1. Nous avons mis partout le 21 pour plus de simplicité et pour

du 21 juin ; l'été part de ce solstice pour aller jusqu'à l'équinoxe du 21 septembre, où commence l'automne, lequel se termine au solstice du 21 décembre ; là commence l'hiver, qui s'arrête nécessairement à l'équinoxe du 21 mars, point de départ du printemps. Cette division, très-naturelle au point de vue astronomique, n'est pas tout à fait aussi satisfaisante quant aux phénomènes des saisons elles-mêmes. Aussi est-il plus exact, prenant pour guide ces phénomènes, de partager les saisons comme il suit :

Printemps	Mars, avril, mai.
Été...........	Juin, juillet, août.
Automne......	Septembre, octobre, novembre.
Hiver	Décembre, janvier, février.

Dans chacun de ces quatre groupes, les conditions de température et de durée du jour sont aussi rapprochées que possible.

Le principal phénomène que les saisons nous offrent à considérer est la variabilité de la température dans les diverses localités, suivant la hauteur, l'exposition, le voisinage ou l'éloignement des mers, etc. (Voy. *Climats*.)

L'influence des saisons sur la mortalité se traduit nécessairement par le chiffre de la mortalité aux différentes époques de l'année.

En France, de 1831 à 1840, 837 083 décès, année moyenne, se répartissent ainsi :

Printemps..................	236 190
Hiver	222 823
Automne....................	194 180
Été........................	183 790

Le *maximum* appartient au mois de mars (87 345) et le *minimum* à *novembre* (57 326).

mieux fixer les faits dans la mémoire, bien que les époques dont nous parlons ne tombent pas toujours précisément à cette date.

En Belgique, d'après M. Quételet, sur 1 770 259 décès, de 1815 à 1826, on a compté :

Hiver......................	501 382
Printemps..................	470 227
Automne....................	418 978
Été	379 672

Le même résultat, c'est-à-dire la fréquence plus grande des décès en hiver ou bien au printemps, a encore été observé en Danemark, à Genève et dans le Piémont. Dans d'autres pays l'influence est retournée : c'est pendant l'été que l'on observe la plus grande mortalité (Irlande, Gênes, Turin). Ceci tient à une particularité propre à ces pays : les émanations marécageuses, dont l'influence pernicieuse se fait surtout sentir pendant les grandes chaleurs de l'été.

Dans les pays très-chauds, c'est aussi pendant l'été que la mortalité pèse le plus sur les étrangers venus du Nord, tandis que, pour les indigènes, nous retrouvons encore l'action de l'abaissement de la température et l'augmentation du chiffre des décès pendant l'hiver et le printemps (voy. *Climats*).

On a beaucoup parlé de l'influence de l'automne sur la terminaison de la phthisie, et les poëtes ont chanté l'époque fatale de la *chute des feuilles*.... Encore une exagération que démentent les chiffres, ces éternels ennemis de la poésie. Des relevés très-exacts ont prouvé que la plus grande mortalité, chez les phthisiques, a lieu au printemps, et la plus faible en automne. Ainsi, 1261 décès chez les phthisiques sont distribués de la manière suivante :

Printemps.....................	367
Été	357
Hiver.........................	302
Automne.......................	235

Voici en outre quelques résultats assez curieux : le développement de la folie, le suicide, les duels sont plus communs en été ; et, ici, il est impossible de méconnaître l'action de la chaleur. Chose également très-remarquable : les crimes contre la propriété sont plus communs pendant l'hiver, alors que règne la misère; tandis que les crimes contre les personnes sont plus fréquents pendant l'été, alors que les passions acquièrent le plus de violence.

Les saisons doivent être regardées comme des climats transitoires : ainsi envisagées, on y retrouve, pour nos contrées du moins, les trois grandes divisions établies plus haut pour les climats. L'été représente les climats chauds; l'hiver, les climats froids; le printemps et l'automne, saisons intermédiaires, représentent les climats tempérés.

Il ne faut donc pas être surpris de rencontrer dans les différentes périodes de l'année les maladies propres aux climats qui leur correspondent : pendant l'hiver, les maladies inflammatoires; pendant l'été, les affections bilieuses, et pendant le printemps et l'automne, les maladies catarrhales.

VIII.

INFLUENCES EXERCÉES PAR LES PARTIES SOLIDES ET LIQUIDES DU GLOBE TERRESTRE.

L'état actuel de la surface du globe terrestre est le résultat de plusieurs grands cataclysmes qui ont, à diverses reprises, bouleversé sa croûte extérieure, changé, déplacé les continents et les bassins des mers, soulevé les montagnes, creusé les vallées, etc. Au total, cette surface, considérée dans son ensemble, se présente dans deux conditions fort différentes : ici, des espaces solides et secs : c'est la terre ferme, le *sol;* là, des espaces liquides : ce sont les *eaux* stagnantes ou courantes, les mers, les lacs, les fleuves, etc.

DU SOL.

Les surfaces solides, seules habitables, présentent dans leur configuration, dans leur état de nudité ou de végétation, dans la nature et la composition du terrain qui les constitue, des circonstances particulières qui influent très-notablement sur la santé de l'homme et méritent, par conséquent, de fixer l'attention de l'hygiéniste. C'est ce que nous allons examiner dans les paragraphes suivants.

I. Configuration du sol.

Bien que les montagnes qui hérissent la surface de la terre soient à peine appréciables par rapport à son immensité, à tel point qu'une main assez large pour embrasser notre globe pourrait à peine constater leur existence, elles créent cependant des conditions particulières de température, de pression atmosphérique, etc., qui agissent puissamment sur la constitution de l'homme.

Les montagnes ne se détachent pas brusquement de la surface unie des plaines pour former des espèces de cônes ou de pyramides, comme le font souvent les petites buttes ou collines; elles forment des élévations à larges bases, offrant des plateaux, des assises desquelles partent de nouvelles élévations elles-mêmes surmontées de saillies de plus en plus étroites jusqu'au sommet, dont la hauteur perpendiculaire au-dessus du niveau de la mer atteint au plus 7 ou 8000 mètres, c'est-à-dire à peu près la quinze centième partie du diamètre de la terre. Les montagnes sont ordinairement placées à la suite les unes des autres, de manière à former des traînées ou chaînes qui sillonnent quelquefois toute la longueur d'un continent; ce n'est que par dégradations successives qu'elles se fondent avec les plaines. Elles offrent donc sur leurs flancs des surfaces médiocrement inclinées ou même horizontales, quelquefois très-étendues, sur lesquelles on peut asseoir des habitations. Enfin elles sont souvent creusées de vallées plus ou moins profondes.

A mesure qu'on s'élève dans l'atmosphère, non-seulement la pression de l'air diminue, ainsi que nous l'avons déjà dit (voy. *Air atmosphérique*), mais encore la température s'abaisse, si bien que le sommet des montagnes très-élevées est couvert de neiges éternelles et complétement inhabitable. Dans nos climats, une hauteur de 2000 mètres donne précisément la température de la Laponie. Dans les contrées méridionales, on peut, à mesure qu'on s'élève, observer successivement, de la base au sommet, les plantes des pays chauds, puis celles des pays tempérés, puis celles des pays froids, dans le même ordre où elles se présentent de l'équateur aux pôles, depuis le palmier jusqu'aux sapins, aux mélèzes et aux bruyères sèches, dernières traces de la puissance végétative dans les zones glacées.

Relativement à l'autre phénomène, la *diminution de la pression atmosphérique*, ses effets se font plus particulièrement sentir à partir du niveau des neiges perpétuelles, quelle que soit d'ailleurs la hauteur de celles-ci; ils augmentent d'intensité à mesure que l'on gravit; la respiration devient pénible, laborieuse; l'air étant plus rare, il faut un plus grand nombre d'inspirations et des inspirations plus profondes pour en introduire une même quantité; le cœur et le pouls battent avec plus de force et de fréquence; il y a des vertiges et même des accidents de congestion cérébrale, du mal de tête, de la somnolence, du découragement; l'appétit s'émousse en même temps que la soif s'éveille; la marche est très-pénible, il faut se reposer au bout de quinze ou vingt pas, et à chaque halte la fatigue disparaît instantanément. On a observé quelquefois des douleurs dans les membres et des hémorragies par le nez; mais ce dernier phénomène est beaucoup plus rare qu'on ne l'avait prétendu. Les accidents que nous venons de passer en revue ne se montrent pas avec la même intensité, et surtout avec la même promptitude, chez tous les individus. Chez les uns, c'est à partir de 1600 mètres; chez d'autres, à partir de 2000, de 3000 même, et, pour les habitants des montagnes, ils ne commencent pas en général avant 4000 mètres.

On a cherché bien des explications pour rendre compte de ces divers phénomènes; mais il est certain que ce n'est pas à la seule diminution de la pression atmosphérique qu'il faut les attribuer; les causes sont multiples, et il faut faire entrer en ligne de compte le froid et la fatigue que l'on éprouve à gravir des lieux escarpés.

Conséquences hygiéniques. Puisque les montagnes, à leurs différents étages, offrent des conditions climatériques différentes, il s'ensuit que, de la base au sommet, les maladies devront varier comme elles varient de l'équateur au pôle. Dans les parties les plus élevées, les maladies inflammatoires franches; sur les plateaux moyens, où règnent, comme dans les zones tempérées, des vicissitudes atmosphériques très-fréquentes, des maladies catarrhales, et enfin, à la partie inférieure, que nous supposons plongée dans un climat chaud, les maladies propres à ces climats, les affections bilieuses unies ou non aux affections paludéennes, suivant qu'il s'y joint ou non l'influence des marais.

Les parties élevées des montagnes, à part la diminution dans la pression atmosphérique, doivent jouir de la salubrité que nous avons reconnue aux climats froids, et, dès lors, constituer, pour les pays dans lesquels elles se trouvent, des lieux de refuge contre les affections dangereuses qui règnent aux étages inférieurs. On sait que la fièvre jaune, la peste, s'arrêtent à une certaine hauteur, 1000 mètres environ, et il paraît que le choléra lui-même obéit à cette loi. Dans les contrées chaudes, à l'époque de l'année où les marais mis en partie à sec émettent leurs miasmes les plus délétères, l'ascension et le séjour sur les montagnes mettent à l'abri de cette funeste influence et rétablissent la santé déjà altérée par ces émanations.

Les montagnes, on le voit, jouent un grand rôle dans l'hygiène, par suite de l'action si puissante qu'elles peuvent exercer sur la santé ; seulement il ne faut pas oublier que leur atmosphère, si pure d'ailleurs, est plus rare que celle des pays de plaine, et que, dès lors, leur séjour ne saurait convenir aux personnes atteintes de maladies de poitrine ou de maladies organiques du cœur. Ajoutons encore que, même pour les personnes saines, l'acclimatement est difficile sur les lieux très-élevés. Les religieux du mont Saint-Bernard deviennent presque tous asthmatiques ou sujets à des affections du cœur ; aussi n'y demeurent-ils pas plus de trois ans de suite.

Autre remarque : les montagnards sont agiles, adroits, vigoureux, ardents ; leur tempérament est surtout nerveux ou nerveux sanguin. Partant de là, on doit comprendre que l'habitation dans les lieux élevés conviendra surtout aux personnes débilitées, mais dont la poitrine est restée saine et dont le cœur ne présente aucune trace d'hypertrophie ; aux sujets lymphatiques étiolés par le séjour dans des cités très-populeuses, ou dans des localités sombres, basses et malsaines.

Des vallées et des gorges profondes.

Les vallées, les gorges profondes qui existent entre les montagnes ou qui sont creusées dans leurs flancs, offrent certains inconvénients qu'il est important de signaler.

Ici, les vallées sont encaissées entre des montagnes, et l'air vicié y séjourne sans pouvoir être renouvelé assez souvent et assez complétement. Là, elles sont bien ouvertes aux vents ; mais quand, par le fait de la direction des hauteurs, elles donnent accès au vent du nord, il en résulte souvent de brusques et dangereux changements de température. Ailleurs, les montagnes les abritent trop complétement des rayons du soleil et les rendent sombres et malsaines ; ou bien encore la disposition de ces montagnes y concentre une chaleur insupportable.

On comprend dès lors qu'avant de se fixer dans de pareilles localités il convient de s'enquérir de la santé des habitants, afin d'éviter les causes d'insalubrité qui peuvent s'y rencontrer, et qui ont si souvent pour effet de produire chez les enfants des nouveaux arrivants le goître et le crétinisme.

II. État de la surface du sol.

La surface de la terre est tantôt nue, aride, stérile, tantôt, au contraire, couverte d'une végétation plus ou moins luxuriante : les travaux exécutés par l'homme viennent encore modifier les conditions dont nous devons étudier ici l'influence.

Nudité du sol.

La nudité du sol résulte en général de la nature des terrains sablonneux, calcaires ou rocheux, mais surtout de l'absence d'eau. Dans les déserts sablonneux de l'Afrique, là où il y a une source, on est sûr de trouver une île de verdure, une *oasis*. La dénudation du sol rend la réflexion de la lumière plus vive, celle de la chaleur plus intense ; le sable, dans les déserts de l'Arabie ou de l'Afrique, atteint jusqu'à 60° de température. De là des maux d'yeux et toutes les incommodités dont nous avons parlé à propos de la chaleur sèche et des climats. Les régions arides n'étant pas habitées, nous n'avons pas à nous y arrêter.

Végétation herbacée.

Ailleurs, on trouve de vastes étendues de terrain occupées par des herbes de différentes dimensions : telles sont les steppes de la Russie, les savanes ou prairies de l'Amérique du Nord, les llanos ou pampas de l'Amérique du Sud. Ici, on observe une évaporation et une condensation de vapeurs aqueuses qui maintiennent la fraîcheur et l'humidité. Ces régions sont encore dépourvues d'habitants.

Grande végétation, bois, forêts. — Inconvénients des déboisements.

Dans d'autres parties on rencontre de grands végétaux dont les espèces sont de plus en plus nombreuses à mesure que l'on se rapproche de l'équateur, et qui, par leur agglomération, constituent les bois, les forêts. Leur action sur l'homme est très-importante à étudier.

Les effets de la présence des grands arbres sont d'empêcher l'échauffement du sol, d'y maintenir de l'humidité et d'abaisser la température moyenne de la localité. Les rayons solaires sont arrêtés par les arbres comme par une sorte d'écran ; il se fait à la surface des feuilles une évaporation continuelle de vapeur aqueuse, qui consomme une grande quantité de calorique et produit un notable refroidissement dans l'atmosphère.

Placées sur les montagnes, les forêts y maintiennent les eaux et s'opposent à la formation des torrents qui viendraient ravager les plaines situées au-dessous, comme on le voit aujourd'hui dans le département des Basses-Alpes, depuis que des mains imprudentes ont détruit les grands bois qui couronnaient les parties élevées de cette contrée montagneuse. On attribue à la même cause les récents débordements de la Loire, du Rhône, de l'Allier, etc.

Et maintenant, pour que l'on n'accuse pas notre incompétence dans la grande question des déboisements, nous empruntons textuellement tout ce qui va suivre aux auteurs les plus estimés dans les sciences physiques et agronomiques.

« En abattant les arbres qui couvrent la cime et les flancs des montagnes, dit l'illustre de Humboldt, les hommes, sous tous les climats, préparent aux générations futures deux calamités à la fois, un manque de combustible et une disette d'eau. »

A l'appui de cette dernière assertion, M. Boussingault a, dans un excellent chapitre qui termine son *Traité d'écono-*

mie rurale (t. II. ch. x, § 5), établi les conclusions suivantes qui résument ses études sur la matière :

« Les défrichements diminuent la quantité des eaux vives qui courent à la surface du pays.

« La quantité des eaux vives ne paraît pas avoir varié dans les contrées qui n'ont subi aucun changement dû à la culture.

« Indépendamment de la conservation des eaux vives, les forêts en ménagent et en régularisent l'écoulement par l'obstacle qu'elles mettent à l'évaporation.

« Par des déboisements purement locaux, des sources peuvent disparaître, sans qu'on soit en droit de conclure que la quantité annuelle des pluies ait diminué. »

A ces témoignages, ajoutons encore celui de l'abbé Tessier : « Deux fautes énormes, dit-il, ont été faites de nos jours par des administrations ignorantes : sous le prétexte d'augmenter la masse des terres susceptibles de donner des récoltes, on a encouragé les défrichements et les desséchements, sans en excepter les localités où de telles opérations sont plus nuisibles que profitables [1]. »

L'existence des forêts n'est pas seulement utile, nécessaire même au point de vue que nous venons d'examiner, pour fournir à l'homme ces deux choses si nécessaires, l'eau et le combustible ; mais elles agissent encore directement et d'une manière très-favorable sur sa santé, en purifiant l'air par l'émission de l'oxygène et l'absorption de l'acide carbonique [2]. Interposées entre des contrées salubres et des

1. *Rapport sur un travail* de M. Dugied *relatif au reboisement des Basses-Alpes*, *Journal des Savants*, 1820, p. 219.

2. Il est bien constaté que les plantes respirent, c'est-à-dire qu'elles s'emparent de certains gaz faisant partie de l'atmosphère, et qu'elles en rejettent d'autres. Ce travail s'accomplit par l'intermédiaire des feuilles. Pendant le jour, les feuilles absorbent l'acide carbonique de l'air, gardent le carbone et rejettent la plus grande partie de l'oxygène qui maintenait ce carbone à l'état d'acide carbonique. Pendant la nuit, elles absorbent de l'oxygène qui se combine avec le carbone de

contrées malsaines, elles préservent les premières en s'opposant au passage des émanations nuisibles et des miasmes qu'emportent les grands courants d'air (voy. *Marais*). Enfin, suivant leur situation, elles arrêtent certains vents froids et contribuent à maintenir une température plus constante et partant plus avantageuse pour la santé.

Conséquences hygiéniques. L'habitation dans *le voisinage* des bois est on ne peut plus salutaire; les promenades que l'on y fait pendant le jour sont très-favorables, particulièrement pour les personnes à poitrine délicate, à cause de l'oxygène qui s'y dégage. Mais la grande humidité qui y règne et le dégagement nocturne d'acide carbonique en rendraient nuisible l'habitation permanente; c'est pour la même raison qu'il ne convient pas de s'y promener le soir ou pendant la nuit.

Influence de la culture. — Exploitation des terrains vierges; ses dangers : conséquences hygiéniques.

La culture, en changeant l'état de la surface du sol, modifie par cela même les conditions physiques auxquelles l'homme est soumis. « Fertiliser la terre, c'est l'assainir. Les cultures corrigent le sol en remplaçant une végétation sauvage, envahissante, souvent dangereuse, par des masses de plantes utiles qui épurent l'atmosphère; elles nivellent, amendent de vastes surfaces de terrains; elles incorporent au sol et dissipent dans ses couches le détritus de matières végétales et animales qui s'y est accumulé et qui, sous l'influence des chaleurs et de l'humidité, convertit d'immenses régions en laboratoires de miasmes fébrifères; elles régula-

la plante et forme de l'acide carbonique, lequel est exhalé. Ainsi, pendant le jour, la respiration produit des phénomènes chimiques inverses de ceux qui se passent chez les animaux et, pendant la nuit, les phénomènes sont semblables. Donc, si pendant le jour les plantes purifient l'air, elles le vicient pendant la nuit.

risent la distribution des eaux pluviales en les appliquant aux irrigations et en leur procurant des voies d'écoulement[1]. »

Ce tableau devient frappant de vérité quand on compare l'état florissant de pays autrefois incultes et aujourd'hui exploités avec intelligence, et, comme contre-épreuve, l'aspect déplorable de contrées abandonnées actuellement et jadis riches et salubres.

Lorsque l'on creuse des terrains qui n'ont jamais été cultivés ou qui ne l'ont pas été depuis très-longtemps, il s'en échappe des émanations délétères qui causent des fièvres intermittentes graves et même pernicieuses. La nature du sol, formé de débris de matières végétales et animales en décomposition, explique ces fâcheuses influences, qui sont d'autant plus marquées que la température est plus élevée et l'atmosphère plus humide. Dès lors, quand on aura à exécuter des travaux de ce genre, il faudra les faire poursuivre avec une grande rapidité; faire alterner les travailleurs qui, pour cette raison, devront être vigoureux dans la force de l'âge et en nombre très-considérable; leur donner une nourriture très-réparatrice, surtout composée de viandes; leur accorder du vin ou de l'eau-de-vie coupée d'eau pour boisson; ne pas entreprendre ces travaux à l'époque des grandes chaleurs, ne pas faire travailler avant le lever ni après le coucher du soleil, etc.

Certains travaux de culture au lieu d'assainir une contrée, y développent, au contraire, des conditions d'insalubrité; telles sont les cultures qui exigent de l'humidité, les rizières par exemple. Par la même raison certaines irrigations, tout en favorisant la végétation, produisent, dans les climats chauds surtout, des fermentations putrides dont les débris de plantes qui jonchent le sol fournissent les éléments. De là des émanations miasmatiques de la même nature que celles des marais (voy. *Eaux stagnantes*).

1. Lévy, *Traité d'hygiène*, 81, p. 502.

III. Structure du sol.

Sans entrer dans des détails de géologie que ne comporte pas le but de ce livre, nous devons dire que, suivant les doctrines généralement admises aujourd'hui, le globe terrestre est formé d'une masse en fusion recouverte d'une écorce relativement très-mince et sur laquelle nous habitons. Cette écorce, cette enveloppe du globe n'a pas été formée d'une seule pièce, mais d'une manière lente et progressive : d'abord, par le refroidissement de la masse ardente à sa partie la plus extérieure, et ensuite, par des dépôts de produits divers qui sont venus s'appliquer sur la première croûte résultant du refroidissement. On peut donc reconnaître que l'enveloppe extérieure du globe est formée de couches superposées, dont les géologues modernes ont pu reconnaître le degré d'ancienneté et qu'ils ont classées dans l'ordre suivant.

La couche la plus ancienne et qu'on nomme *primitive*, celle qui est le résultat du refroidissement des parties les plus extérieures du globe en fusion, sont les roches granitiques, les schistes, les gneiss, etc. ; viennent ensuite, comme terrains de *transition*, les calcaires, les calcaires métallifères et les houilles, produits de la destruction des végétations énormes qui dans les premiers temps couvraient la surface de la terre. On note comme terrains *secondaires* les grès de différentes sortes, les bancs crayeux, puis encore les argiles grasses, les calcaires grossiers, les meulières, les marnes, etc., dans lesquels on trouve des débris d'animaux appartenant aux classes inférieures et les plus anciennement créés (coquilles, reptiles, etc.). En troisième lieu viennent les terrains d'alluvions, c'est-à-dire ceux qui furent déposés par les eaux, alors qu'elles couvraient la presque totalité des terres, et dans les grands mouvements qui accompagnèrent leur retrait. Ces terrains d'alluvion appartiennent à deux époques : 1° les *anciens*, composés de sables, renfermant des minéraux précieux et des restes d'animaux aujourd'hui disparus; 2° les terrains *modernes*, formés de débris provenant de causes qui agissent encore aujourd'hui. C'est l'*humus* ou terre végétale, dans laquelle on trouve les restes, les débris des espèces animales actuellement existantes.

La nature du sol agit sur l'homme d'une manière incontestable, du moins dans certaines circonstances données, mais en général, plutôt d'une manière indirecte que d'une manière directe. Les sols argileux, par exemple, étant imperméables, laissent séjourner à leur surface les eaux provenant de pluies abondantes ou de débordements, et donnent lieu, par conséquent, à la formation de marécages dont nous étudierons bientôt l'influence. Les terres d'alluvion, celles surtout qui sont de formation récente, donnent souvent naissance à des fièvres de mauvais caractère.

D'autres terrains paraissent au contraire éminemment salubres ; ce sont les terrains primitifs. La peste ne s'étend pas dans les contrées sablonneuses, au dire de M. Clot-Bey. La fièvre jaune se montre surtout dans les régions dont le sol est formé par les atterrissements des grands fleuves. Enfin le choléra lui-même semble respecter les terrains primitifs, les terrains sablonneux; en France, Lyon, les montagnes de l'Auvergne, du Cantal, du Limousin, des Cévennes, de l'Aveyron, du Morvan, qui se présentent dans ces conditions, ont été, dans les trois épidémies de 1832, 1849, 1854, sinon complétement épargnées, du moins très-faiblement atteintes.

La nature des terrains est donc importante à connaître pour celui qui se fixe dans une localité, alors qu'aucune circonstance impérieuse ne l'oblige à résider ici plutôt que là.

DES EAUX.

Les eaux qui se rencontrent à la surface du globe peuvent être rangées en plusieurs catégories qu'il convient d'examiner séparément, car leur action sur l'économie est loin d'être la même dans les différents cas. Nous aurons donc à étudier à part les eaux pluviales, les eaux courantes, l'eau de mer et les marais.

I. Eaux pluviales.

Les pluies fortes ou prolongées chargent l'air d'une grande masse d'humidité. Elles sont en général plus abondantes dans les pays chauds que dans les pays tempérés ou froids; la quantité d'eau qui tombe aux Antilles ou dans l'Inde est cinq ou six fois plus considérable que celle qui tombe à Paris dans le courant d'une année. Il tombe plus d'eau dans le voisinage de la mer qu'au centre des grands continents, dans les pays très-boisés que dans les contrées nues et découvertes, pendant l'été que pendant les saisons froides.

L'abondance des pluies produit les effets de l'humidité, et, comme il s'y joint ordinairement une température élevée, on a les effets de la chaleur humide (voy. p. 24). Les pluies passagères ont cependant l'avantage de rafraîchir l'atmosphère pendant les ardeurs de l'été. Quand il y a dans une localité des marais en partie desséchés, les pluies chaudes donnent aux miasmes qui s'en dégagent une funeste activité (voy. plus bas).

C'est à l'aide de vêtements chauds, secs et imperméables, c'est en évitant de sortir à certaines heures que l'on peut se soustraire à l'influence de l'humidité et aux autres effets des pluies abondantes (voy. *Climats* et *Marais*).

II. Eaux courantes. — Fleuves et rivières.

Les eaux courantes sont constituées par les sources, les torrents, les rivières, les fleuves et les canaux.

Les cours d'eau sont favorables à la santé, parce qu'ils entraînent les immondices, dont le dépôt donnerait lieu à de fâcheuses exhalaisons; ils facilitent les soins de propreté, etc. Aussi les hommes ont-ils plus particulièrement fixé leurs demeures sur les bords des rivières et des fleuves. Cependant il faut noter certains inconvénients : les cours d'eau sont quelquefois nuisibles, soit par les infiltrations qui se font dans les parties riveraines quand le sol est perméable, soit par les débordements suivis de dépôts marécageux. Dans les contrées méridionales, on connaît les effets nuisibles du voisinage des grands fleuves, le Gange, le Mississipi, l'Orénoque, etc., dont les bords, et surtout les atterrissements qui existent aux embouchures, exhalent des miasmes putrides. Dans nos contrées, ces inconvénients sont bien moindres : les riverains des fleuves, les pêcheurs, les mariniers jouissent d'une excellente santé. Il faut cependant se tenir en garde contre l'humidité froide et les brouillards qui se montrent souvent le matin et le soir sur nos rivières ; il faut aussi savoir que les courants d'air qui suivent les courants d'eau peuvent transporter à de grandes distances des miasmes nuisibles et servir ainsi de véhicule à des épidémies.

Les *canaux*, cours d'eau creusés et entretenus par les soins de l'homme pour faciliter les communications, et qui sont alimentés par des rivières, sont sujets à s'engorger, à s'envaser, à cause de la circulation très-lente de l'eau qui les parcourt, ils participent donc souvent des conditions défavorables des marais, et leur voisinage est loin d'être salubre.

III. De la mer. — Salubrité de l'atmosphère maritime.

Nous avons parlé, à l'occasion des climats, de l'influence modératrice que le voisinage de la mer exerce sur les îles et sur le littoral des continents. Nous n'y reviendrons pas. Nous avons seulement à examiner ici le degré de salubrité dont jouit l'atmosphère maritime, et son action sur la santé de l'homme qui s'y trouve habituellement exposé.

L'air qui se trouve à la surface de la mer est, en raison du niveau nécessairement très-bas de celle-ci, d'une densité qui permet d'introduire dans les poumons, à chaque inspiration, plus de gaz vital que sur les points élevés des continents; mais, de plus, il n'est point chargé, comme le fait observer M. Lévy, des effluves qui se dégagent des matières végétales et animales, des eaux stagnantes et des innombrables foyers d'infection dont la terre est couverte; aussi est-il plus pur que l'air de la terre : la lumière s'y répand en liberté, tandis qu'elle ne pénètre dans les couches inférieures de l'atmosphère terrestre que brisée, réfléchie par les obstacles naturels du sol ou par ceux qu'élève la main des hommes. La température est plus basse pendant l'été et dans les zones équatoriales, plus élevée pendant l'hiver et dans les régions polaires, sur mer que sur terre; les différences entre la température du jour et celle de la nuit sont aussi moins marquées. Les vicissitudes atmosphériques sont donc moins nettement accusées sur l'Océan que sur les parties solides du globe.

De tout cela il résulte que l'atmosphère maritime est beaucoup plus salubre, en pleine mer surtout, que l'atmosphère terrestre; aussi voit-on tous les jours des constitutions frêles ou molles et lymphatiques s'améliorer rapidement sous son influence. La phthisie pulmonaire elle-même, quand elle n'est pas trop avancée, en éprouve la salutaire influence. « Quel médecin, dit encore M. Lévy, qui, en sa qualité de médecin militaire, a ici une grande autorité; quel médecin, s'il a vécu dans les ports de mer et s'il a été souvent embarqué, n'a été frappé de la rareté des affections tuberculeuses parmi les gens de la flotte marchande et militaire? La dyssenterie fait peu de ravages à bord des navires de guerre qui visitent le Sénégal, les Antilles, etc., tandis que cette cruelle maladie moissonne dans ces contrées nos garnisons de terre. D'autres immunités leur sont acquises par le seul fait de leur éloignement de la terre. Les dangers d'un climat funeste sont permanents po..r l'habitant sédentaire, passagers pour le marin.... Dans nos colonies, en Morée, sur le littoral de l'Algérie, on remarque le contraste que présentent, aux époques d'épidémies, l'état sanitaire des troupes qui occupent les côtes ou l'intérieur des terres et celui des matelots qui naviguent à une certaine distance des rivages, ou qui sont au mouillage dans une rade spacieuse. La mortalité des équipages de nos stations est très-inférieure, dans les pays chauds, à celle des garnisons permanentes ou même des indigènes. Le seul déplacement de la terre sur un vaisseau a suffi pour amender, quelquefois pour guérir des états morbides qui s'aggravaient progressivement dans leur marche ; en s'éloignant du sol on s'éloignait de la cause du mal, et, dans beaucoup de circonstances, fuir est le seul remède. » Frappé de ces avantages, plusieurs hygiénistes fort recommandables ont conseillé d'établir, à quelque distance des côtes malsaines et dans une rade choisie, un navire destiné aux convalescents, qui s'y rétabliraient promptement.

IV. Des eaux stagnantes. — Atmosphère des marais. — Miasmes. — Hygiène des marais.

On appelle marais des amas d'eaux stagnantes déposées sur un fond vaseux formé de débris de matières végétales à l'état de décomposition. Des causes variées produisent et entretiennent les marais : telles sont les eaux pluviales tombées en abondance sur un sol argileux, et par conséquent peu perméable, bas, peu incliné, ou excavé en forme de bassin; l'affluence, sur un sol présentant ces conditions, d'eaux provenant du sein de la terre, ou du débordement de torrents, de rivières, de fleuves, ou bien enfin de l'invasion des flots de la mer.

Les marais ne doivent pas être confondus avec les *étangs*, pièces d'eau plus ou moins considérables, entretenues par les soins de l'homme pour l'élève et la conservation des poissons. Disons tout de suite que les étangs, quand leurs eaux sont très-basses ou qu'ils ont été récemment mis à sec, sont à peu près aussi dangereux que les marais, dont ils présentent alors les conditions.

Considérés par rapport à leurs eaux, les marais sont de trois sortes · *doux* (formés d'eaux douces), *salés* (formés par l'eau de la mer), *mixtes* (formés à la fois par de l'eau douce et de l'eau salée).

Les marais *mouillés* sont ceux qui restent couverts d'une couche d'eau plus ou moins épaisse; les marais *desséchés* sont ceux dont le fond limoneux est mis à sec par l'évaporation ou l'écoulement des eaux.

Un grand nombre de plantes habitent les surfaces marécageuses : beaucoup sont vénéneuses (la renoncule, l'arum, la ciguë); quelques-unes utiles (la châtaigne d'eau, une espèce de céréale nommée *zizanie*); d'autres sont agréables (le nénufar, la sagittaire, etc.). Ces plantes, auxquelles il faut joindre les joncs, les roseaux, les scirpes, etc., meurent tous les ans, et leurs débris putréfiés viennent augmenter l'épaisseur du fond limoneux et fétide. Quant aux autres végétaux, les arbres y sont chétifs, rabougris, leurs fruits y mûrissent mal, ils sont aqueux, dépouillés d'arome; les céréales sont de qualité inférieure; les plantes légumineuses ne donnent que des produits gorgés d'eau et pauvres en éléments réparateurs.

Parmi les animaux qui vivent dans les marais, nous devons citer une multitude d'insectes, de vers, de reptiles; des myriades d'animaux visibles seulement à la loupe; des poissons vaseux, tels que l'anguille, la lamproie; des crustacés, tels que l'écrevisse; certains oiseaux, etc. Tous ces animaux qui pullulent et meurent dans cette vase ajoutent encore à sa putridité.

Toutes les parties du globe, mais particulièrement l'Asie, l'Afrique et l'Amérique, contiennent de vastes étendues couvertes de marécages; l'Europe elle-même, malgré les immenses travaux que ses industrieux habitants y ont accomplis, en renferme encore un grand nombre, et, pour nous en tenir à notre pays, près de cinq cent mille hectares en France sont couverts par des eaux stagnantes. Ces marais sont très-inégalement répartis. Ainsi on peut observer tout le long des rivages de la Méditerranée et de l'Océan une ceinture d'eaux stagnantes salées ou mixtes. Le delta du Rhône ne couvre pas moins de soixante-douze lieues carrées; la Sologne, sur une étendue de deux cent cinquante lieues carrées, offre un sol alumineux, couvert de ruisseaux, parsemé d'étangs et de marais. On connaît ceux de la Bresse, de la Dombes, de la Brenne, du Forez, de la Corse, etc. A ces localités se rattachent les graves inconvénients dont nous allons parler.

On désigne sous le nom de *miasmes marécageux* ou *paludéens* (du latin *palus*, marais), d'*effluves*, de *malaria* (mot italien qui signifie mauvais air), les émanations qui se dégagent de la vase putride, du limon fangeux qui forme le fond des marais. Quelle est la nature et la composition de ces effluves? On sait que certains gaz fétides (hydrogène carboné, hydrogène sulfuré, etc.) émanent des surfaces marécageuses; mais les effets bien connus de ces gaz n'ont rien de commun avec les effets des miasmes. Il faut donc pour ceux-ci admettre l'existence de principes organiques particuliers et éminemment putrides dont on a reconnu la présence[1], sans en approfondir la nature, dans la vapeur humide qui s'élève des eaux stagnantes. C'est cette matière qui paraît constituer l'essence des miasmes ou effluves proprement dits, et qui ne se décèlent que trop par leurs effets.

Les différentes sortes de marais n'offrent pas tout à fait les mêmes dangers : les marais d'eau douce à demi desséchés exhalent des émanations très-pernicieuses; les marais d'eau salée sont aussi très-nuisibles. Notons cependant que les marais salants proprement dits, dans lesquels on exploite le sel, étant bien entretenus et convenablement aménagés pour la prompte évaporation des eaux, n'offrent aucun inconvénient.

On appelle *marais gâts*, c'est-à-dire *gâtés*, ceux qui résultent de l'abandon de salines mal exploitées; ils sont très-redoutables. Mais les plus dangereux de tous, ce sont les marais *mixtes*, formés à la fois d'eau douce et d'eau salée.

1. Divers observateurs ayant recueilli, à l'aide d'appareils convenables, la rosée que dépose pendant la nuit l'atmosphère des marais, on a pu constater dans la vapeur d'eau ainsi condensée l'existence d'une matière organique très-promptement putrescible.

Les substances différentes que contiennent ces deux sortes d'eaux renferment-elles des principes particuliers qui, mis en présence, donnent lieu à des fermentations plus actives, d'où se dégagent des effluves plus pénétrants? On le suppose.

Certaines circonstances extérieures favorisent le développement des émanations marécageuses : ces circonstances sont l'humidité et la chaleur. Aussi les maladies paludéennes sont-elles très-rares, très-peu intenses dans les pays froids, en Russie, en Norvége; plus graves en France, en Allemagne; plus graves encore en Italie, en Grèce; meurtrières enfin dans les régions tropicales. On remarque une augmentation très-sensible dans le nombre des malades à la suite des grandes pluies qui tombent pendant l'été sur le sol vaseux des terres marécageuses. Un marais situé sur un terrain élevé et facilement balayé par les vents est moins dangereux qu'un marais encaissé entre des montagnes, ou entouré de grands massifs d'arbres qui s'opposent à la dispersion des miasmes. Les vents du Nord et de l'Est doivent être regardés, dans nos contrées, comme les plus favorables; les chaudes et humides haleines des vents du Sud et de l'Ouest sont éminemment nuisibles. De plus, il faut bien remarquer que ces grands courants d'air peuvent porter les miasmes à des distances assez considérables, à plusieurs lieues même, dit-on, et déterminer ainsi des affections paludéennes dans des localités très-saines d'ailleurs. Observons enfin qu'un obstacle en apparence peu considérable, un édifice, une colline, un rideau d'arbres, peut poser une limite au mouvement de propagation des effluves.

On sait que les influences paludéennes ne franchissent point une certaine élévation, 1000 mètres au plus, très-souvent moins.

On sait encore que les miasmes dispersés et emportés vers les couches supérieures de l'air pendant la grande chaleur du jour retombent avec la rosée pendant la nuit et acquièrent alors leur plus grande activité (voy. la note de la page 66).

Enfin, les refroidissements brusques, une nourriture insuffisante, la jeunesse, la faiblesse de la constitution, sont autant de circonstances qui favorisent l'action nuisible des émanations marécageuses.

Retenons bien tous ces faits, car ils servent de base aux conseils hygiéniques que nous allons bientôt formuler.

Les miasmes pénètrent dans l'organisme par plusieurs voies : ils entrent avec les aliments dans l'estomac; mais c'est plus particulièrement par les pores de la peau et par la muqueuse des voies respiratoires qu'ils s'introduisent. Quant à leurs effets, ils se font sentir tantôt immédiatement, tantôt au bout d'un temps plus ou moins long, six, huit, dix mois et même plus.

Les influences que nous étudions ici ne donnent pas lieu seulement aux différentes formes de fièvres intermittentes et rémittentes, simples ou pernicieuses, et à leurs conséquences : engorgements des viscères, hydropisies, etc. Suivant MM. Chervin, Aubert-Roche, Boudin, etc., aux embouchures du Gange, elles donnent naissance au choléra ; dans le delta du Nil, à la peste; dans les savanes noyées du Mississipi, à la fièvre jaune : ainsi ces trois grands fléaux de l'espèce humaine auraient une même origine.

L'habitant des marais porte avec lui le cachet des atteintes profondes que lui ont fait subir les vapeurs empoisonnées auxquelles il est incessamment exposé. Maigreur, ou empâtement hydropique avec bouffissure, teinte jaune de la peau et des yeux, état presque continuel de débilité et de cacochymie; tel est l'aspect général sous lequel il se présente. L'état de misère et d'ignorance profonde dans lequel il croupit abrutit son intelligence, qui demeure seulement ouverte aux inspirations de la cupidité et de l'égoïsme. Vieux à trente ans, décrépit à cinquante, il prolonge rarement au delà de cet âge sa misérable existence, à travers les souffrances de cette série de maux que désignent si bien les Solognots sous le nom de *la traîne*. Péniblement ému de l'état déplorable que présentent les habitants des marais Pontins, un voyageur demanda un jour à l'un d'eux comment ils pouvaient vivre au milieu de cet air empesté. *Nous ne vivons pas*, répondit ce malheureux, *nous mourons!...*

Un fait certain, c'est que, d'après de nombreux relevés, la durée moyenne de la vie, dans les pays de marais, est de vingt à vingt-cinq ans!... Suivant M. Villermé, la mortalité porte surtout chez les jeunes enfants. On sait combien est difficile l'opération du recrutement dans ces misérables contrées. Il est tel village qui n'a pu, dans certaines années, fournir un seul homme valide et propre au service militaire. Quant à ceux qui ont conservé assez de vigueur pour être admis dans l'armée, le changement d'air et de régime ne tarde pas à leur rendre la santé.

En Bresse, en Sologne, le rapport des naissances est à celui des décès comme 1 est à 5, au lieu d'être dans la proportion de 6 à 5, qui se présente ailleurs. Aussi la dépopulation serait-elle très-rapide, et les régions paludéennes seraient-elles bientôt désertes, si la population ne s'entretenait par l'immigration.

Hygiène des marais.

« Si la terre n'est préalablement assainie dans les pays marécageux, dit Montfalcon, tous les moyens de conserver la santé que l'hygiène indique sont d'un secours faible et peu durable. Ainsi, en même temps qu'elle est appliquée à l'homme, l'hygiène doit être appliquée au sol. »

Quels sont ces moyens d'*assainissement?* Ils consistent dans le desséchement à l'aide des procédés nombreux dont dispose la science moderne, ou dans la conversion des marais en étangs, toujours moins dangereux, et qui ont au moins le mérite de l'utilité. Nous renvoyons aux ouvrages spéciaux pour l'indication des procédés à mettre en usage; disons seulement ici que la pratique moderne, ou plutôt renouvelée, du drainage a déjà contribué à assainir des localités humides et dans les parties basses desquelles l'eau s'amassait facilement. Pour les grands marais, il faut des moyens plus puissants (puits forés, boitouts, canaux, etc.).

Restent donc les conseils à donner aux personnes qu'une nécessité impérieuse oblige à résider, fût-ce pendant un temps très-court, dans les pays de marais. Disons d'abord que le séjour dans ces contrées est surtout dangereux pour les individus qui ont vécu jusque-là dans des localités très-sèches, et que les hommes du Nord sont plus exposés que les hommes du Midi, lesquels, en général, supportent mieux les intempéries de toutes sortes.

On choisira une *habitation* située le plus loin possible des eaux stagnantes, ou séparée d'elles par un obstacle quelconque, un petit bois, un rideau de grands arbres, un pli de terrain; s'il y a des montagnes à proximité, c'est sur leurs flancs qu'il conviendra d'aller résider. On préférera à toutes les autres expositions celles du nord ou de l'est. Quant aux habitations en elles-mêmes, elles doivent avoir leur rez-de-chaussée élevé au-dessus du niveau du sol, être construites en briques, avec des charpentes en bon bois de chêne, de châtaignier ou de pin, bien sèches et goudronnées; les murs en seront blanchis à la chaux. Elles seront percées d'un nombre suffisant de fenêtres, particulièrement sur les faces opposées aux marais; ces fenêtres seront fermées de bonne heure et ouvertes seulement après le lever du soleil. La propreté la plus minutieuse sera entretenue dans ces demeures, dont on aura soin d'écarter les tas de fumier et les mares d'eau stagnantes; les eaux ménagères seront emportées au fur et à mesure par des rigoles.

On maintiendra le corps dans un grand état de *propreté* à l'aide de bains; les lotions fréquentes avec l'eau froide agissent utilement comme tonique et fortifiant général. Les onctions huileuses employées par les anciens seraient peut-être avantageuses en bouchant les pores de la peau, et, par conséquent, en diminuant l'activité de l'absorption. Cette pratique, comme le dit M. Becquerel, pourrait être expérimentée sur les ouvriers employés aux dessèchements.

Les *vêtements* doivent être chauds et secs ; les tissus de laine, les cabans à capuchon doivent être préférés. L'usage de la flanelle sur la peau est ici d'une grande utilité. Pendant les grandes chaleurs, on se couvrira la tête d'un léger chapeau de paille ; mais, le soir et le matin, un bonnet de laine est indispensable. Les chaussures doivent être aussi très-sèches, très-chaudes (sabots, guêtres et bottes imperméables). Enfin, précepte de la plus haute importance et dont l'omission peut être suivie des conséquences les plus graves, les vêtements mouillés doivent être quittés immédiatement. On ne les remettra que quand ils auront été bien séchés.

La première qualité des *aliments*, c'est d'être toniques et réparateurs. On fera usage le plus possible de viande fraîche de bœuf et de mouton ; le pain sera fait de froment, ou du moins le froment y entrera pour moitié. Les végétaux des pays de marais étant aqueux et peu nutritifs, on en relèvera la saveur à l'aide d'aromates (thym, sauge, etc.) ; l'ail, l'oignon, les poireaux, sont très-utiles. La choucroute serait encore un aliment très-sain. Les repas seront plus nombreux que dans les localités salubres, et l'on ne devra jamais sortir à jeun.

Comme *boisson*, on évitera autant que possible de se servir des eaux de marais ; on devra toujours leur préférer les eaux courantes, les sources provenant des montagnes, ou l'eau de puits très-profonds, qui n'ont pu subir d'altération par des infiltrations provenant des marécages. Si l'on était forcé de se servir des eaux stagnantes, on devrait d'abord les faire bouillir, puis les soumettre à une filtration à travers des couches de sable et de charbon animal (voy. *Boissons*). On mêlera à l'eau, de l'eau-de-vie de préférence au vinaigre, qui est débilitant ; l'usage, modéré, s'entend, du vin ou de la bière serait ici bien avantageux. Nous recommanderons encore comme très-salutaires les boissons aromatiques, telles que le thé, le café ou simplement les infusions de sauge, de menthe ou de plantes amères, camomille, germandrée, petite centaurée, absinthe, etc.

L'habitude de fumer du tabac, surtout le matin et le soir, trouve ici son excuse et sa raison légitime.

Les *travaux* ne doivent avoir lieu que quand le soleil est au-dessus de l'horizon, exactement comme pour les défrichements; on ne devra pas sortir sans nécessité le matin, le soir et surtout pendant la nuit. On évitera également de sortir après les pluies qui succèdent à une sécheresse prolongée, et qui remuent et mettent en fermentation la vase des marais.

Il faudra éviter soigneusement toute cause d'affaiblissement, aussi bien les causes morales que les causes physiques. Pendant la saison défavorable, il faudra redoubler de précautions. L'usage répété matin et soir d'un petit verre de vin de quinquina pourrait être un bon préservatif; enfin, pendant cette période, on éloignera des localités malsaines les jeunes enfants, surtout ceux qui ne dépassent pas l'âge d'un an.

Les moyens que nous indiquons ici ne sont malheureusement pas tous à la portée des misérables habitants des pays de marais, et leur incurable apathie ne leur permettrait d'ailleurs pas de suivre les conseils de l'hygiène; mais quand les desséchements, en rendant à la culture tant de terres fertiles noyées sous des eaux croupissantes, auront fait pénétrer le bien-être dans ces pays déshérités, la voix du médecin sera certainement écoutée, et l'amélioration de la race ne tardera pas à suivre l'amélioration du sol.

IX.

ENDÉMIES, ÉPIDÉMIES, CONTAGION. — CONSEILS HYGIÉNIQUES SUR CES MALADIES.

Les médecins établissent des différences bien tranchées entre les maladies qu'ils désignent sous la qualification d'*en-*

démiques et d'*épidémiques* : les premières sont spéciales à une localité; les secondes règnent simultanément ou successivement sur des populations plus ou moins nombreuses, sans cause locale appréciable; quant aux affections *contagieuses*, ce sont celles qui se transmettent de l'individu malade à l'individu sain.

I. Maladies endémiques.

Dans les endémies, disons-nous, la cause est toute locale, et, le plus ordinairement, la maladie ne s'étend pas au delà de la sphère d'action de cette cause. On cite comme exemples d'affections endémiques : les maladies propres aux pays de marais; le goître et le crétinisme, qui s'observent dans certaines vallées alpestres; la pellagre du Piémont et des Landes; le ténia ou ver solitaire, si commun en Suisse et surtout en Abyssinie; le scorbut, qui se montre en permanence dans certaines localités basses, sombres et humides, etc. Jusqu'à quel point les endémies peuvent-elles se confondre avec les épidémies? Des maladies d'origine endémique peuvent-elles prendre le caractère épidémique et se propager au delà de leur berceau? Le choléra, par exemple, a-t-il pour point de départ les plages marécageuses de l'embouchure du Gange? la peste prend-elle naissance dans le delta du Nil? et, ce qui paraît mieux prouvé, la fièvre jaune n'est-elle qu'une transformation des affections intermittentes développées dans les régions palustres du grand golfe américain?... Assurément ces questions sont fort intéressantes, mais pour les médecins seulement; quant aux personnes auxquelles s'adresse ce livre, nous leur rappellerons que les considérations exposées plus haut sur les causes locales d'insalubrité, à l'occasion des climats, des saisons, du sol, des eaux stagnantes et courantes, doivent les avertir d'étudier la disposition matérielle des localités dans lesquelles elles voudraient établir leur demeure. C'est en remontant aux paragraphes ci-dessus indiqués qu'elles trouveront les conseils propres à atténuer les influences nuisibles dépendant des localités.

II. Maladies épidémiques.

Les maladies épidémiques, c'est-à-dire celles qui viennent frapper toute une population, qui souvent parcourent plusieurs contrées, voire même toute la surface du globe, ont des causes en général très-peu connues; tout ce que l'on sait, c'est que, dans leur marche, elles atteignent plus particulièrement les localités et les individus placés dans de mauvaises conditions hygiéniques. C'est donc à l'hygiène qu'il appartient de faire connaître les circonstances propres à éloigner ces affections. Disons seulement que les maladies qui règnent le plus souvent d'une manière épidémique sont les dysenteries, les affections typhoïdes, les angines couenneuses ou non, les bronchites ou grippes, les fièvres éruptives, le terrible choléra indien, la suette, etc.

Bien que l'autorité ait la mission de prescrire les précautions générales à prendre en temps d'épidémie, d'en exiger l'exécution au nom de l'utilité publique, nous devons aussi faire connaître les moyens que chacun doit mettre en usage pour combattre la maladie régnante et venir ainsi en aide à l'administration.

Les habitations seront tenues avec la plus grande propreté, les eaux ménagères ne devront jamais stagner dans les cours ni dans les allées, les latrines seront désinfectées par des liquides spéciaux ou à l'aide d'une ventilation active. Les différentes pièces de l'appartement seront largement aérées plusieurs fois par jour. On évitera les grandes réunions, c'est-à-dire toutes les circonstances dans lesquelles on s'exposerait à respirer un air vicié. On a souvent abusé des substances désinfectantes, qui ne sont réellement utiles que dans le voisinage de foyers d'infection (voy. *Habitations*).

Les personnes habituellement bien nourries et *sobres* ne

doivent rien changer à leur régime habituel; les salades, les fruits bien mûrs n'ont aucun inconvénient, du moins pour les personnes qui les digèrent bien. Seulement on ne doit pas en faire sa principale nourriture. La viande est nécessaire, surtout pour les sujets délicats ou affaiblis par une cause quelconque. Mais il ne faut pas, à cet égard, tomber dans l'exagération et se renfermer dans un régime exclusivement animal, qui deviendrait nuisible; les végétaux de bonne digestion (voy. *Aliments végétaux*) seront associés à la viande.

Même chose pour les boissons : l'eau pure, surtout prise froide et en assez grande quantité, peut être dangereuse, notamment dans certaines épidémies, le choléra, les dysenteries, etc. En général, les boissons légèrement excitantes, thé, infusions de menthe, de sauge, de camomille, sont très-utiles. Le vin, le café pris avec modération font nécessairement partie d'un bon régime fortifiant.

Les vêtements doivent être en rapport avec les conditions de température et d'humidité de l'air extérieur. Dans les régions où de brusques variations atmosphériques sont fréquentes, on aura soin de se couvrir chaudement, et surtout la poitrine et le ventre. Les ceintures de flanelle ou de laine usitées en Orient seront d'un très-grand avantage. On fuira soigneusement toute cause de refroidissement. Autant que possible, on évitera de sortir de très-bonne heure ou très-tard, surtout l'estomac vide, surtout pour se rendre dans des localités froides, humides ou malsaines.

La sérénité de l'esprit, la fermeté de l'âme au milieu d'une épidémie doivent être comptées parmi les meilleures conditions dans lesquelles on puisse se trouver placé : il faudra donc se soustraire avec soin à toutes les causes qui pourraient troubler cette tranquillité, rechercher les distractions douces et agréables, fuir toute conversation relative à la maladie régnante, à ses ravages, etc.

Les travaux excessifs de l'esprit et du corps, les abus de tout genre, les émotions violentes, de colère, de frayeur, les sensations trop vives, sont très-dangereux et prédisposent le corps aux influences épidémiques. Il faudra respecter les habitudes, modérer cependant celles qui pourraient être nuisibles, et, pour résumer en quelques mots toutes ces précautions, *user et non pas abuser; ne pas craindre, mais ne pas braver* l'épidémie.

Est-il possible de se soustraire à l'épidémie par le déplacement? A cette question, M. le docteur Fleury répond en ces termes : « Les épidémies n'ont point une marche tracée à l'avance et rigoureusement suivie; elles peuvent, lorsque vous fuyez devant elles, vous poursuivre, vous rattraper, vous devancer même; mais, comme on peut aussi modifier son itinéraire d'après le leur, il en résulte qu'il est toujours possible de leur échapper, ou du moins de se soustraire à leur influence aussitôt que celle-ci se fait sentir. Le déplacement est donc, quoi qu'on en ait dit, le moyen préservateur le plus certain qui existe.

« Les personnes qui ont fui l'épidémie ne doivent pas revenir dans le foyer que celle-ci paraît abandonner avant son extinction complète; elles pourraient lui fournir de nouveaux éléments et devenir les premières victimes d'une recrudescence meurtrière. »

III. Maladies contagieuses.

Les maladies contagieuses sont, avons-nous dit, celles qui se transmettent de l'individu malade à l'individu sain. Cette transmission a lieu de plusieurs manières différentes : 1° par le passage d'un individu à un autre de certains parasites qui donnent lieu à la gale et à la teigne; 2° par l'inoculation ou l'absorption d'une matière particulière produite dans la maladie contagieuse, comme pour la rage, la vaccine, la petite vérole, la pustule maligne, la morve et une autre maladie, hélas! trop bien connue; 3° par le contact des malades et des émanations qui s'échappent de leur corps, comme dans les fièvres éruptives (rougeole, scarlatine, petite vérole), le typhus, coqueluche, angine couenneuse maligne, etc.; 4° enfin à distance par le contact d'objets ayant appartenu aux malades; on avait autrefois beaucoup exagéré ce dernier mode de transmission, mais un examen plus sévère a réduit presque à zéro le nombre des maladies susceptibles de se communiquer ainsi.

Nous n'avons pas à reproduire ici les discussions des médecins sur certaines maladies regardées par les uns comme éminemment contagieuses, tandis que les autres leur refusent tout pouvoir de transmissibilité : la peste, la fièvre jaune, par exemple; voyons seulement la conduite que l'on doit tenir auprès des malades atteints de maladies contagieuses ou réputées telles.

1° S'il s'agit d'un parasite (gale, teigne), il faut éviter tout contact, ou bien se laver soigneusement les mains après avoir touché les personnes affectées de ces maladies, éviter de porter leurs vêtements, leur coiffure, etc.

2° Le danger du *contact* pour les maladies qui se transmettent par cette voie indique ce qu'il convient de faire : c'est d'agir comme dans le cas précédent.

3° Quand la transmission peut avoir lieu à distance par les émanations, il faut surtout insister sur l'aération fréquente de la chambre où réside le malade. Dans beaucoup de maisons, le sujet atteint de variole, de rougeole, de scarlatine, est confiné dans une pièce exactement close, dont on fait ainsi un véritable foyer d'infection. C'est là une faute très-grave; aérer sans refroidir le malade, telle est la règle à suivre. On ouvrira les fenêtres et les portes, tandis que les rideaux du lit seront fermés, ou mieux encore les rideaux ouverts et le malade bien couvert dans son lit et la figure voilée d'un morceau de gaze. Il est bien entendu que, si la température extérieure est assez élevée, toutes ces précautions ne sont point nécessaires, du moins pendant le jour; pendant la nuit, on donnera de l'air de temps en temps par les portes. Dans les maladies fébriles graves, dans les affections de nature putride, la respiration d'un air pur est un des plus puissants moyens de traitement; et, au contraire, la respiration d'un air que le malade vicie incessamment par ses propres émanations, par ses déjections, etc., aggrave les accidents et compromet, en outre, la santé des personnes saines qui lui donnent leurs soins. Combien de militaires, atteints de typhus dans des hôpitaux encombrés, ont vu leur état s'améliorer et la guérison survenir tandis qu'on les transportait dans un hôpital plus éloigné, sur des charrettes découvertes !

Quant aux personnes qui assistent le malade, elles doivent éviter de s'en approcher étant à jeun ou ayant l'estomac vide, éviter de respirer son haleine et les effluves qui s'échappent de son corps, s'abstenir de tout contact inutilement prolongé; il sera bon de se laver fréquemment les mains, le visage, la bouche et même les narines avec de l'eau légèrement vinaigrée. On a beaucoup parlé du chlore et des chlorures : ces substances peuvent bien décomposer certains gaz, mais quelle est leur action contre les émanations contagieuses? Rien ne prouve ici leur efficacité.

On devra éloigner du malade les personnes qui n'ont pas besoin d'être auprès de lui. Ainsi, lorsque, dans une famille, un enfant est atteint de rougeole ou de scarlatine, on éloignera aussitôt les autres enfants, frères, sœurs, parents, etc. C'est là à coup sûr le meilleur de tous les préservatifs.

SECONDE SECTION.

DES MOYENS EXTÉRIEURS DESTINÉS A COMBATTRE LES INFLUENCES DES AGENTS PHYSIQUES ET CHIMIQUES DE LA NATURE[1].

I.

DES HABITATIONS.

Les habitations sont des abris que l'homme construit pour se soustraire aux effets des vicissitudes atmosphériques : on sait combien ces abris diffèrent, depuis la hutte conique du sauvage jusqu'aux splendides palais des peuples civilisés.

La disposition des habitations varie nécessairement suivant la nature des influences extérieures contre lesquelles elles sont destinées à donner protection. Dans le Nord, elles doivent garantir du froid ; dans le Midi, préserver de la trop grande ardeur du soleil, tandis que dans les pays tempérés elles doivent ou plutôt elles devraient participer des unes et des autres, afin de se trouver appropriées aux exigences d'un hiver rigoureux ou d'un été trop chaud.

L'importance de la salubrité des demeures a beaucoup préoccupé l'administration depuis quelques années, et une loi (13 avril 1851) a rendu obligatoire l'assainissement des habitations ; nous devrons donc nous y arrêter longuement.

1. Voir l'Introduction.

Disons-le tout de suite, il faut que les particuliers viennent à cet égard en aide à l'autorité. Quand on songe que l'habitation est, comme le dit très-bien M. Lévy, une portion retranchée du milieu général pour les besoins de celui qui y fait sa résidence, il s'ensuit tout naturellement que cette portion, ainsi isolée, doit offrir les meilleures conditions possibles de salubrité pour neutraliser ou combattre les influences si souvent nuisibles du milieu général auquel l'habitation appartient. C'est le séjour pour ainsi dire permanent des femmes, des enfants et d'un grand nombre de chefs de famille ; c'est une sorte de climat circonscrit dans lequel se trouve modifié le climat extérieur, rafraîchi dans les pays chauds, réchauffé dans les pays froids, etc. Là doit s'élaborer la santé des jeunes êtres qui y ont pris naissance et qui doivent y passer toute leur vie. Est-il donc une question d'hygiène plus importante? Et pourtant, il faut bien le dire à la honte de l'espèce humaine, il n'en est guère sur laquelle on se montre aussi indifférent, en France particulièrement.

Nous allons examiner avec soin, dans autant de paragraphes distincts, l'emplacement, la construction et l'aménagement intérieur des habitations; puis nous étudierons les effets de l'air confiné et des odeurs; les moyens de chauffage, d'éclairage, de ventilation; puis encore les annexes des habitations, et nous terminerons par quelques détails sur les procédés de désinfection.

I. Emplacement des habitations.

Dans le choix de l'emplacement propre à établir une habitation, il faut se rappeler ce que nous avons dit sur le séjour dans les différents climats, sur l'influence des saisons, sur les diverses conditions du sol, suivant qu'il est élevé sur des plateaux ou sur les pentes des montagnes (p. 52), creusé en vallées plus ou moins profondes (p. 53), ou bien étalé en vastes plaines sèches et nues (p. 54); ou bien enfin suivant que le sol est accidenté, couvert d'une grande végétation, de bois, de forêts, etc. (p. 57). On n'oubliera pas ce qui a été dit de l'influence des eaux courantes (p. 61), stagnantes (p. 64), du voisinage de la mer (p. 62); de la structure du sol (p. 59), etc.

Il est certaines fabriques, certaines usines dont le voisinage est très-malsain par le fait des émanations qui s'en dégagent; d'autres qui ne sont qu'incommodes et désagréables par les mauvaises odeurs auxquelles elles donnent lieu. L'autorité a depuis longtemps pris soin de fournir des renseignements précieux à cet égard en publiant un tableau dans lequel les différentes industries sont classées en trois grandes sections, suivant leur degré d'*insalubrité* ou d'*incommodité*.

Les agglomérations d'habitations prennent, suivant leur importance, les noms de *villes* ou de *villages*. Ici on doit considérer les conditions de salubrité générale de la localité, si le sol en est élevé ou bas, sec ou humide, voisin ou éloigné de foyers d'émanations nuisibles, etc. On doit encore tenir grandement compte du degré d'agglomération des maisons, de la facilité ou de la difficulté avec laquelle l'air peut circuler autour d'elles, de leur élévation, de la largeur et de la direction des rues, du degré de propreté que les habitants y entretiennent, etc.

II. Construction des habitations.

Sans avoir l'intention d'empiéter ici sur le domaine de l'architecte, nous devons cependant entrer dans quelques détails sur le meilleur mode de construction des demeures, au point de vue de la salubrité, toutes réserves faites sur les modifications particulières qui sont imposées par les conditions climatériques.

Tout édifice tant soit peu élevé repose nécessairement sur des *fondations* qui établissent sa base sur les parties fermes et résistantes du sol : voilà pour la solidité. Mais cela ne suffit pas : il faut, pour soustraire l'édifice à l'humidité du sol, que ces substructions soient disposées de manière à former des espaces voûtés ou *caves*, que l'on construit en pierres bien sèches et unies, non pas avec du plâtre qui retient trop d'eau, mais avec du mortier à la chaux; l'air extérieur, introduit par de larges et nombreux soupiraux, devra y circuler librement.

Sur les terres noyées il faut bâtir sur *pilotis;* mais alors, entre la surface de l'eau et le plancher inférieur de la maison, il faudra ménager un intervalle qui laisse également un libre passage à l'air.

Les *matériaux* doivent être choisis dans le but de préserver le plus possible la maison contre l'humidité; à cet égard le bois devrait être préféré, s'il n'était si dangereux en cas d'incendie. On emploie aujourd'hui beaucoup de fer dans la charpente; assurément, cette substance est excellente au point de vue de la salubrité et de la sécurité : reste la question d'oxydation et de durée.... La brique et la pierre de taille sont bien préférables aux moellons, qui contiennent beaucoup de plâtre, absorbent facilement l'humidité, et déterminent à la surface des murs une efflorescence de ce sel nitreux que l'on désigne sous le nom de salpêtre. Dans les localités humides, on emploie avec avantage, pour la construction des murs, des plaques de plomb ou de zinc et des enduits bitumineux : une excellente précaution dans ces conditions, c'est de revêtir les murailles des pièces habitées de lambris en menuiserie qui laissent passer l'air entre eux et le mur.

Les *fenêtres* doivent être nombreuses, élevées, commençant à 40 ou 50 centimètres au plus du plancher pour se terminer à 25 ou 30 centimètres du plafond, larges, ouvertes dans toutes les expositions, aérant et éclairant toutes les pièces de la maison. Elles doivent permettre, par leur opposition, d'établir des courants pour changer et balayer entièrement l'air intérieur. Il faut qu'elles s'ouvrent latéralement et non à coulisses, comme cela avait lieu autrefois : on devrait adapter à leur partie supérieure un système particulier, dont nous parlerons plus bas à propos de la ventilation. Dans les pays froids, les fenêtres sont à doubles châssis, et alors l'aération se fait par des vasistas ou par des ventilateurs annexés aux appareils de chauffage.

Les mêmes remarques s'appliquent aux *portes* : elles seront suffisamment larges, et situées vis-à-vis des fenêtres ou des cheminées. Les doubles portes, très-bonnes pour le maintien de la chaleur, deviennent nuisibles quand il n'y a pas dans une autre partie de la chambre une prise d'air suffisante pour l'assainissement. Ces doubles portes sont très-usitées dans les contrées septentrionales, tandis que, dans les pays chauds, elles sont remplacées par des draperies dites portières.

Les *planchers*, et particulièrement ceux de l'étage inférieur ou rez-de-chaussée, doivent être recouverts de planches, c'est-à-dire parquetés, ou du moins, dans les demeures des pauvres, carrelés ou pavés, et recouverts de nattes en jonc ou en paille. Quand l'humidité du sol est très-grande, on disposera au-dessous du plancher, soit des lames de plomb ou de zinc, soit encore, à leur défaut, une couche de mâchefer, de charbon ou de sable parfaitement sec.

Relativement au mode de *toiture*, nous dirons qu'il faut rejeter absolument le chaume et les planches, qui se laissent facilement pénétrer par l'eau, permettent des infiltrations dans l'intérieur des demeures, et enfin offrent des aliments à l'incendie. Les feuilles de plomb, et surtout celles de zinc, que l'on emploie beaucoup aujourd'hui, ont des inconvénients assez marqués : elles s'échauffent trop pendant l'été et se refroidissent fortement pendant l'hiver; l'eau qui coule à leur surface se charge d'oxyde et ne saurait être bue sans danger. On devra donner la préférence aux tuiles et aux ardoises. Du reste, quel que soit le mode de la toiture, celle-ci devra être doublée d'un plafond, et établie sous une pente qui permette le prompt écoulement des eaux pluviales. Ces eaux seront reçues dans des chenaux courant au bord de la partie déclive du toit, et versées dans des tuyaux qui les répandront au pied de la maison d'ou elles seront emportées par des conduits particuliers, ou par des ruisseaux pavés, jusqu'au ruisseau principal de la rue.

Dans les pays chauds, les maisons sont souvent terminées par un toit plat ou terrasse sur laquelle on se réunit le soir pour prendre le frais. Ces terrasses ont l'inconvénient de servir de réceptacle aux eaux de pluies qui s'en écoulent difficilement, malgré les enduits hydrofuges, et se frayent souvent un passage dans l'intérieur des appartements. La forme en dôme que l'on donne souvent à la toiture dans le Midi est excellente, parce qu'elle réfléchit les rayons du soleil, quel que soit l'angle sous lequel ils arrivent, et empêche ainsi l'échauffement trop grand des étages supérieurs.

Le meilleur préservatif de la foudre est, avons-nous dit plus haut le *paratonnerre*, grande tige de fer qui surmonte la toiture et soutire aux nuages l'électricité dont ils sont chargés. Des barres métalliques (*conducteurs*) mènent cette électricité à une certaine profondeur dans les parties humides du sol, ou plutôt dans un réservoir toujours entretenu rempli d'eau. La pointe des paratonnerres doit être en laiton doré ou mieux encore en platine, car les pointes en fer s'oxydent promptement et perdent leurs propriétés attractives. La partie verticale doit s'élever de 3^{m},50 à 4 mètres au-dessus du toit. Comme le paratonnerre ne protége que dans une étendue égale à deux fois sa hauteur, il faut multiplier les tiges en proportion des dimensions de l'édifice à protéger.

La cage de l'*escalier* devrait être un réservoir d'air servant à purifier toute la demeure. Mais, pour *ménager l'espace*, on la fait trop étroite et à peine éclairée par quelques jours de souffrance ouverts sur des cours resserrées elles-mêmes entre les maisons voisines. Il faut que la cage de l'escalier soit large, amplement éclairée et ventilée par de vastes fenêtres, ouvrant, si faire se peut, sur un espace libre, une grande cour, un jardin ; les paliers qui doivent servir de temps de repos seront d'une certaine largeur ; les marches seront basses et la pente totale très-douce.

Examinons actuellement la distribution des *étages*. On fait dans certains pays, en France particulièrement, les maisons beaucoup trop hautes, surtout eu égard au peu de largeur des rues, et même les proportions exigées par l'autorité ne sont pas suffisantes. Ainsi, d'après les ordonnances, dans les rues de six mètres, la hauteur des maisons ne doit pas dépasser dix-huit mètres, et quinze mètres pour les rues plus étroites. Suivant l'hygiène, dans les voies transversales à la direction du midi, la hauteur des maisons ne devrait pas être plus considérable que la largeur de la rue elle-même; de la sorte tous les étages des maisons sur une face ou sur l'autre seraient visités par le soleil, et l'on verrait disparaître ces rues sombres et humides, véritables foyers d'épidémies.

La salubrité va augmentant avec la hauteur des étages; les rez-de-chaussée, les loges noires et étouffées des portiers, les arrière-boutiques qui reçoivent immédiatement les émanations fétides du ruisseau, qui ne peuvent être convenablement aérées, qui ne sont jamais soumises à l'action vivifiante du soleil, nourrissent une population hâve, étiolée, rachitique; ces funestes effets se font particulièrement sentir sur les enfants. Que sera-ce quand les caves elles-mêmes serviront, comme dans certains quartiers de Lille, à l'habitation d'une population misérable dont l'économiste Blanqui a tracé un si douloureux tableau? Les entre-sols bas et étouffés, les affreuses soupentes des boutiques. participent aux inconvénients des rez-de-chaussée (nous parlons des villes, bien entendu); mais, à mesure qu'on s'élève, l'air et la lumière sont dispensés plus largement, les conditions s'améliorent. On sait que, dans certaines localités marécageuses, le séjour à des étages un peu élevés, au troisième et même au second, suffit pour soustraire l'habitant à l'action des miasmes paludéens. Notons pourtant que l'ascension à des étages élevés a de graves inconvénients pour les personnes atteintes de maladies des poumons ou du cœur.

Les *cours* circonscrites entre les maisons sont ordinairement étroites, sombres, étouffées; l'air et la lumière ne peuvent y circuler; les eaux ménagères, qui le plus souvent séjournent à leur partie inférieure, en font un foyer d'émanations très-dangereuses. Leur dimension en longueur et en largeur devrait être égale à la hauteur des maisons environnantes.

Quand il n'y a pas de cours, elles sont ordinairement remplacées par des *allées* noires et étroites ; les eaux ménagères qui les parcourent dans des gargouilles formées de pierres mal jointes, les immondices qui s'y accumulent, exhalent des odeurs aussi fétides que nuisibles !...

Telles sont, dans les grandes villes, les demeures de la plus grande partie de la population. Ne semblerait-il pas qu'on y a réuni comme à dessein les causes les plus actives d'insalubrité? Et il ne faut pas croire que dans les villages les conditions soient meilleures. Des chaumières, des cabanes, dont les murs délabrés sont percés, comme à regret, de quelques fenêtres étroites et insuffisantes, dont le sol est formé de terre battue, dont la toiture laisse pénétrer les infiltrations pluviales, et dans lesquelles s'entassent hommes et animaux, voilà ce que l'on rencontre dans une foule de campagnes. Ajoutez à l'entour de cette misérable demeure une mare fétide, un tas de fumier, et vous aurez complété cet ensemble.

Est-il aussi dangereux qu'on l'assure d'habiter une maison nouvellement construite, d'*essuyer les plâtres*, comme on le dit vulgairement?... Cela dépend de plusieurs circonstances. Si le terrain est très-sec, les matériaux de bonne qualité; si l'on a employé les briques et le ciment à la place des moellons et du plâtre; si les murs sont revêtus de boiseries et le plancher bien parqueté, l'habitation immédiate sera *peu* dangereuse, mais cependant non entièrement exempte d'inconvénients. Dans les conditions opposées, le danger est réel : des affections rhumatismales ou catarrhales, des névralgies, peuvent en être la conséquence. Si en même temps la maison est sombre, mal aérée, aux maladies précitées se joindront les affections scorbutiques et tous les accidents que peut déterminer le froid humide (p. 29). Quant à la durée du temps nécessaire pour que l'on puisse occuper sans danger la maison nouvellement construite, elle varie suivant le climat, la saison, le degré de température; elle sera nécessairement plus longue dans les pays ou dans les saisons froids et humides. On sèche les appartements humides en aérant largement et en allumant du feu dans les cheminées et les poêles. Pour s'assurer qu'ils sont habitables, voici un moyen excellent, récemment proposé par le docteur Marc d'Espine, de Genève (*Annales d'Hyg. et de Méd. lég.*, 1855). Mettez dans des vases en terre cuite, de forme pareille et dont vous avez le poids exact, 500 grammes de chaux vive, broyée peu après sa sortie du four. Placez un de ces vases dans chacune des pièces de l'appartement et fermez exactement portes et fenêtres. Au bout de vingt-quatre heures, retirez les vases et pesez-les. Vous trouverez le poids augmenté de toute l'humidité que la chaux, substance très-avide d'eau, aura absorbée. Si l'appartement est très-humide, vous pourrez trouver une augmentation de 10 et même 12 grammes.... Une pièce saine ne doit pas donner plus de *deux* ou *trois grammes* d'augmentation.

Ce n'est pas seulement l'influence du froid humide qu'il faut craindre dans les nouvelles demeures, mais encore les émanations des peintures à l'huile. Des accidents graves, mortels même, ont quelquefois été la conséquence d'une nuit passée dans un appartement récemment peint. Il faut pendant plusieurs jours ventiler, allumer du feu dans les cheminées, afin de faciliter les courants d'air qui emportent les particules nuisibles; jeter de l'eau chlorurée sur des bottes de foin, etc., et ne se risquer que quand l'odeur de peinture a presque complétement disparu.

III. Aménagement intérieur.

Les chambres à coucher sont, en général, beaucoup trop petites, comme nous le dirons plus loin. On ajoute à ces inconvénients en circonscrivant, dans cette chambre, un espace étroit fermé de rideaux et que l'on nomme *alcôve*. Les alcôves rendent plus restreinte encore la masse d'air à respirer pendant la nuit, et qui se trouve viciée par les exhalaisons du corps, des poumons, et le travail de la respiration. Dans les chambres sans alcôves, les rideaux eux-mêmes, bons comme ornement, doivent être relevés pendant la nuit, sauf du côté où se trouverait un courant d'air. Si cette circonstance n'existe pas, le lit doit être entièrement dégagé. C'est surtout pour les malades qu'est nuisible ce confinement de l'air, qui leur fait respirer une atmosphère tout imprégnée des miasmes qu'ils exhalent. Nous donnerons plus bas les dimensions que doivent avoir les chambres à coucher.

Les lits en fer, entre les différentes parties desquels l'air circule en toute liberté, doivent être préférés aux lits de bois, qui donnent trop facilement asile à la vermine et s'imprègnent des mauvaises odeurs. Quant aux fournitures du lit, elles doivent constituer un plan plutôt dur que mou ; un sommier élastique avec un ou deux matelas médiocrement épais et remplis d'un mélange de laine et de crin constituent le meilleur coucher et le plus salubre. On bannira les lits de plume, les édredons et tout ce qui sert à concentrer la chaleur.

Les siéges habituels ne devront pas être trop mous ni trop chauds, surtout pour les personnes sédentaires. Autrement, ils favorisent les congestions dans les parties inférieures du corps, et la production des hémorrhoïdes. Les coussins de crin sont ce qu'il y a de préférable.

Enfin, dans les chambres peu étendues, on évitera l'accumulation des meubles volumineux, qui prennent la place de l'air.

IV. De l'air confiné. — Causes de sa viciation.

Nous avons fait connaître plus haut la composition de l'air. Nous avons vu qu'il est formé de 21 parties d'oxygène (gaz vital), de 79 parties d'azote, gaz impropre à la respiration, de 4 à 5 dix-millièmes d'acide carbonique, plus quelques traces d'iode, d'ammoniaque, etc. Cette composition paraît être la même dans les différents points du globe et aux différentes hauteurs, malgré les causes nombreuses qui tendent à augmenter la proportion d'acide carbonique, et à diminuer la proportion d'oxygène, telles que la respiration des hommes et des animaux, les émanations nocturnes des plantes, les combustions, etc.[1] Mais l'exhalation diurne de l'oxygène et l'absorption de l'acide carbonique par les végétaux compensent en partie ces causes de viciation, et d'ailleurs les vents, les grands mouvements atmosphériques qui brassent et mélangent les couches d'air, diverses productions gazeuses, etc., rétablissent l'équilibre.

Tout cela a lieu dans l'atmosphère libre; mais il n'en est pas de même quand une masse d'air est emprisonnée dans un espace clos renfermant des animaux, des corps en combustion et des plantes.

On sait que la respiration a pour effet de déterminer l'absorption d'une certaine quantité d'oxygène et l'exhalation d'une certaine quantité d'acide carbonique; ce dernier gaz provient d'une combustion qui a lieu dans le poumon et pendant laquelle le carbone du sang, en contact avec l'oxygène de l'air introduit par l'inspiration, se combine avec cet oxygène et forme de l'acide carbonique qui est rejeté par l'expiration. La quantité de carbone *brûlé*, et, par conséquent, d'acide carbonique rejeté, varie suivant différentes circonstances; elle est plus considérable chez les adultes que chez les vieillards et les enfants, chez l'homme que chez la femme, chez les sujets vigoureux que chez les sujets frêles et délicats. En général, on admet que l'air expiré contient de 3 à 5 pour 100 d'acide carbonique, et de 4 à 6 pour 100 au moins

1. D'après quelques recherches récentes, il paraîtrait que l'air des cités populeuses renferme une plus forte proportion d'acide carbonique et d'ammoniaque, et, en outre, quelques gaz nuisibles, tels que l'hydrogène carboné ou sulfuré.

d'oxygène. Des savants calculs auxquels M. Dumas s'est livré, il résulterait que l'homme produit environ 13 litres d'acide carbonique par heure. Il y a en outre de l'azote exhalé, et de la vapeur d'eau qui provient de la transpiration pulmonaire : cette vapeur est très-apparente dans les temps froids, quand elle se condense à sa sortie de la bouche, et elle renferme une matière organique promptement putrescible.

Quelle est la quantité d'air pur nécessaire à chaque homme en vingt-quatre heures? Il entre environ un tiers de litre d'air dans les poumons à chaque inspiration; à 18 respirations par minute, cela fait 360 litres par heure et 8640 litres ou 8 mètres cubes environ par vingt-quatre heures, en supposant que le même air ne passe pas par les poumons, car alors il serait bientôt altéré par les exhalaisons que nous venons d'indiquer. Les recherches des physiciens et des chimistes ont démontré que la quantité d'air à fournir à chaque individu, dans un lieu fermé, est au moins de 6 à 8 mètres cubes *par heure*. C'est sur ces chiffres qu'est basée la ventilation des édifices publics, des hôpitaux, des prisons, etc.

Si une ou plusieurs personnes, mais surtout des adultes, sont renfermées dans un local exactement clos dont l'air ne peut être renouvelé ou ne se renouvelle que difficilement, la respiration ne tarde pas à y introduire une telle masse d'acide carbonique, que les phénomènes de l'asphyxie et même la mort en seront les conséquences. On comprend qu'il en sera de même pour des animaux, et que leur présence dans une pièce très-petite est éminemment nuisible.

La combustion des corps qui servent à l'éclairage ou au chauffage, déterminant aussi la production d'acide carbonique et de quelques autres gaz délétères, ajoute aux effets de la viciation par la respiration, en même temps qu'elle enlève de l'oxygène. C'est ce qui se voit dans les salles de bal, de concert, de spectacle, remplies de monde, éclairées par un grand nombre de bougies, de lampes ou de becs de gaz, et dans lesquelles l'air ne se renouvelle pas facilement. On éprouve au bout de quelque temps un sentiment pénible de chaleur qui n'est pas en rapport avec la température du lieu, puis des étourdissements, des douleurs à la tête, de l'oppression; chez des personnes délicates il surviendra même une syncope que l'on ne manque pas d'attribuer à la chaleur, et qui n'est autre chose qu'un commencement d'asphyxie due à la viciation de l'air. On comprend combien doit être nuisible le séjour habituel dans une pareille atmosphère. Aussi, comme dit M. le docteur Fleury, « la fréquence avec laquelle on rencontre dans les grandes villes le tempérament lymphatique, la chlorose, l'anémie (appauvrissement du sang), les affections du système nerveux, est due en partie, soit à la parcimonie avec laquelle l'espace est mesuré aux classes pauvres et laborieuses, soit à l'aération insuffisante à laquelle se condamnent les classes riches, dans les salles de spectacle, de bal, de grandes réunions publiques, ou même dans leurs appartements hermétiquement clos et surchargés de tapis, de draperies et d'épaisses portières. »

Outre ces accidents si graves d'altération de la santé par le séjour habituel dans un air confiné, l'entassement, l'encombrement d'un grand nombre d'individus dans un local trop restreint, amène encore de graves maladies, des affections typhoïdes. Le typhus, les affections épidémiques prennent dans ces conditions un degré insolite d'activité ; aussi voit-on les chances de mort se multiplier au sein des grandes agglomérations; c'est ce que démontre le tableau suivant :

En comparant les districts ruraux de l'Angleterre aux villes, on trouve :

Campagnes, 206 habitants par mille carré; mortalité, 18 pour 100.

Villes, 5045 habitants par mille carré; mortalité, 26 pour 100.

Comme on le voit, la différence est de plus d'un quart, et pourtant dans les campagnes que de causes d'insalubrité!

Mais, si les demeures des cultivateurs sont malsaines, une partie de leur journée s'écoule au grand air.

Maintenant, quelles doivent être les dimensions des pièces où l'on séjourne habituellement ? Si l'air se renouvelle continuellement par une fenêtre ouverte, par un vasistas, par un bon ventilateur, les dimensions ne font rien. Disons seulement que l'aération doit fournir de 6 à 8 mètres cubes d'air pur par individu et par heure; mais si la ventilation ne s'effectue pas, ce qui a lieu pendant la nuit, pour la plupart des chambres à coucher, il faut, comme capacité, autant de fois de 10 mètres cubes qu'il y a de personnes.

V. Des odeurs.

Les odeurs sont des principes particuliers qui émanent des corps minéraux, végétaux ou animaux, et qui produisent sur le sens de l'odorat d'abord, et sur le système nerveux ensuite, une action plus ou moins vive suivant la nature et l'intensité de l'odeur et suivant la sensibilité propre des individus. On sait d'ailleurs que l'habitude émousse cette sensation aussi bien pour les parfums que pour les odeurs désagréables.

En général, les odeurs aromatiques et pénétrantes exaltent les sens et portent à l'extase. L'encens a joué chez tous les peuples un grand rôle dans les cérémonies religieuses, et, dans un but moins louable, la coquetterie a su faire son profit de cette influence. Les odeurs douces et suaves du lis, du jasmin, de la fleur d'oranger, de la rose elle-même, exhalées dans une atmosphère close, déterminent souvent du malaise, des maux de cœur, des douleurs névralgiques à la tête; on a même cité des cas d'asphyxie chez des personnes qui avaient rassemblé dans leur chambre à coucher beaucoup de fleurs très-odorantes. Le musc, à peu près abandonné aujourd'hui et dont on a tant abusé autrefois, est insupportable à beaucoup de personnes. Les odeurs fétides donnent des envies de vomir; les odeurs vireuses (jusquiame, pavot, etc.) amènent quelquefois de la somnolence. Mais ici, comme pour les cas cités d'effets purgatifs et même vénéneux produits par certaines odeurs, il faut attribuer ces résultats à l'absorption des principes émanés des substances odorantes plutôt qu'à l'action des odeurs sur l'organe de l'odorat. Quelquefois enfin l'imagination se met de la partie. On raconte qu'une dame qui ne pouvait, disait-elle, supporter l'odeur de la rose, ne manqua pas de s'évanouir en recevant la visite d'une dame de ses amies qui portait à son corsage une rose.... artificielle.

Au total, les odeurs, mais surtout les odeurs fortes, doivent être éloignées des appartements (voy. plus bas *Cosmétiques*).

VI. Du chauffage.

Pour mettre un peu d'ordre dans cette importante question, nous passerons successivement des procédés les plus simples aux plus compliqués.

Le *fourneau* ou *brasero* des Espagnols est assurément l'appareil le plus simple que l'on puisse mettre en usage, mais c'est aussi le plus dangereux ; l'air de la pièce ainsi chauffée est à la fois privé de son oxygène par la combustion et vicié par les produits de celle-ci, qui viennent s'y mêler en toute liberté. Il ne faut pas croire que les combustibles qui ne fournissent pas de fumée, le coke et la braise par exemple, sont exempts d'inconvénients : ils ne peuvent brûler sans former les gaz carbonés dont nous connaissons les dangers. Il n'est pas d'année que de pauvres gens ne périssent asphyxiés pour avoir voulu réchauffer les cabinets étroits dans lesquels ils couchent, avec un fourneau rempli de braise.

Relativement aux *chaufferettes*, dont on a beaucoup exagéré les inconvénients, il est certain que celles qui sont alimentées par du poussier de charbon peuvent donner lieu à des exhalaisons nuisibles. Mais est-il vrai qu'elles déterminent chez les femmes tous les accidents *spéciaux* dont on les accuse ? C'est là qu'est, je crois, l'exagération. Quant aux dangers d'incendie, les journaux nous en apportent trop souvent la preuve incontestable. Au total, comme les chaufferettes sont très-utiles pour les personnes âgées et pour les personnes qui travaillent immobiles dans des pièces dont la température est peu élevée, nous conseillerons l'emploi de celles qui sont chauffées par des briques ou par de l'eau bouillante.

Dans les *cheminées*, l'élévation de la température a lieu au moyen du rayonnement direct du calorique. Ce mode de chauffage favorise la ventilation; il offre l'avantage de voir le feu, mais il est très-dispendieux, car *un dixième* seulement de la chaleur produite par la combustion est utilisée; les neuf dixièmes restant se perdent dans le conduit qui emporte la fumée au dehors. Les cheminées ont souvent un grand inconvénient, celui de laisser sortir la fumée dans l'appartement. Cet inconvénient tient à différentes causes : 1° La pièce ne reçoit pas assez d'air; dès lors il ne s'établit pas par le tuyau un courant suffisamment énergique pour entraîner la fumée. Le remède est bien simple, c'est de rétrécir le foyer ou d'en diminuer les dimensions à ses deux orifices, et de favoriser l'arrivée de l'air extérieur. 2° L'ouverture du foyer est trop large, l'air qui est appelé par le feu et qui n'est pas employé à la combustion refroidit la fumée, la condense et l'empêche de monter. Ici encore il faudra rétrécir le foyer dans tous les sens et y adapter un tablier mobile qui, en s'abaissant, favorise le tirage. 3° Le tuyau est trop court, la fumée monte mal, les courants d'air la font refluer; il faut alors exhausser le canal. 4° La quatrième cause résulte de l'action réciproque de plusieurs foyers, lorsqu'ils sont placés dans des appartements qui communiquent entre eux et qui n'ont aucun mode direct de ventilation; il faut alors donner à chaque pièce une ventilation suffisante, afin qu'elles ne s'enlèvent pas l'une à l'autre l'air nécessaire à la combustion. 5° La fumée peut provenir des autres appartements, dont les cheminées s'ouvrent dans un même tuyau. La fumée refroidie par l'air froid provenant de cheminées où l'on ne fait pas de feu ne peut monter et ressort non-seulement par la cheminée qui est allumée, mais encore par les autres. On remédie à cet inconvénient par un système de soupapes qui empêchent l'air de monter dans les cheminées sans feu, et de plaques qui établissent des séparations au niveau des points de jonction des tuyaux. 6° L'action du soleil et des vents est combattue par la disposition d'appareils particuliers, fixes ou mobiles, que l'on adapte au sommet des cheminées.

D'après ce qui précède, on voit que, pour les cheminées, il faut surtout deux choses : un tuyau d'appel peu large et une ventilation active. Aussi les inventeurs ont-ils proposé une foule d'appareils plus ou moins ingénieux pour répondre au besoin si vivement senti d'un chauffage suffisant et économique à l'aide des cheminées. De là les cheminées dont le foyer mobile, roulant sur des galets, peut être amené dans la chambre hors de l'âtre, tandis qu'un appel puissant entraîne par le tuyau la fumée et les gaz de la combustion. De là les ventouses qui vont prendre, à l'aide d'un conduit spécial, l'air extérieur à la partie supérieure de l'édifice, pour le verser en nappes glacées dans l'encadrement de la cheminée sur les mains et les pieds de la personne qui veut se chauffer. De là encore ces tuyaux-calorifères qui vont aussi prendre de l'air frais au dehors, mais pour le répandre réchauffé dans l'intérieur de l'appartement. Voici, à cet égard, un très-bon système dont l'indication se trouve dans le grand ouvrage de M. Péclet sur la chaleur (t. II, p. 148), et qui mériterait d'être généralement adopté. « Immédiatement au-dessus du foyer, dit M. Péclet, se trouve un canal formé de tuyaux de tôle ou de fonte dans lesquels passe la fumée, et qui se prolonge jusqu'à la hauteur du plafond, où l'extrémité supérieure s'engage dans le tuyau de la cheminée; les tuyaux sont renfermés dans une caisse qui reçoit l'air extérieur par sa partie inférieure; l'air s'échauffe contre la surface des tuyaux, s'élève dans la caisse, sort par des ouvertures placées près du plafond, et sert ensuite à la respiration et à la combustion. Cet appareil, continue M. Péclet, est évidemment beaucoup plus avantageux que tous les autres; car la ventilation est régulière, elle a lieu par de l'air chaud, et la chaleur employée à chauffer cet air est entièrement perdue dans les cheminées ordinaires. » Ce mode de ventilation est bien supérieur à celui des ventouses, dont l'air glacial est immédiatement pris par le foyer, et employé à la combustion.

Les *poêles*, si usités dans le Nord, sont fixes ou mobiles, et construits en faïence, en brique, en tôle, en fonte ; on calcule qu'ils donnent 35 pour 100 de la chaleur produite. Ils ont cependant quelques inconvénients : ils exhalent une odeur désagréable de tôle, surtout quand ils sont neufs; l'air, assez vivement chauffé, devient très-sec et irrite la gorge et les fosses nasales; la température quelquefois trop élevée qu'ils produisent est difficilement supportée par beaucoup de personnes et occasionne des maux de tête, des étourdissements. Ils sont donc très-mauvais pour les sujets disposés aux congestions cérébrales. On remédiera à ces inconvénients en modérant le feu et en plaçant sur le poêle une cuvette remplie d'eau, qui humecte l'air en se vaporisant. Quand on a l'imprudence de fermer la clef du poêle avant que toute la braise soit consumée, les gaz carbonés refluent dans l'appartement et peuvent occasionner une asphyxie mortelle, comme on en voit des exemples trop fréquents.

Les grands poêles fixes sont très-bons; ils servent souvent à chauffer deux pièces et même toute une demeure. Alors des bouches de chaleur vont déverser dans les différentes pièces l'air venu du dehors et qui s'est réchauffé dans des tuyaux placés dans l'épaisseur des parois du poêle. Seulement, comme l'ont fait observer MM. Darcet et Péclet, les fumistes ont la mauvaise habitude de faire la section des prises et des bouches beaucoup trop étroite.

Les *cheminées-poêles* dans lesquelles le foyer est largement ouvert ont le double avantage de bien chauffer et de laisser voir le feu; elles exigent la même surveillance que les poêles.

Les *calorifères* sont des appareils quelquefois assez compliqués, dans lesquels l'air, puisé froid à l'extérieur, est versé chaud dans les appartements : il y en a du reste de différentes sortes, à air chaud, à vapeur ou à circulation d'eau chaude. Les calorifères sont surtout employés dans les édifices publics ou dans de grands hôtels, et servent à la fois à chauffer et à ventiler. Nous citerons particulièrement comme remplissant très-bien cette double condition le système à circulation d'eau chaude perfectionné par M. Léon Duvoir.

M. Tardieu, dans son grand dictionnaire d'hygiène [1], résume ainsi cette importante question du chauffage : « Dans les habitations particulières, il est facile d'utiliser de la manière la plus convenable chacun de ces modes de chauffage, et, en général, c'est celle que l'usage a consacrée. Les poêles dans les antichambres, où sera ainsi chauffé l'air qui doit être appelé dans les cheminées des pièces plus éloignées, avec des bouches de chaleur à section suffisamment large; les cheminées dans les chambres à coucher et dans les salons de réception, avec une section des orifices inférieur et supérieur proportionnée aux dimensions de la pièce et au nombre de personnes qu'elles doivent contenir, et des voies suffisantes pour l'air appelé. »

Un mot sur les différentes sortes de *combustibles.*

Les *bois* légers, verts et humides donnent beaucoup moins de chaleur et plus de fumée que les bois secs et gros. Le *charbon* fait avec du bois dur est celui qui rayonne le plus de calorique. La *houille* grasse brûle bien, donne une chaleur beaucoup plus considérable que le bois, mais elle exhale une fumée épaisse, âcre et d'une odeur très-désagréable. La houille sèche, qui brûle moins bien, et le *coke* donnent moins de fumée. Quant à la *tourbe*, son odeur la fait rejeter des demeures particulières, excepté chez les pauvres et dans certaines localités.

1. Tome Iᵉʳ, art. *Chauffage.*

VII. De l'éclairage.

Disons-le tout de suite, le meilleur mode d'éclairage au point de vue de l'hygiène, et en dehors de la question d'économie, est celui qui fournit la lumière la plus pure, la plus éclatante, en laissant le moins possible de produits gazeux carbonés et d'émanations odorantes. Les substances qui servent à l'éclairage sont de trois sortes : solides (chandelles et bougies), liquides (huile), et gazeuses (*gaz light*, gaz d'éclairage).

1° Les *chandelles* sont formées de suif; ce suif ne brûle qu'en partie, une partie se volatilise et répand une odeur très-désagréable ; sa combustion dégage beaucoup de fumée âcre et de gaz carbonés (hydrogène carboné, oxyde de carbone). La lumière des chandelles est rougeâtre, vacillante; la mèche s'allonge très-promptement, obscurcit la flamme, et il faut la moucher très-fréquemment. L'intensité de la lumière d'une chandelle est à celle d'une bonne lampe Carcel à peu près dans le rapport de 1 à 10. C'est donc un très-mauvais mode d'éclairage.

2° Les *bougies* sont composées de cire, de stéarine ou de blanc de baleine. Elles donnent une flamme beaucoup plus claire, plus blanche et moins vacillante que celle de la chandelle; ici, le rapport avec une lampe Carcel est de 1 ½ à 10. La mèche se détruit à mesure qu'elle brûle ; par conséquent, elle affaiblit moins la lumière et n'oblige pas à se servir des mouchettes. Enfin elle donne très-peu de fumée, les produits de la combustion sont en moindre quantité et moins irritants que ceux de la chandelle. Elle mérite donc la préférence.

3° Les *huiles* qui servent à l'éclairage sont les huiles de colza, d'œillette, de chènevis et de noix. La combustion s'opère au moyen de mèches de coton placées dans des appareils diversement disposés, qu'on appelle *lampes*. Le plus simple de ces appareils est la lampe antique : une mèche pleine plongeant dans un vase rempli d'huile. Ces lampes brûlent mal, donnent une lumière rougeâtre, peu intense, très-vacillante, diminuant encore d'intensité à mesure que la mèche se carbonise; elles dégagent une fumée épaisse, âcre et malfaisante.

Dans les lampes modernes inventées par Argand (1730), et modifiées depuis par Silvant, mais surtout par Carcel, la lumière est fournie par une mèche cylindrique creuse, pouvant monter et descendre à volonté, autour de laquelle l'air circule, et recevant l'huile par un mécanisme particulier et plus ou moins compliqué. Une cheminée de verre favorise encore la combustion par le courant d'air qu'elle détermine. Ici la flamme est très-belle, blanche, immobile, augmentant ou diminuant d'intensité, suivant qu'on élève ou qu'on abaisse la mèche; la combustion marche avec régularité et la fumée est peu considérable.

Le seul reproche que l'on puisse faire aux lampes, c'est d'être dispendieuses, et par leur prix d'acquisition et par la quantité souvent considérable d'huile qu'elles consument, et enfin par les soins d'entretien qu'exige leur mécanisme si souvent dérangé.

4° On appelle *gaz liquide*, ou hydrogène liquide, un mélange d'alcool et d'huile essentielle de térébenthine, dans lequel on plonge une mèche de coton contenue dans un tube de métal; la flamme, très-blanche et très-pure, jaillit, comme celle du gaz, par de petites ouvertures pratiquées au sommet du tube. Ces lampes ne sont pas sans inconvénients; mal soignées, elles exhalent une odeur de térébenthine très-désagréable. Si la flamme se communique au réservoir, l'appareil peut faire explosion; si la lampe se brise ou se renverse pendant qu'on cherche à l'allumer, le liquide peut s'enflammer et causer de graves accidents, comme on en a vu récemment un si déplorable exemple dans un pensionnat de demoiselles aux portes de Paris.... Je n'oserais donc pas confier ces appareils à la négligence des domestiques.

5° Le *gaz d'éclairage* provient de la distillation de la houille ou de certains corps gras, tels que les huiles grasses, les résines, les huiles de résine, etc. On le débarrasse autant que possible des produits gazeux qui ne servent pas à la combustion ; ainsi purifié, il est introduit dans un gazomètre qui le répartit dans les différents quartiers, à l'aide de tuyaux de distribution. La lumière du gaz est très-belle, plus intense que celle des lampes Carcel, mais elle oscille continuellement. Sa combustion dégage beaucoup de gaz nuisibles qui irritent la gorge, la poitrine, et amènent de l'oppression, des étourdissements, du mal de tête, etc. ; aussi est-il mauvais pour les personnes valétudinaires, surtout pour celles qui sont atteintes de maladies de la poitrine ou du cœur. Les individus habituellement en contact avec le gaz deviennent pâles, maigres, éprouvent des dérangements d'estomac, des palpitations et tous les autres phénomènes qui indiquent l'appauvrissement du sang. L'éclairage au gaz doit être rejeté des appartements ; mais il est parfait pour les grands édifices publics, les rues, les cours et les escaliers.

Cet article serait incomplet si nous ne disions quelques mots des *briquets* et des *allumettes*. Les briquets à percussion (pierre à fusil et morceau d'acier) sont aujourd'hui à peu près complétement abandonnés, et c'est avec justice : on se donnait souvent des coups sur les doigts, on se faisait sauter dans les yeux des éclats d'acier, etc. Les briquets phosphoriques, qui ont eu une si grande vogue, ont l'inconvénient de durer trop peu. On se sert aujourd'hui d'allumettes chimiques qui s'enflamment par le frottement de leur extrémité enduite de pâte phosphorée. Assurément ces allumettes sont fort commodes ; cependant elles déterminent souvent des accidents d'incendie, elles exhalent une odeur d'ail très-désagréable, elles peuvent enfin donner lieu à des empoisonnements. On a, depuis quelque temps, modifié la préparation de la pâte phosphorée, de manière à la rendre insoluble et à lui ôter sa mauvaise odeur ; on obtient cet avantage au moyen du phosphore rouge. Il serait bien à souhaiter que l'autorité exigeât l'emploi exclusif de ce phosphore.

VIII. De la ventilation.

On a, depuis longtemps déjà, inventé un grand nombre d'appareils plus ou moins compliqués pour substituer dans les appartements de l'air pur à l'air vicié, par les différentes causes énumérées plus haut (p. 189). Ces appareils, nommés ventilateurs, ont été surtout appliqués aux édifices publics, hôpitaux, théâtres, salles de réunion des grandes assemblées savantes ou politiques, etc.; on les emploie aussi, sur les vaisseaux, pour changer l'air des parties inférieures des bâtiments. Ce n'est point ici le lieu de faire connaître les différents procédés, dont quelques-uns sont fort coûteux et qui ne peuvent être employés dans les demeures particulières. Déjà cependant nous avons fait observer que certains calorifères, bien construits, peuvent verser dans les appartements, pendant l'hiver, une quantité d'air chaud qui suffit pour les besoins de la respiration et le chauffage de l'appartement, en même temps que l'air vicié est repris par des bouches particulières et emporté.

En général, pour bien aérer un appartement, il suffit d'ouvrir deux ou trois fois par jour les portes et les fenêtres opposées, afin d'établir un courant d'air; pendant l'été, les fenêtres seront tenues ouvertes pendant le plus longtemps possible. Là où il n'y a pas de calorifères, le tirage opéré par une cheminée ou par un poêle bien construit appelle l'air extérieur, qui passe entre les bords mal joints des portes et des fenêtres, et vient renouveler celui qui est entraîné par le tuyau de la cheminée. Dans les appartements destinés à contenir de nombreuses réunions, la partie supérieure des fenêtres, pour les deux derniers carreaux seulement, devrait être mobile et s'ouvrir en tabatière, l'ouverture étant dirigée en haut et du côté de l'appartement, et les côtés garnis de goussets qui empêcheraient l'air froid de tomber trop directement sur les personnes placées au-dessous. Cet air, pénérant de bas en haut, ne retomberait qu'après s'être en quelque sorte brisé contre le plafond. Ces ouvertures permettraient également à l'air vicié par la respiration, les lumières, etc., de s'échapper au dehors.

IX. Annexes des habitations. — Cuisines; éviers; conduits pour l'écoulement des eaux ménagères; puisards; fumiers; latrines; fosses; procédés de vidange.

Dans beaucoup de maisons, les *cuisines* sont placées au-dessous du sol; cette situation est extrêmement insalubre; ces cuisines sont humides, sombres, mal ventilées; les gaz de combustion s'en échappent difficilement; elles conservent les émanations nuisibles provenant des éviers, des eaux ménagères, etc.; on semble avoir réuni là, avec une sorte de complaisance, toutes les conditions les plus dangereuses pour la santé de ceux qui doivent y passer une partie de leur temps. De là cette pâleur avec bouffissure et cet état maladif si communs chez les cuisiniers.

Les pièces consacrées au service de la cuisine doivent être spacieuses, bien éclairées, dallées, peintes à l'huile ou à la chaux, ventilées près du plafond et près du plancher, tenues avec une grande propreté. Les tuyaux de l'évier laisseront écouler les eaux avec facilité, et l'ouverture en sera bouchée, soit avec un tampon, soit, comme le proposait Darcet, avec une cloche à bords découpés et plongeant dans une rainure circulaire creusée autour du trou et remplie d'eau. Enfin les fourneaux seront placés le plus près possible des fenêtres et surmontés d'une hotte de cheminée, pour déterminer un appel énergique qui entraîne les produits gazeux de la combustion du charbon.

Les *eaux ménagères* doivent être rejetées le plus loin possible des habitations. Dans les villes, elles sont reçues dans des cuvettes de fonte placées à chaque étage, ou par les éviers des cuisines, puis entraînées par des tuyaux dans le ruisseau des cours ou des allées, et enfin dans la rue, où elles sont conduites par les ruisseaux jusque dans les égouts.

Les cuvettes et les tuyaux doivent être fréquemment lavés à grande eau ; une disposition avantageuse consiste à faire communiquer les tuyaux de conduite des eaux ménagères avec les tuyaux de conduite des eaux pluviales. Pendant les chaleurs de l'été, il serait bon de faire les lavages avec de l'eau chlorurée.

Dans les localités qui ne sont pas pourvues d'égouts publics, dans les campagnes par exemple, les eaux ménagères sont dirigées dans des *puisards*. On appelle ainsi de grands trous dont les parois ne sont pas revêtues de pierres et qui, par conséquent, se laissent infiltrer par les eaux ménagères, lesquelles vont infecter le sol environnant et les puits voisins jusqu'à une certaine distance. Pour que ces puisards fussent sans inconvénients, il faudrait qu'ils descendissent profondément dans le sol, au-dessous de la seconde nappe d'eau ; mais alors ils seraient beaucoup trop dispendieux : c'est donc là une condition qu'il est à peu près impossible de remplir. Dans les villages, il faut bien y avoir recours ; il s'agit seulement de chercher les moyens d'atténuer les graves inconvénients qu'ils présentent quand on veut les nettoyer. Les précautions à prendre alors ont été l'objet d'une très-bonne instruction de la part du conseil de salubrité de Paris.

Les *écuries* ou *étables* doivent être assujetties aux mêmes soins de propreté que les demeures de l'homme, dans l'intérêt de la santé des animaux et de celle de leurs propriétaires ; elles doivent être pavées, afin de permettre des lavages fréquents, et percées d'ouvertures nombreuses, pour faciliter une ventilation active. On évitera l'encombrement, cause si commune de maladies pour les animaux comme pour l'homme ; la litière salie sera fréquemment renouvelée, etc.

Les *fumiers* ou dépôts d'immondices formés par la litière des écuries mêlée aux déjections des animaux ne doivent jamais être laissés près des habitations, ou du moins ils doivent n'y séjourner que peu de jours ; le dépôt principal doit être situé le plus loin possible de la maison, sur un sol creux, imperméable et abrité, pour empêcher les infiltrations et les pertes par évaporation. Ces dépôts seront placés sous les vents régnants, de manière à mettre les habitations à l'abri des émanations. Il faut d'ailleurs savoir que, quand on laisse fermenter les fumiers à l'air libre, il s'en évapore des substances très-utiles à l'engrais, de l'ammoniaque particulièrement.

Les *latrines*, destinées à recevoir et à conserver pendant un temps plus ou moins long les déjections solides et liquides du corps, sont disposées de différentes manières. Les *chaises percées*, que l'on place dans d'arrière-cabinets, exhalent, malgré tous les soins de propreté et les poudres désinfectantes, une odeur fort désagréable. Nous indiquerons cependant plus bas une solution dont on peut se servir avec avantage.

On appelle *fosses mobiles* des tonneaux de grande dimension placés dans une cave spéciale, auxquels aboutit un tuyau de conduite servant de déversoir aux matières. Ces tonnes sont enlevées aussitôt qu'elles sont pleines. Les fosses mobiles offrent de grands avantages ; on peut les placer partout; elles sont sans odeur, sans malpropreté, sans inconvénients pour les ouvriers ; elles ne nécessitent pas de frais de vidange; elles n'ont contre elles que les déplacements et les changements répétés qu'elles nécessitent.

Les *cabinets* ou *lieux d'aisances* sont en communication, par des tuyaux, avec les tonnes des fosses mobiles, ou, ce qui est le plus ordinaire, avec une fosse spéciale creusée dans le sol. Ces cabinets doivent être placés le plus loin possible des pièces où l'on se tient habituellement ; ils seront percés de fenêtres larges et opposées que l'on puisse ouvrir à volonté, afin d'établir une ventilation puissante. L'orifice, au lieu de s'aboucher largement avec le tuyau de déversement, sera muni d'une cuvette dite à l'anglaise, fermée par un tampon que l'on recouvre d'eau, ou mieux encore par une soupape à bascule. Cette cuvette doit être en communication avec un réservoir placé à la partie supérieure du cabinet, et qui permet des arrosements fréquents. Il faut bien le dire, nous sommes très-arriérés en France à cet égard ; rien de plus dégoûtant que les latrines dans la plupart des maisons, même parmi celles qui sont le mieux tenues.

La cuvette s'abouche à la fosse, avons-nous dit, par un tuyau de chute que l'on a ordinairement la mauvaise habitude d'établir en poterie. Ces poteries se fendillent facilement; il en résulte des infiltrations et, par suite, des exhalaisons fétides très-nuisibles à la santé. Les tuyaux doivent être en fonte ou en tôle bitumée. Si la maison est considérable, il est bon que le tuyau soit enfermé dans un conduit spécial en maçonnerie.

Les *fosses* seront, autant que possible, creusées dans des cours; leur construction a été, de la part de l'autorité, soumise à des règles fort judicieuses. Les parois, construites en pierres meulières, seront recouvertes de ciment romain ou d'un enduit hydrofuge qui s'oppose aux infiltrations; les angles seront arrondis et la partie supérieure formée en voûte; elles ne recevront aucun tuyau déversant des eaux ménagères. Une amélioration bien importante, surtout pour la facilité de la vidange, consiste à établir un tuyau dit d'*évent*, qui, partant de la partie la plus élevée de la voûte, aboutit au-dessus du toit; l'orifice supérieur de ce tuyau doit être abrité des vents du nord et exposé au midi. Par là s'échappent les gaz incessamment formés et que les vents dissipent et dispersent aussitôt.

La disposition et la *vidange* des fosses, la séparation des matières, la désinfection, etc., sont assujetties à des règlements de police qui, malheureusement, ne sont obligatoires que dans les villes où ils ont été rendus.

X. De la désinfection des habitations. — Mode d'emploi des substances désinfectantes.

Nous venons de voir quelles sont les causes qui peuvent vicier l'air des habitations à l'intérieur et à l'extérieur; nous avons indiqué les principaux moyens d'y remédier; il nous reste à exposer les procédés que les connaissances chimiques mettent aujourd'hui à notre disposition pour empêcher la production des gaz et des émanations délétères ou seulement désagréables, et pour les neutraliser ou les détruire quand ils sont déjà produits et mélangés avec l'air.

En général, pour combattre les émanations infectes, on a coutume de brûler des substances odorantes, sucre, benjoin, camphre, baies de genièvre, vinaigre, de faire déflagrer de la poudre à canon, etc. Ces fumigations ne détruisent pas les mauvaises odeurs; elles ont seulement pour effet de les masquer en ajoutant à l'air déjà vicié des vapeurs âcres et irritantes : ce ne sont pas là de véritables désinfectants. On doit appeler ainsi les substances capables d'absorber, de détruire, de décomposer ou de neutraliser les gaz méphitiques. Mais, disons-le tout de suite et disons-le hautement, de tous les désinfectants, le meilleur, le plus efficace et celui qui doit d'ailleurs servir de complément à tous les autres, c'est la *ventilation*.

Les gaz méphitiques proviennent presque tous de matières animales en décomposition, et leurs sources les plus ordinaires sont les égouts, les fosses d'aisances, les cadavres d'animaux, les fumiers en fermentation, les agglomérations d'hommes dans des localités restreintes, etc. Quant aux gaz considérés en eux-mêmes, on rencontre surtout des gaz ammoniacaux reconnaissables à leur odeur piquante qui irrite la gorge, le nez et provoque les larmes; des gaz sulfureux reconnaissables à leur odeur d'œufs pourris; des gaz carbonés et phosphorés éminemment fétides; et enfin des matières animales dont les principes constituants sont particulièrement l'oxygène, l'hydrogène, l'azote, le carbone, le soufre et le phosphore.

Quelles sont les substances que l'on peut opposer à ces différentes produits?

1° Les acides, mais surtout les acides nitrique et hydrochlorique, doivent être opposés aux émanations ammoniacales, avec lesquelles ils se combinent pour former des produits sans odeur et sans action nuisible.

2° Le chlore et les chlorures de chaux, de soude ou de potasse, sont les meilleurs désinfectants connus; ils détruisent toutes les matières organiques en s'emparant de l'hydrogène qui entre dans leur composition.

3° Les alcalis, tels que l'ammoniaque, la chaux vive, la soude, la potasse, sont très-bons pour neutraliser les acides carbonique, hydrosulfurique, et surtout les acides organiques dont on constate l'existence sans que l'on en puisse exactement préciser la composition.

4° Les acides nitreux et sulfureux ont pour effet de décomposer les substances organiques en s'emparant de leur oxygène.

5° Enfin, certaines poudres absorbent les produits gazeux qui s'échappent des matières animales en décomposition, et arrêtent ainsi les émanations fétides; telles sont les poudres de charbon et de plâtre, le sable, les cendres de houille ou de bois, le mâchefer pulvérisé, la tourbe non calcinée, etc.

On emploie les poudres en les projetant en couche plus ou moins épaisse sur les matières que l'on veut désinfecter temporairement.

Quant aux autres substances, elles servent à des lavages, à des fumigations.

En *lavages* on peut se servir surtout des solutions de chlorures de soude (liqueur de Labarraque) ou de chaux, de sulfate de fer, de certains sels de plomb (liqueur de Raphanel et Ledoyen), etc.

Les chlorures de soude ou de chaux (ce dernier est beaucoup moins cher) destinés au lavage de ruisseaux ou de conduits d'éviers, de latrines infectes, se mêlent à la dose d'une bouteille de chlorure de soude ou de 500 grammes de chlorure de chaux pour vingt-cinq, trente ou quarante litres d'eau. La liqueur de Labarraque, mêlée pour un trentième à de l'eau pure, peut servir aux ablutions des mains salies par des matières putrides, à nettoyer des linges, des ustensiles divers infectés, tels que paniers à poissons, baquets, bois de lits, etc.

Le protosulfate de fer (vitriol vert), substance que l'on

peut avoir à très-bas prix, est assurément l'un des meilleurs désinfectants. A l'état de solution concentrée dans de l'eau, il est très-utile pour laver les chaises percées; une petite quantité de cette solution qu'on laisse dans le vase empêche les matières qu'on y dépose d'exhaler une odeur désagréable. On l'emploie avantageusement pour désinfecter les tonneaux des fosses mobiles. Un kilogramme suffit pour une tonne. On l'emploie encore en grand pour les vidanges.

On peut se servir, pour les mêmes usages, du liquide de MM. Raphanel et Ledoyen, dont voici la formule : 125 grammes de nitrate de plomb, 30 grammes d'acétate de plomb, pour 1 kilogramme d'eau.

Enfin, quand il s'agit de vases dans lesquels l'urine a séjourné ou séjourne actuellement, il faut avoir recours aux acides, pour neutraliser l'ammoniaque qui prédomine dans la décomposition de ce liquide; on emploiera surtout l'alun (sulfate acide d'alumine) étendu d'eau.

Les *fumigations* qui ont pour but de neutraliser ou de décomposer les matières gazeuses ou volatiles sont les fumigations de chlore ou d'acides hydrochlorique et nitrique.

Pour obtenir des vapeurs de chlore, il suffit de placer du chlorure de soude ou de chaux, avec quatre ou cinq parties d'eau, dans un vase plus ou moins grand, suivant l'effet que l'on veut produire : ainsi, par exemple, s'il s'agit d'un malade exhalant une odeur putride, on placera près de lui une assiette contenant une ou deux cuillerées de liqueur de Labarraque ou de chlorure de chaux et un demi-verre d'eau environ; on pourra aussi suspendre à une corde de petits chiffrons imprégnés de cette solution. On activera, au besoin, le dégagement du chlore en versant dans le mélange une petite quantité d'un acide quelconque, de vinaigre très-fort, par exemple.

S'agit-il de purifier un local infecté, des latrines mal tenues, des chambres où des matières putrides ont séjourné, il faut recourir aux fumigations de chlore pur; pour cela on place dans un vase de terre vernissé, ou dans une capsule en porcelaine, 150 grammes de chlorure de sodium (sel marin) mêlé à 50 grammes de bioxyde de manganèse, puis on ajoute 100 grammes d'acide sulfurique (vitriol) étendu de 100 grammes d'eau, on remue un peu le mélange avec une baguette de verre et les vapeurs de chlore se dégagent. Les doses que nous indiquons sont celles qui conviennent pour une pièce de dimension ordinaire, c'est-à-dire de 50 à 60 mètres cubes; pour un espace plus grand ou plus petit, il faudrait augmenter ou diminuer la dose. Pendant cette opération, qui dure une demi-heure ou une heure, la pièce à désinfecter doit être fermée très-exactement; on ventile ensuite largement. On obtiendrait le même effet en versant de l'acide sulfurique sur une plus grande quantité (de 3 à 400 grammes) de chlorure de chaux ou même d'eau de javelle.

Les fumigations de chlore peuvent encore servir à désinfecter des objets divers, tels que vêtements, couvertures, matelas. Pour cela, on place dans une armoire à portemanteaux, des assiettes contenant du chlorure de chaux solide; on y suspend alors les objets infectés, on ferme l'armoire et on laisse le chlore en place pendant dix ou douze heures, temps nécessaire pour opérer la purification.

Quand il s'agit de combattre des exhalaisons ammoniacales, on a recours aux fumigations acides. Le procédé le plus simple est le suivant : on met dans une assiette une poignée de sel gris ordinaire et l'on verse dessus, par petites portions, de l'acide sulfurique pur : on obtient ainsi un dégagement d'acide hydrochlorique en vapeur, qui se combine immédiatement avec le gaz ammoniaque et forme des vapeurs blanches. On peut aussi mettre dans une capsule de porcelaine de l'acide sulfurique, 60 grammes, par exemple, mêlé à 30 grammes d'eau; puis, la capsule étant placée sur de la cendre chaude ou du sable chauffé, on y projettera par pincées du sel de nitre réduit en poudre, en ayant soin de n'en projeter une nouvelle pincée que quand la première ne donnera plus d'émanations. Le gaz qui s'échappe est l'acide nitrique, qui va neutraliser l'ammoniaque.

II.

DES VÊTEMENTS.

1. Des vêtements en général; du rôle que jouent les différentes substances qui les composent comme agents de protection. — Influence de la texture, de la couleur, de la forme.

Le vêtement est, en quelque sorte, le complément de l'habitation, pour mettre l'homme à l'abri des influences atmosphériques, chaudes, mais surtout froides ou variables. Malheureusement, comme nous aurons trop souvent à le constater dans ce chapitre, la mode, la fantaisie, la coquetterie surtout, ont, dans maintes circonstances, fait dévier le costume de sa destination naturelle.

A part quelques peuplades entièrement sauvages des régions équatoriales, on trouve, chez tous les peuples primitifs, des enveloppes ou vêtements couvrant une partie plus ou moins considérable du corps, plus ou moins habilement confectionnés, suivant le degré de civilisation, et consistant soit en peaux de bêtes, soit en feuillages, en nattes tressées, en tissus, etc.

Les substances qui, chez les peuples civilisés, servent plus particulièrement à confectionner les vêtements, sont, dans le règne végétal, le chanvre, le lin, le coton, et, dans le règne animal, le poil de certains animaux (moutons, chèvres, chameaux, lapins, etc.) filé et tissé, des peaux tannées avec ou sans leur pelage, la soie filée et tissée. Quelles sont les substances, quels sont les tissus qui peuvent le mieux remplir le rôle de protecteurs contre les intempéries? On le sait, l'air est mauvais conducteur du calorique, c'est-à-dire qu'il laisse difficilement passer cet agent; donc les substances qui peuvent emprisonner entre leurs mailles une couche d'air assez épaisse ne laisseront pas perdre la chaleur naturelle du corps et serviront de barrière efficace contre le froid du dehors. Ces mêmes substances serviront aussi de défense contre les rayons d'un soleil trop ardent, qu'elles empêcheront de pénétrer. Si nous classons à ce point de vue les différentes substances dont l'homme peut se couvrir, nous trouvons en première ligne les fourrures, le duvet, la plume, puis la laine, puis la soie, puis le coton, et enfin au dernier rang le lin et le chanvre. Par la même raison, un tissu sera d'autant plus chaud qu'il sera plus lâche, c'est-à-dire qu'il contiendra plus d'air. C'est ce qui fait que la laine largement tricotée est plus chaude que celle dont la trame est dense et serrée, et que les étoffes plucheuses valent beaucoup mieux, pour défendre du froid, que les étoffes lisses et fermes.

La couleur exerce aussi une certaine influence, dont les physiciens se sont efforcés de déterminer, par des expériences, la valeur réelle. Il résulte de ces recherches que les couleurs noires et foncées se laissent traverser par la chaleur bien plus facilement que les couleurs claires, mais surtout que la couleur blanche. C'est ce qui a été parfaitement démontré par Stark. La boule d'un thermomètre a été entourée successivement d'une même quantité de laine, également fine mais diversement colorée. La boule accusant 10° a été plongée dans l'eau bouillante et l'on a compté, dans les différents cas, le temps nécessaire pour que la colonne de mercure montât jusqu'à 70°. Or, avec la laine noire il a fallu quatre minutes quinze secondes; avec la laine vert foncé, cinq minutes; avec la laine écarlate, cinq minutes trente secondes, et enfin avec la laine blanche huit minutes. Dans une autre expérience inverse de celle-ci, la boule du thermomètre, chauffée à l'avance, puis entourée de laine diversement colorée, ayant été plongée dans de l'eau froide, a mis plus de temps pour se refroidir quand elle était entourée de laine blanche que quand elle était entourée de laine noire. Des recherches de Stark il résulte encore que non-seulement la couleur blanche ne transmet pas bien le calorique, mais même qu'elle s'imprègne plus difficilement des *odeurs* que les couleurs foncées; qualité bien précieuse et que l'on pourrait utiliser dans les localités infectées. De ces différentes observations Stark conclut à l'emploi de la couleur blanche pour peindre les murailles et les fournitures de literie dans les hôpitaux, et aussi pour le vêtement des infirmiers. Il fait observer que les médecins, ayant adopté la couleur noire pour leurs vêtements, ont précisément choisi la couleur qui absorbe le plus facilement les miasmes et les mauvaises odeurs, la plus dangereuse par conséquent pour eux et pour leurs malades. Le blanc, emblème de l'innocence, serait donc, en effet, la couleur qui conserve le mieux sa pureté?

L'eau est un excellent conducteur du calorique; en conséquence, les tissus qui se laisseront le plus facilement imbiber par l'humidité seront les plus froids. La fibre poreuse du lin et du chanvre se charge aisément d'humidité, le coton plus difficilement, la soie plus difficilement encore; au dernier rang nous trouvons encore la laine : il est vrai que celle-ci, une fois imbibée, met beaucoup plus de temps que les autres à sécher. Chose digne de remarque, les couleurs jouent ici le même rôle que pour la chaleur, et le blanc est encore la couleur qui absorbe le moins l'humidité.

Le degré d'ampleur des vêtements, c'est-à-dire leur *forme*. agit d'une manière très-appréciable. Larges et ouverts en différents points, l'air y circule, s'y renouvelle et rafraîchit le corps. Étroits et serrés, ils emprisonnent, à la surface du corps, une couche d'air qui maintient la chaleur. Les différentes pièces de vêtement exercent aussi des compressions locales, ou étendues à toute une partie du corps. Nous y reviendrons à propos des jarretières, des ceintures, des culottes collantes et des corsets.

Les formes, la disposition, etc., des vêtements diffèrent très-notablement suivant le sexe, l'âge, etc. Nous les étudierons donc d'abord chez l'homme et chez la femme. Quant aux âges, nous renvoyons, pour ce qui concerne les enfants et les vieillards, au chapitre spécial que nous consacrerons à l'hygiène des âges. Ce que nous allons dire ici ne s'applique qu'aux adultes des deux sexes.

II. Des vêtements du sexe masculin.

L'ordre le plus naturel est celui qui consiste à étudier les différentes pièces de vêtement depuis la tête jusqu'aux pieds.

1° *De la coiffure.* Les Grecs et les Romains, comme le fait observer Percy, avaient habituellement la tête découverte. Cette coutume n'était pas sans de graves inconvénients; elle ridait de bonne heure le front, le tour des yeux; elle produisait un clignotement désagréable, occasionnait des fluxions, des catarrhes, des ophthalmies, et même la perte de la vue. La tête doit donc être couverte, du moins quand on est hors des habitations.

Nous n'avons point à passer ici en revue les innombrables modifications que les caprices de la mode ont fait subir à la coiffure. Nous devons seulement faire remarquer que, devenue stable une fois, et à contre bon sens, elle maintient, depuis plus d'un demi-siècle, le chapeau rond actuel en feutre ou en soie, c'est-à-dire la coiffure la plus incommode et la plus disgracieuse qui ait jamais été portée. Ce chapeau comprime circulairement la tête au-dessus des oreilles, mais surtout au niveau du front, et concentre la chaleur au sommet du crâne. Prêt à s'envoler au moindre coup de vent, il ne défend le chef qu'il surmonte ni de la chaleur, ni du froid, ni de la pluie, ni d'une lumière trop vive.... Mais une coiffure d'une autre forme ou d'une autre substance, plus chaude en hiver, telle qu'un bonnet, comme en portent les habitants du Nord, un chapeau de paille légère et à larges bords, qui serait si commode et si avantageux pour les grandes chaleurs, ne saurait être de mise, dans les villes, sans une grave atteinte portée à l'étiquette et aux convenances. Il est reconnu plus décent de se poser sur la tête une coiffure qui n'est appropriée à aucune des conditions atmosphériques dans lesquelles nous sommes placés. Le claque avait au moins sur le chapeau rond un grand avantage.... celui de ne pouvoir guère être porté que sous le bras.

Dans les demeures, l'homme doit avoir habituellement la tête découverte, ou tout au plus pendant l'hiver, et dans des pièces peu chaudes ou traversées par des courants d'air, garnie d'un léger bonnet ou d'une casquette.

Pendant la nuit, certaines personnes couchent la tête nue, c'est là une bonne habitude ; mais, comme beaucoup de personnes ne l'ont pas contractée, à quelle coiffure faut-il avoir recours ?... Ici les avis sont très-partagés : le serre-tête, les foulards ne peuvent tenir en place que quand ils sont assez fortement serrés, ce qui est un grave inconvénient. On a beaucoup déblatéré contre le vieux et classique bonnet de coton, qui enveloppe la tête sans la comprimer, et tient par une pression également répartie sur tous les points. Simple en été, double en hiver, il s'accommode aux différentes conditions de température. C'est la coiffure par excellence des malades, des personnes sujettes à s'enrhumer, des vieillards, etc. Ainsi donc, bravant le ridicule qui s'attache aux défenseurs de cette bonne et modeste coiffure de nuit, nous n'hésitons pas à la proposer. Seulement, comme il faut avec son siècle des accommodements, et que nous tenons surtout à la forme de cette coiffure, ceux qui ne la trouveront pas assez élégante dans son tissu ordinaire pourront la prendre en soie et de la couleur qui leur plaira le mieux.

Quant aux perruques, nous en parlerons à propos de l'hygiène des vieillards, car nous conseillons bien vivement aux personnes chauves avant l'âge de s'en abstenir.

2° *De la cravate.* Le cou est à découvert chez la plupart des peuples; il l'était autrefois chez nous, et c'était une excellente coutume. « Il est digne de remarque, en effet, dit M. Becquerel, que l'habitude de couvrir le cou rend cette partie tellement impressionnable que, lorsque accidentellement on vient à la découvrir, on a beaucoup plus de chances de contracter une laryngite ou une pharyngite que dans les circonstances opposées. » Aussi n'avons-nous rien à dire contre les cravates légères et étroites que l'on porte aujourd'hui, et sur lesquelles le col de la chemise est rabattu. Il est vrai que, dans les temps très-froids ou très-humides, on complète la protection à l'aide d'une large et épaisse cravate (cache-nez), qui se met par-dessus la première et que l'on ne porte que pour sortir. Nous rejettons ces cols élastiques durs et élevés qui compriment les vaisseaux du cou, favorisent la stase du sang à la tête, et peuvent donner lieu à des congestions, et même à des attaques d'apoplexie. Les cravates trop serrées sont surtout nuisibles aux hommes sanguins, aux personnes livrées à des travaux sédentaires et qui exigent une situation inclinée de la tête. Les cols durs et roides des soldats donnent lieu à cet engorgement inflammatoire des glandes du col, si fréquent dans les régiments de ligne, et qui est inconnu chez les zouaves, dont le cou est à découvert.

Quant à l'origine des cravates, elle ne remonte pas plus haut que le milieu du XVIIe siècle, et date de l'arrivée en France d'un régiment de Croates, dans l'uniforme desquels se trouvait un tour de cou en étoffe légère et dont les bouts pendaient sur la poitrine. Le mot *cravate* est tout simplement une corruption du mot *Croate*.

3° Ce sont les mêmes pièces de vêtement qui, chez l'homme, recouvrent le *corps et les membres supérieurs*. Nous aurons donc à examiner successivement ici les gilets de flanelle, les chemises, les gilets, les habits, les vestes, les redingotes, les paletots, les par-dessus, les blouses et les manteaux.

L'usage des *gilets de flanelle* est aujourd'hui très-répandu, surtout pendant l'hiver ; beaucoup de personnes ne les quittent même jamais. Ces gilets ont incontestablement de grands avantages : ils préservent du froid, mais surtout des brusques changements de la température ; ils absorbent facilement les produits de la transpiration, et s'opposent au refroidissement quand le corps est baigné de sueur. Leur emploi est nécessaire dans toutes les professions qui exigent de grands mouvements musculaires et qui s'exercent au grand air.

Cependant, il faut bien le reconnaître, les gilets de flanelle, de même que tous les vêtements qui maintiennent le corps dans un état de température un peu élevé, ont, à côté de leurs avantages, d'incontestables inconvénients, exagérés peut-être par quelques hygiénistes. Ils rendent, dit-on, le corps très-sensible au moindre changement de température; ils favorisent un état de moiteur permanente qui amollit la peau, diminue les forces chez les jeunes sujets; si l'on conserve pendant trop longtemps ces gilets, ils augmentent la sécrétion de la matière huileuse qui sert à donner à la peau sa souplesse, son poli, et la persistance de cet enduit gêne les fonctions de la transpiration. Assurément, il y a là quelque chose de vrai, surtout pour les jeunes sujets, à qui on crée ainsi un assujettissement auquel il leur faut quelquefois rester soumis pendant toute la vie. Si, à l'aide d'un bon régime et en fortifiant le corps de l'enfant par un ensemble de soins dont nous parlerons ailleurs (voy. *Hygiène des âges et des tempéraments*), on pouvait le rendre assez robuste pour résister aux intempéries, cela serait de beaucoup préférable. Quand les conditions qui ont amené la nécessité du gilet de flanelle viennent à disparaître, il est bon de s'en débarrasser, en choisissant, pour cette suppression, l'époque des chaleurs. Quant à l'enduit gras de la peau, on l'évite parfaitement et par l'usage des bains et par le renouvellement fréquent du gilet.

Au total, et quoi qu'on en ait dit, l'usage dont il est ici question est extrêmement avantageux, et doit être conseillé dans les circonstances suivantes : chez les sujets héréditairement disposés aux maladies de poitrine; chez les enfants très-délicats et qui s'enrhument facilement; chez les rhumatisants; chez les individus qui sont exposés par leur profession à de brusques refroidissements, le corps étant en sueur; chez les vieillards cacochymes, catarrheux, asthmatiques ; chez certaines femmes à constitution frêle et chétive, etc.

A part le gilet de flanelle, qui n'est qu'une exception dans le costume, la *chemise* est, dans l'immense majorité des cas, le vêtement immédiatement en contact avec la peau. Chez les anciens, le vêtement de dessous était en tissu de laine ; mais ce tissu, par les aspérités dont il est hérissé, picote, irrite la peau, détermine des rougeurs et des éruptions. Observons que, malgré ces inconvénients, d'ailleurs atténués par l'habitude, les chemises de laine sont d'un excellent usage pour les personnes qui vivent dans une humidité permanente, les matelots, par exemple; à part cette circonstance, la chemise en toile de lin est bien préférable : elle préserve la peau du frottement des vêtements de dessus, dont la texture est plus rude; du reste elle a l'inconvénient de se refroidir très-facilement quand elle a été mouillée par la sueur. Aussi beaucoup de personnes se servent-elles plus volontiers de chemises en coton, qui ont quelques-uns des avantages de la flanelle, mais qui, chez certains sujets à peau très-fine et très-délicate, occasionnent des démangeaisons et des rougeurs. Les meilleures chemises sont en tissu de lin très-serré, sans être trop mince. Comme on l'a fait observer, la batiste est plutôt un objet de coquetterie et de luxe qu'un véritable vêtement.

Quel que soit le tissu dont on fait usage, il faut changer très-souvent de chemise, deux ou trois fois par semaine, et ne pas conserver pendant la nuit celle dont on fait usage pendant le jour ; ce sont là des soins de propreté vulgaire.

Le *gilet*, du moins celui d'une étoffe légère que l'on porte pendant l'été, est plutôt un ornement qu'un vêtement proprement dit ; il n'en est pas de même des gilets en tissu de drap, de casimir, etc., croisés ou boutonnant droit, que l'on porte pendant l'hiver : ils maintiennent la chaleur à la partie antérieure de la poitrine, et sont d'un excellent usage.

L'*habit*, dont la forme actuelle est si disgracieuse, couvre un peu plus que le gilet ; il revêt les bras et peut se croiser et se fermer sur la poitrine, mais il laisse le ventre complétement à découvert. Du reste, c'est un vêtement léger et commode dans les temps chauds; il permet la liberté des mouvements, excepté quand un caprice de la mode exige qu'il étreigne étroitement les membres; il convient parfaitement pour les soirées, les bals, et autres lieux de réunion où règne une température élevée; mais il ne vaut rien pour les saisons et les pays où s'observent de grandes variations de température.

La redingote l'emporte de beaucoup sur l'habit, dont elle est en quelque sorte l'augmentatif. Elle vêt beaucoup mieux, recouvre l'abdomen et enveloppe tout le corps : les médecins militaires ont reconnu que le nombre des inflammations du bas-ventre a beaucoup diminué dans l'armée, depuis la substitution de la tunique à l'habit.

Quant à la *veste*, diminutif de l'habit, c'est un vêtement commode pour l'ouvrier, parce qu'il ne gêne pas ses mouvements; mais il n'est pas suffisant pour l'hiver.

Les pardessus que l'on porte aujourd'hui pendant l'hiver, les *paletots* ouatés ou doublés de fourrures, en première ligne, sont très-chauds et d'un usage excellent : puissent-ils être longtemps de mode! Le burnous serait bien utile pour les grands froids et pour les pluies glacées de l'automne et du printemps, si notre absurde chapeau rond ne s'opposait à l'emploi du capuchon, dont on appréciait si bien le mérite pendant le moyen âge. Le paletot et le burnous sont certainement plus commodes que le manteau qui enveloppe tout le corps, gêne les mouvements, mais est très-avantageux dans les voyages, et surtout la nuit dans les voitures. Le manteau est aussi très-utile dans les pays à température variable, comme le sont certaines contrées du Midi (Italie, Espagne), où des soirées très-fraîches succèdent presque sans intermédiaire à des journées brûlantes. Ce vêtement doit alors être porté sur le bras, de manière à ce que l'on puisse s'en couvrir dès qu'un vent froid s'élève. Ici, pendant les saisons intermédiaires, on a pris l'habitude de se charger d'un paletot léger en caoutchouc, que l'on tient également sur le bras pour s'en revêtir au besoin. Ces pardessus en caoutchouc, outre leur mauvaise odeur, ont certainement l'inconvénient de retenir la transpiration du corps ; mais cet inconvénient disparaîtra s'ils sont suffisamment amples : ils sont très-utiles, abritent parfaitement de l'humidité, et peuvent être considérés comme une heureuse innovation.

Le vieux vêtement gaulois, la *blouse*, est toujours en honneur chez le peuple français ; c'est un vêtement commode, léger, facile à nettoyer, qui, porté par-dessus les autres vêtements, défend très-bien et de la chaleur et du froid. Seulement, en raison de son ampleur, il est quelquefois dangereux quand celui qui le porte s'approche trop près de certaines machines à engrenages. Comme on l'a fait observer, la blouse n'est pas seulement le vêtement de l'ouvrier ; l'artiste, dans son atelier et surtout dans ses pérégrinations, et le chasseur connaissent bien son utilité.

Nous parlerons des *gants* à l'occasion des vêtements des femmes.

4° La partie inférieure du corps et les membres correspondants sont recouverts par le *pantalon* ou la *culotte*. Les Celtes, nos ancêtres, les Germains, et plusieurs peuples anciens de l'Orient, portaient des pantalons, dont l'usage est aujourd'hui si général.

De ces deux vêtements, la culotte, qui revêt la partie inférieure du tronc pour venir s'attacher aux genoux, et le pantalon, qui, après avoir recouvert les mêmes parties, vient tomber ouvert et flottant sur le pied, quel est le mieux approprié aux exigences de l'hygiène ? ..

Et d'abord, pour la culotte, nous ne parlerons pas de ces culottes collantes, à la mode au commencement de ce siècle, et que les élégants n'acceptaient de leur tailleur que quand ils ne pouvaient pas y entrer. La constriction violente que ce vêtement exerçait sur le ventre refoulait les viscères, comprimait les vaisseaux, faisait stagner le sang dans les parties supérieures du corps et déterminait de graves accidents de congestion, sans compter la gêne extrême des mouvements qui en était le résultat. Aujourd'hui, cette mode ridicule et dangereuse est complétement abandonnée. La culotte ordinaire, suffisamment ample, soutenue par des bretelles élastiques, et médiocrement serrée aux genoux, a beaucoup moins d'inconvénients; mais elle ne saurait prévaloir sur le pantalon qui, d'abord à l'index comme négligé, a fini par prendre, dans la toilette habillée, une place fort légitime qu'on voudrait lui faire perdre aujourd'hui. Le fait est que le pantalon non collant, qui embrasse et soutient le ventre et les organes de la partie inférieure du corps sans les comprimer, qui couvre les cuisses et les jambes, l'emporte incontestablement sur la culotte. Une restriction cependant : le pantalon ne sera pas tiré en haut par des bretelles qui comprimeraient la poitrine et les épaules, tandis qu'il serait tiré en bas par des sous-pieds, de manière à brider le corps et à lui ôter la facilité de ses mouvements. Du reste, les bretelles sans les sous-pieds sont très-bonnes pour soutenir le pantalon : elle sont préférables à une ceinture serrée qui étreint circulairement le ventre et gêne la circulation, comme nous venons de le dire à propos de la culotte. Est-il nécessaire de dire que l'étoffe du pantalon doit varier suivant le climat, la saison, etc. ?

Le caleçon est, en quelque sorte, un second pantalon qui ajoute à la puissance protectrice du premier contre le froid. Il est donc très-utile.

5° Les *extrémités inférieures* sont recouvertes par les bas ou les chaussettes, et la chaussure proprement dite, souliers, bottes, bottines, sabots, etc.

Les bas, qui montent au-dessus des genoux et sont maintenus par une jarretière élastique et extensible, sont généralement peu employés depuis l'adoption du pantalon; on leur préfère la chaussette, qui ne s'élève guère au-dessus des chevilles, où elle est fixée par les cordons du caleçon. Ces pièces de vêtement entretiennent la chaleur aux pieds, dont elles conservent la propreté; elles s'opposent en même temps à des frottements douloureux contre la chaussure. Du reste, les changements fréquents sont ici de rigueur, surtout pour les personnes qui transpirent abondamment des pieds.

Dans les chaussures, à l'exception des sabots, les pièces principales sont en cuir; souvent même elles sont entièrement formées de cuir (souliers et bottes). En général, les chaussures doivent être assez longues pour que leur extrémité, qui devrait toujours être arrondie suivant la forme du pied, et non en pointe ou carrée, dépasse un peu l'extrémité des orteils. Le talon sera peu élevé; les talons hauts rendent la marche incertaine, finissent par affaiblir et déprimer l'articulation du pied avec la jambe, et exposent aux chutes et aux entorses. La largeur de la semelle doit être celle de la plante du pied. Ces chaussures si étroites, dans lesquelles les élégants emprisonnent leurs pieds, occasionnent la déformation, le chevauchement des orteils, font naître des durillons, des cors, des œils de perdrix et autres incommodités souvent fort douloureuses. Trop dures, les chaussures compriment les pieds et gênent la marche; trop minces, elles n'offrent plus une protection suffisante contre le froid, l'humidité et les irrégularités du sol.

Les souliers découverts ou escarpins sont très-bons pendant l'été, et les souliers couverts pendant les temps froids et humides; dans ce dernier cas, les bottes de cuir cachées sous le pantalon, qui maintiennent convenablement la jointure du pied avec la jambe, constituent une bonne et solide chaussure. Dans les temps humides on pourra y adapter une semelle de liége. Mais, dans les longues marches, la botte deviendrait douloureuse et très-fatigante. Le soulier, soutenu par une guêtre en cuir qui enveloppe toute la jambe, vaut beaucoup mieux; c'est la véritable chaussure du voyageur, du soldat, du chasseur, de même que la grande botte, dite à l'écuyère, convient exclusivement au cavalier.

Les bottines ou brodequins, dont les parties montantes sont en drap ou en étoffe de laine très-résistante, et qui ferment avec des boutons ou des cordons lacés, maintiennent le pied sans l'étrangler; elles réunissent donc les avantages des bottes et des souliers, auxquels on tend à les substituer.

Les socques ou galoches, que l'on met par-dessus les bottes ou les souliers, dans les mauvais temps, préservent très-bien le pied de l'humidité ; mais, quand elles ont des talons trop élevés, elles rendent la marche incertaine. Les *caoutchoucs*, dont on se sert aujourd'hui, doivent être préférés à cause de leur légèreté et de leur imperméabilité. Comme ils sont quelquefois glissants, on peut, pendant les gelées, se servir de chaussons de lisière avec des semelles de buffle.

Un mot sur les *sabots*. Ils protégent parfaitement le pied contre l'humidité du sol et contre le froid ; d'épais chaussons drapés empêchent de ressentir douloureusement la dureté du bois. Mais ils alourdissent la marche et rendent la course impossible. Ils favorisent les chutes et les entorses. Dans les terres glaiseuses, ils abandonnent facilement le pied ou se chargent d'une masse énorme de terre. Enfin, quand l'eau de pluie ou de neige pénètre par leur partie supérieure qui bâille tout ouverte, ils laissent le pied plongé dans un bain d'eau glacée.

III. Des vêtements de la femme.

Rien de plus contraire, non pas seulement aux lois de l'hygiène, mais encore à celles du plus simple bon sens, que le costume actuel des femmes : depuis leur coiffure, à peu près absente, jusqu'à leur chaussure presque problématique, tout semble destiné moins à protéger le corps qu'à le déformer et à jeter le désordre dans ses fonctions.

Nous n'avions pas beaucoup à louer dans la toilette de l'homme ; celle de la femme nous offrira encore plus de vices et de ridicules à signaler.

1° *Coiffure*. Qu'elle soit naturellement très-abondante ou qu'elle soit augmentée par des nattes ou des tours artificiels, la chevelure de la femme, diversement disposée sur la tête, fournit à ce qu'il paraît une coiffure qui dispense de toute autre. Aussi en est-on arrivé aujourd'hui (1855) à placer en arrière de la tête, un peu au-dessus de la nuque, une espèce de petite conque plus ou moins élégante, qui ne recouvre rien, et qu'on appelle un chapeau. C'est là un ornement, un objet de luxe qui n'a rien à voir avec l'hygiène. Dans les demeures, les dames portent un petit bonnet de gaze ou de dentelle qui n'est qu'un prétexte à fleurs et à rubans.... Passons encore. Enfin, pendant la nuit, le foulard ou le petit bonnet attaché sous le menton remplissent au moins en partie l'objet pour lequel ils sont destinés. Faisons cependant observer que cette absence à peu près complète de coiffure a pour effet de favoriser la production de douleurs névralgiques, les caries dentaires, les fluxions, etc. Ajouterons-nous qu'un chapeau bien fermé pendant l'hiver, à larges bords pendant l'été, devrait être d'une mode invariable?...

Les femmes, dans le peuple, portent, en général, des bonnets ou des mouchoirs serrés autour de la tête, et quelquefois trop chauds.

2° Nous n'aurons que des éloges à donner au *voile* blanc ou de couleur, qui garantit le visage du froid pendant l'hiver, et qui, pendant l'été, préserve les yeux de la poussière et de la lumière trop vive des rayons solaires. Le masque, autrefois si usité, ne serait de mise que dans les régions polaires.

3° Chez les femmes, le *cou* est habituellement à découvert; c'est là une bonne habitude. Cependant, à l'époque des temps froids et humides, on fera bien de recouvrir cette partie d'un mouchoir de soie, d'une écharpe nouée en cravate, d'un collier de fourrure, etc.

4° Les vêtements de corps sont d'abord la chemise, que les femmes portent très-longue, décolletée et à manches courtes; nous reviendrons bientôt sur ces manches courtes. Mais au moins, pendant la nuit, leurs chemises devraient être montantes et à manches longues; il est vrai que beaucoup de femmes complètent leur toilette de lit par une *camisole*, peu serrée à la taille, et dont nous ne saurions trop recommander l'usage.

La chemise doit être changée très-souvent, et, contrairement à de ridicules et stupides préjugés, il n'est ***aucune circonstance, soit en état de santé, soit en état de maladie***, qui puisse s'y opposer. Tout ce qui est soin de propreté doit être regardé comme de première nécessité. Ajoutons que ces circonstances, dans lesquelles on prétendrait interdire le renouvellement du linge, sont précisément celles qui l'exigent le plus impérieusement.

Quant à l'usage de la flanelle nous nous en référons à ce que nous avons dit plus haut (page 115).

L'examen des avantages et des inconvénients du *corset* mérite, par son importance et les débats auxquels il a donné lieu, un article à part, que nous rejetons à la fin de celui-ci.

La disposition générale des vêtements de corps de la femme est essentiellement mauvaise et défectueuse, a dit avec raison M. Becquerel. Examinons en effet cette disposition. Un *corsage* serré étrangle les membres supérieurs à leur naissance au-dessous de l'épaule, et gêne la circulation et la nutrition. Ouvert au-devant de la poitrine, il laisse sortir un flot de dentelle et entrer l'air froid et humide; décolleté de manière à mettre à découvert la partie supérieure de la poitrine et du dos, sinon dans la toilette de ville, du moins pour les soirées, les bals, etc., il devient la source d'une foule d'accidents souvent fort graves, quelquefois mortels, tels que rhumes, angines, laryngites, fluxions de poitrine, et enfin développement hâtif ou marche accélérée de la phthisie chez les personnes qui y sont prédisposées. Comment se fait-il que les pères, les époux, laissent ainsi enfreindre les règles les plus élémentaires, je ne dirai pas de la décence, dont les femmes le plus réellement et le plus sincèrement pudiques et religieuses font bon marché quand il s'agit de la mode, mais les règles qui président à la conservation de la santé? Cette déplorable coutume des robes décolletées ne devrait-elle pas être laissée à ces créatures dépravées qui font métier et marchandise de leur personne, et dont l'existence, plus nuisible qu'utile à la société, ne mérite pas que l'on s'occupe des moyens de la conserver?

Manches. Que dans l'Inde, sous le ciel brûlant des tropiques, les femmes portent des manches larges et flottantes, c'est là une mode tout à fait logique, tout à fait raisonnable; mais que cette mode des bords du Gange se soit introduite chez nous, dans notre climat plus froid que chaud et à intempéries si brusques, si variables, c'est ce qu'on aura peine à comprendre. Les manches pagodes, comme on les appelle, ne sont bonnes qu'à favoriser les rhumes, les maux de gorge. Je sais bien que, pour parer à ces inconvénients, quelques femmes glissent, sous ces manches flottantes et largement ouvertes à tous les vents, d'autres manches plus étroites qu'elles serrent au-dessus du coude à l'aide d'un cercle élastique; mais il y a là un autre danger, une compression toujours nuisible et une gêne de la circulation qu'atteste suffisamment le gonflement des veines de la main et de l'avant-bras. La manche doit partir de l'épaule sans comprimer la naissance du bras, et, pendant les froids au moins, descendre jusqu'au poignet, où elle sera fermée.

La disposition des jupes et des jupons a pour but de simuler nne ampleur qui, si elle était réelle, constituerait une effroyable difformité. Cette disposition permet à l'air froid et à l'humidité de pénétrer librement jusque sur les parties inférieures du corps, qui auraient tant besoin d'être protégées. De là des désordres si nombreux, si variés dans les fonctions naturelles de la femme, tant d'incommodités, tant de maladies spéciales. Ces dangers si graves seraient bien diminués par l'usage simple et facile, adopté du reste par quelques personnes, des caleçons de coton ou de flanelle, surtout pendant la mauvaise saison.

Les manteaux, les pelisses, les burnous à capuchon, etc., sont excellents pour l'hiver et pour le retour des soirées, des bals, des spectacles, etc.; les palatines sont également d'un très-bon usage et pallient, mais à un faible degré, il faut bien en convenir, les dangers des robes trop ouvertes ou trop décolletées.

Les *gants*, mais surtout les gants de peau, sont très-bons pour garantir les mains de l'action du froid et conserver à la peau sa douceur et sa souplesse. Nous leur reprocherions bien leur étroitesse ridicule; heureusement la gêne des mouvements qui en est la conséquence n'atteint guère que des mains oisives, et, quelle que soit la constriction exercée par le gant, elle permet encore de tenir un mouchoir, le manche d'un éventail ou la queue d'un bouquet.

Nous n'avons que des éloges sans restriction à donner au *manchon*, dont il est regrettable que les hommes, ou du moins les vieillards, n'osent pas faire usage aujourd'hui.

5° *Chaussures*. Des bas de coton ou de laine, c'est-à-dire bien chauds pendant l'hiver, des bas de fil ou de soie, c'est-à-dire plus frais pour l'été, voilà ce qui convient. Les bas sont ordinairement maintenus au-dessus du genou à l'aide d'une jarretière élastique. Il faut veiller attentivement à ce que cette jarretière ne comprime pas trop fortement le membre; il pourrait en résulter des gonflements variqueux des veines de la jambe, surtout chez les femmes grosses. La constriction au-dessous du genou est plus nuisible en ce qu'elle comprime directement les veines de la jambe et produit à peu près inévitablement l'accident que nous venons de signaler.

Les *chaussures* de femmes sont-elles faites en vue de maintenir le pied, de l'abriter du froid et de l'humidité, d'opposer un obstacle à l'action des aspérités du sol? Il serait permis d'en douter. Rendre ou faire paraître le pied le plus petit possible, même au prix de sa déformation, tel est le but que l'on semble s'être proposé; aussi a-t-on choisi les étoffes les plus minces, a-t-on donné à la chaussure la forme la plus étranglée. Que devient le pied ainsi emprisonné? demandez-le aux pédicures. Quels sont les effets sur la santé générale de ce refroidissement incessant des extrémités, toujours si nuisible, mais surtout chez les femmes? adressez-vous aux médecins; ils vous en dérouleront la liste, et elle est longue.

En Chine, du moins, on y va plus franchement, on brise le pied, et les semelles des souliers sont en papier. Il est vrai que les femmes ne marchent pas.

Les conditions que nous avons posées pour les chaussures des hommes sont tout à fait applicables aux chaussures des femmes. Le soulier découvert ou des bottines à étoffe légère pour l'été ; pour l'hiver, des bottines ou des brodequins en drap et à semelles résistantes, recouvertes d'un soulier en caoutchouc dans les temps humides, voilà ce qu'il faudrait.

IV. Du corset. — Ses avantages, ses inconvénients. Cas particuliers dans lesquels il convient [1].

Cette question a, depuis près d'un siècle, le privilége de passionner les médecins et les philosophes. Winslow, célèbre anatomiste, Buffon, Rousseau, vers le milieu du dernier siècle, ont déclaré une guerre aussi légitime que terrible à ces fameux corps baleinés qui déformaient et écrasaient la taille de nos grand'mères : depuis la Révolution, qui a fait disparaître ces instruments de torture avec les autres, le corset a subi de grandes modifications, qui ont atténué ses inconvénients et ses dangers. Cependant la lutte a continué, et il n'est pas un hygiéniste qui n'ait, en passant, lâché sa bordée contre l'usage des corsets. Cette importante question vient d'être reprise, dans ces derniers temps, par un pathologiste distingué qui s'est occupé d'une manière spéciale de l'orthopédie, M. Bouvier. Les matériaux ne nous manqueront donc pas, sinon pour donner une solution, du moins pour exposer l'état de la question.

M. Bouvier a démontré, contrairement à l'opinion de Rousseau, que les dames grecques et romaines se serraient la taille et les seins avec un appareil de bandes (*fasciæ*), qui soulève fréquemment la verve des auteurs satiriques et comiques de l'antiquité. Cette coutume disparut au commence-

1. Voy. l'*Émile* de J. J. Rousseau, et Bouvier, *Études historiques et médicales sur l'usage des corsets*, br. in-8°, 1853.

ment du moyen âge, et, vers le milieu de cette période, on vit se généraliser l'usage des corsages serrés et collant au corps. Ce n'est que vers le milieu du XVIe siècle, sous Henri II, que s'établirent ces corps baleinés dans lesquels la poitrine était si douloureusement emprisonnée, et qui donnèrent lieu à une foule d'accidents et de désordres notés par les médecins du temps. Au corps baleiné, vigoureusement attaqué par les hommes illustres que nous citions plus haut, succéda, vers la fin du siècle dernier, le corset actuel, qui participe et du corsage juste des dames du moyen âge et du corps baleiné de Catherine de Médicis.

Malgré les modifications qu'il a subies, le corset actuel n'est pas sans offrir de sérieux inconvénients, surtout quand on l'emploie chez des personnes trop jeunes ou qu'on le serre par trop. Il déforme la taille en comprimant les côtes à la base de la poitrine, dont il gêne le développement; il déforme les seins, quelquefois même efface les mamelons. Les organes intérieurs de la poitrine, c'est-à-dire le cœur et les poumons, se trouvant comprimés, il en résulte une gêne notable de la circulation et de la respiration; de là, des palpitations, des syncopes, l'aggravation des moindres affections pulmonaires, des crachements de sang, etc. Ajoutons que le sang, gêné dans son cours, revenant avec peine des parties supérieures, il y a une disposition aux étourdissements, aux congestions cérébrales. D'un autre côté, le foie, l'estomac, les intestins étant refoulés les uns contre les autres, il s'ensuit de graves désordres dans la digestion; la gêne de la circulation dans les gros vaisseaux du ventre entraîne des altérations dans les fonctions spéciales de la femme, surtout dans le cas de grossesse. Enfin, n'oublions pas de noter que les muscles du tronc, aplatis et atrophiés, perdent de leur ressort et ne peuvent maintenir le buste dans sa rectitude sans le soutien artificiel de ce même corset, qui s'est substitué à leur action. Assurément ce sont là de graves, de très-graves inconvénients; mais il faut dire qu'ils tiennent plutôt à l'abus qu'à l'usage intelligent et bien dirigé du corset.

Voici comment M. Bouvier pose les conditions que doit remplir un corset bien conditionné : « Il possède les qualités requises, dit-il, s'il est convenablement lacé, si sa pression, partout modérée, est surtout affaiblie vis-à-vis des organes les plus sensibles ou les moins résistants ; si sa laxité ou son extensibilité sont telles qu'il ne mette obstacle ni au mouvement des côtes et de l'abdomen dans la respiration, ni à l'ampliation de l'estomac et de l'intestin dans la digestion ; s'il est assez évasé du haut pour soutenir les seins sans les comprimer ; si les épaulettes en sont assez lâches et d'une substance douce et élastique, ou si même on les supprime entièrement ; si les entournures sont assez largement échancrées ; si les baleines ou les ressorts d'acier fixés entre les doubles de l'étoffe et destinés à lui conserver la forme, à l'empêcher de remonter, de se plisser et de *faire corde*, sont assez nombreux, assez minces, assez flexibles, assez bien placés pour ne faire sentir leur pression nulle part et pour ne point entraver les mouvements ; si le busc est souple, léger, d'une courbure convenable, et mieux encore, s'il est remplacé par deux baleines étroites séparées par un tissu élastique ; enfin si le corset tout entier, embrassant la circonférence du bassin, trouve autour des hanches un point d'appui solide, suit la concavité naturelle des flancs sans être trop pincé à leur niveau, et marque la taille sans la *contrefaire*, selon l'expression de J. J. Rousseau. »

Passons maintenant aux circonstances qui nécessitent l'emploi du corset. Peut-on l'employer chez les jeunes filles avant l'époque de la puberté ? Nous n'hésitons pas à répondre par la négative. A quoi servirait alors le corset, si ce n'est à gêner le libre développement des organes ? Nous ne posons qu'une seule exceptoin, c'est pour le cas de déviation de la taille. Ici le corset peut être avantageux, mais fait et construit dans de certaines conditions, dont un homme spécial est seul juge. Et les jeunes filles délicates, malingres, ne sera-t-on pas obligé de soutenir leur taille, de les étayer en quelque sorte ? Il faut bien savoir que, si beaucoup de femmes déclarent qu'elles ne peuvent se tenir droites sans corset, cela résulte précisément de ce que, pendant leur jeunesse, le corset a annihilé, par sa compression, l'action des muscles redresseurs du tronc. Les jeunes filles délicates seront soumises à un bon régime et à l'action de la gymnastique, qui donnera au système musculaire l'énergie et le ressort que lui enlèverait certainement le corset.

Maintenant, à l'époque de la puberté, le corset sera-t-il appliqué indistinctement à toutes les jeunes personnes? Non, cent fois non. Ici encore, à quoi servirait-il? à faire la taille mince, c'est-à-dire à comprimer les côtes, à gêner les fonctions des organes respiratoires et digestifs! A soutenir les seins? Ils n'en ont pas besoin à cette époque, à moins pourtant qu'ils ne prennent des dimensions exagérées; il y a alors nécessité de les contenir. Le corset n'est donc acceptable que quand la croissance est depuis longtemps terminée, alors que les glandes mammaires, en même temps qu'elles prennent beaucoup de volume, perdent de leur fermeté. Quant à l'embonpoint, tantôt il survient chez des personnes qui y sont prédisposées, et alors toutes les constrictions possibles n'auront qu'un seul résultat, celui d'altérer gravement la santé; ou bien il est la conséquence d'une vie molle et oisive, et alors il cédera non pas au corset, mais à un changement de régime. Le corset-ceinture, c'est-à-dire enveloppant bien exactement l'abdomen, convient parfaitement aux femmes qui ont eu plusieurs enfants, et chez lesquelles les parois du ventre ont perdu de leur ressort.

Le corset doit être abandonné pendant la grossesse, et remplacé au besoin par une ceinture hypogastrique, qui produit l'effet inverse du corset, c'est-à-dire qui soutient le ventre au lieu de le refouler par en bas. Il sera abandonné également par les femmes qui nourrissent leurs enfants.

Ainsi, en résumé, le corset ne convient pour les jeunes filles que dans le cas de déviation bien constatée de la taille; pour les femmes, que quand elles ont une gorge trop volumineuse ou bien un relâchement dans les muscles de l'abdomen; autrement, une espèce de brassière, pour maintenir la poitrine, suffit parfaitement.

III.

DES COSMÉTIQUES.

Le mot cosmétique vient d'un mot grec qui signifie *orner*, *embellir*; on désigne sous le nom de cosmétiques les substances ou les préparations destinées à agir sur la peau, la chevelure, les dents, etc., de manière à leur conserver leurs qualités, ou bien à remédier aux altérations produites par l'âge ou par toute autre cause.

On sait que, chez les dames grecques et romaines et dans l'Orient, l'art de composer des cosmétiques a été poussé très-loin; dès le temps de Jézabel, les femmes avaient déjà la coutume

.... De peindre et d'orner *leur* visage
Pour réparer des ans l'irréparable outrage.

Aujourd'hui nous devons regarder comme un progrès véritable des mœurs et de la civilisation l'abandon de tous ces procédés de plâtrage et de peinture, si usités encore dans le dernier siècle.

Les cosmétiques servent à l'entretien : 1° de la chevelure; 2° de la bouche et des dents; 3° de la peau.

1° Pour la *chevelure*, on emploie surtout les corps gras. Il existe une multitude innombrable de pommades et d'huiles décorées des noms les plus séduisants et les plus bizarres, depuis l'huile du phénix et la pommade à la sultane jusqu'à la pommade du lion!... Toutes ces préparations n'agissent en réalité que par les corps gras qu'elles renferment et que l'on peut colorer et aromatiser à son gré, pourvu que l'on n'emploie que des substances innocentes. Ces cosmétiques ne conviennent que chez les personnes dont les cheveux sont rudes, secs et cassants; mais ils ont l'inconvénient de graisser, de salir la tête, chez les personnes qui l'ont naturellement huileuse. L'usage doit donc en être assez restreint.

Les meilleures pommades sont celles qui sont tout simplement composées de moelle de bœuf mélangée avec un tiers ou un quart d'huile d'amandes douces ou de noisette, et aromatisée avec quelques gouttes d'essence de vanille ou de bergamotte.

Pour lisser les cheveux, on se sert avantageusement d'eau fortement gommée ou d'une décoction concentrée de semences de coing, qui donnent un mucilage très-onctueux.

Les individus qui ont la tête très-grasse devront s'abstenir de pommade; pour absorber cet excédant de matière huileuse, ils pourront saupoudrer leur tête avec un peu de poudre d'amidon ou de son très-fin, et se peigner exactement ensuite. Ils pourront aussi humecter légèrement leur chevelure avec de l'eau additionnée d'eau de Cologne, d'eau de Portugal, d'eau athénienne, puis passer le peigne fin.

Il est très-vrai qu'à l'aide de pommades légèrement toniques et stimulantes on peut *arrêter la chute* prématurée des cheveux chez des personnes encore jeunes, ou bien à la suite de quelques maladies (fièvres typhoïdes, érysipèles, certaines affections du cuir chevelu, etc.); mais il faut reconnaître aussi que, en dépit des annonces ridicules et fanfaronnes des charlatans, on échoue complétement contre la calvitie qui est le fait des progrès de l'âge ou de certaines maladies du cuir chevelu, la teigne par exemple.

Comme pommade stimulante propre à favoriser la pousse des cheveux, on pourra employer une pommade dans laquelle on fera entrer un quinzième ou un vingtième de sulfate de quinine, ou bien un quart de tannin; de la pommade au rhum, une solution de sel gris dans de l'huile de noisette agissent encore comme stimulants très-convenables.

Que dirons-nous de ces pommades qui ont pour objet de *teindre les cheveux* et de leur rendre la couleur qu'ils ont perdue, ou de leur donner une nuance qu'ils n'ont pas? Nous les rejetons d'une manière absolue. Le vieillard doit s'honorer de ses cheveux blancs, et laisser au ci-devant jeune homme le ridicule d'une chevelure blonde ou noire sur un visage flétri et ridé. D'ailleurs, la plupart des substances employées comme colorantes sont des substances caustiques, qui brûlent et durcissent l'épiderme et les cheveux, et peuvent amener des inflammations quelquefois très-intenses du cuir chevelu, de la face et même des yeux. Quant à celles qui teignent sans brûler, elles salissent la tête sans tenir plus que du cirage.

Les préparations *dépilatoires* n'agissent que par des actions chimiques et peuvent amener des accidents fort graves.

Nous ne terminerons pas cet article sans dire quelques mots de l'entretien de la chevelure et de la barbe.

Chez la femme, la *chevelure* est conservée longue, ramenée sur la tête et diversement disposée en nattes, en boucles, etc. Nous n'avons rien à dire contre cet usage, qui fait valoir un don naturel au profit de l'élégance et de la beauté. Chez l'homme, la chevelure doit être maintenue modérément courte, à la *titus*. C'est là le meilleur mode d'arrangement des cheveux. Les chevelures longues ont quelque chose de malpropre ou d'efféminé, suivant qu'elles sont mal ou trop bien entretenues. Elles réclament des soins incessants, qui ne conviennent point à l'homme dans l'acception vraie de ce mot.

Quant à la *barbe*, si l'on remarque qu'elle est plus épaisse dans les races du Nord que dans celles du Midi, on ne peut méconnaître là une intention de la nature pour préserver du froid les parties inférieures du visage. D'après les recherches récentes de M. Szokalski, les personnes qui, dans nos climats, laissent croître leur barbe, sont moins sujettes aux angines, aux névralgies faciales, aux maux de dents que les personnes rasées, et l'abrasion de la barbe, quand on est habitué à la porter, fait naître très-promptement ces mêmes accidents. La barbe doit être lavée et peignée très-fréquemment.

2° Pour *nettoyer les dents*, en détacher le tartre et les débris de substances alimentaires qui les salissent, on les frotte avec une brosse chargée de poudres, dont quelques-unes sont plus nuisibles qu'utiles, quand elles sont composées de corps très-durs (pierre ponce, poudre de corail) qui usent l'émail, ou de substances acides qui le corrodent et favorisent le développement de la carie. Les poudres dont on doit faire usage sont : les poudres de quinquina, de magnésie ou de charbon (très-finement pulvérisé), et l'on se servira de ces substances par l'intermédiaire d'une brosse ferme sans être trop rude, préalablement humectée. Il faut avoir soin, en se brossant, d'agir non-seulement d'une manière transversale, mais de pénétrer entre les interstices des dents à l'aide d'un mouvement alternatif de haut en bas.

Les poudres que nous venons de nommer servent aussi à confectionner des pâtes, des opiats, d'un usage très-bon.

Enfin nous citerons comme pouvant être employée avec avantage l'odontine de Pelletier, qui ne contient que des substances alcalines.

Pour laver la bouche, on a recours à l'eau fraîche ou tiède additionnée d'eau-de-vie ordinaire, d'eau-de-vie de gayac, d'eau de Cologne, d'eau de Bottot, etc. Les substances qui servent à préparer les eaux pour la bouche sont plus particulièrement le cresson, le cochléaria, la menthe, le gayac, le pyrèthe, etc., qui ont réellement pour propriété de raffermir les gencives, de faire disparaître les mauvaises odeurs, etc.

3° Les cosmétiques qui s'appliquent à la peau sont employés dans deux intentions : pour la nettoyer; pour la rendre douce et souple.

Le meilleur de tous les cosmétiques, pour nettoyer la peau, est assurément l'eau fraîche et pure; mais son action a souvent besoin d'être secondée de quelques préparations. Le savon, modifié de mille manières par l'art des parfumeurs, est à juste titre la préparation la plus usitée. Elle sert non-seulement pour les mains, mais aussi pour tout le corps; elle amollit la barbe et la prépare très-bien à l'action du rasoir. C'est un excellent cosmétique. J'en dirai autant de la pâte d'amandes, mais surtout de cette préparation connue sous le nom de pâte d'amandes liquide.

Les eaux de toilette sont, en général, des alcoolats (eau de Cologne, de Portugal, de lavande ambrée, etc.) ou des vinaigres diversement aromatisés. Ces liquides sont très-bons pour les lotions que l'on pratique sur le visage, pour laver la bouche ou pour la toilette intime; mais il faut les étendre d'une grande quantité d'eau, car plusieurs sont très-irritants. En général les alcoolats valent mieux que les vinaigres, dont l'action astringente ne convient pas à tout le monde.

Les anciens avaient coutume, pour assouplir la peau, de s'enduire le corps avec de l'huile d'olive, comme on le voit dans Homère. Cette coutume, qui allait très-bien avec le costume du temps et l'usage quotidien des grands bains, ne peut être de mise aujourd'hui. Les applications adoucissantes de corps gras sont réservées, à part les cas de maladies de la peau, pour le visage et pour les mains. Pour le visage, le cold-cream, le beurre de cacao ou la pommade de concombre; pour les lèvres, la pommade rosat, sont les cosmétiques les plus employés et les mieux appropriés au but que l'on se propose. Les personnes qui ont la peau des mains rude, gercée, comme chagrinée, porteront, pendant la nuit, des gants dits de Suède, enduits de beurre de cacao ou d'une pâte composée de cire vierge, de blanc de baleine et d'huile d'amandes douces.

Disons maintenant quelques mots des *fards*. C'est en quelque sorte un instinct chez l'homme de se défigurer au moyen de peintures : les sauvages se tatouent et se peignent de couleurs vives, pour rendre leur aspect plus terrible et épouvanter leurs ennemis; chez les peuples civilisés on se peint aussi, mais pour charmer et pour séduire.... On sait quel abus les femmes, dans les derniers siècles, ont fait des différentes sortes de fards : c'était un véritable plâtrage qui ne laissait pas apercevoir la teinte naturelle de la peau. C'est une coquette du temps de Boileau qui

> Dans quatre mouchoirs de sa beauté salis,
> Envoie au blanchisseur ses roses et ses lis.

Les fards *rouges* ne sont plus guère employés aujourd'hui que sur les théâtres; ils sont formés d'un mélange de carmin et de talc de Venise pulvérisé avec quelques gouttes d'huile vierge et d'une dissolution de gomme arabique.

Les fards dans lesquels on fait entrer le plomb peuvent être dangereux. (Fiévée de Jeumont, *Accidents morbides causés par le blanc de fard*, br. in-8°.)

Le blanc est ordinairement du talc de Venise ou de l'oxyde de zinc. Aujourd'hui beaucoup de femmes, et même quelques hommes, dit-on, ont pris l'habitude de se barbouiller la figure avec de la crème de riz. Cette coutume est assurément fort innocente, car la crème de riz est très-bonne pour la peau, et n'a d'autre inconvénient que de donner aux personnes qui s'enfarinent ainsi une ressemblance peu flatteuse avec certain personnage du théâtre des Funambules.

La crème de riz et l'amidon en poudre sont des substances adoucissantes et très-utiles pour les personnes fort grasses qui se coupent en marchant.

IV.

DES BAINS[1].

Nous n'avons point à nous occuper ici des bains *médicamenteux*, de sable, de boues minérales, de marc de raisin,

1. CORBEL-LAGNEAU, *Traité complet des bains*. 1 vol. in-12 (1845). Résumé très bien fait et très-substantiel, malgré sa brièveté.

d'eaux minérales, naturelles ou artificielles, de vapeur, de fumigations, d'étuves, etc.; mais seulement des bains d'eau ordinaire, à différents degrés de température, employés soit comme moyen de propreté, pour débarrasser le corps des produits de la transpiration et des poussières venues du dehors, soit pour fortifier la constitution et augmenter la force de résistance contre les influences extérieures du froid ou du chaud. Nous nous plaçons donc, dans les considérations qui vont suivre, au point de vue exclusivement hygiénique, c'est-à-dire de la conservation et non du rétablissement de la santé.

Les effets des bains diffèrent suivant diverses circonstances : d'abord, suivant le degré de température que présente l'eau du bain; suivant que celle-ci est renfermée dans une baignoire, ou courante (bains de rivière), ou stagnante (bains de mer), et, enfin, suivant que le corps est immergé en totalité ou en partie.

L'usage des bains semble véritablement naturel à l'homme. On le trouve établi dès la plus haute antiquité, on le rencontre chez les sauvages les moins civilisés, et, tandis que les hommes du Midi se baignent dans l'eau fraîche, les hommes du Nord se plongent dans l'eau très-froide, au sortir d'étuves brûlantes. Nous verrons plus loin les principes, en quelque sorte instinctifs, sur lesquels ces différences sont fondées.

1. Des différentes sortes de bains suivant la température.

La température des bains est différemment appréciée par les différents individus, suivant leur susceptibilité propre : tel bain qui paraîtra frais ou même froid à une personne semblera tiède à une autre, et réciproquement. Cependant, en se basant sur les sensations les plus générales, on peut établir six espèces de bains, à peu près comme pour les températures climatériques. Ainsi, nous aurons des bains très-froids (de 0 à 12 degrés centigr.), des bains froids (de 12 à 18), des bains frais (de 18 à 24), des bains tièdes (de 24 à 30), des bains chauds (de 30 à 36), et des bains très-chauds (de 36 à 40). Ces distinctions sont peut-être un peu trop minutieuses; nous les réduisons à trois principales : les bains chauds, tempérés et froids; notons, du reste, que, dans l'application, il n'est pas sans importance de tenir compte de quelques degrés de température en plus ou en moins.

Nous ferons une catégorie à part pour les bains à alternative brusque du chaud au froid (bains russes, pratiques hydrothérapiques).

Bains froids.

Ce sont les bains au-dessous de 12 ou 15 degrés. Au moment de l'immersion, il y a un brusque refoulement du sang vers les parties intérieures, sensation de suffocation; la parole est presque impossible, la peau pâlit, se resserre, devient chagrinée (chair de poule); on éprouve une sensation très-pénible au creux de l'estomac, des palpitations, quelquefois des douleurs à la tête, un resserrement spasmodique des mâchoires. Cet état, qui est d'autant plus prononcé que l'eau est plus froide, ne pourrait être supporté plus de quelques minutes, si l'on restait immobile; mais, si l'on se livre aux mouvements de natation, on peut l'endurer plus longtemps. Dans tous les cas, au bout d'un temps variable, d'autant plus court que la température est plus basse et le sujet plus fortement constitué, on voit survenir une véritable réaction : la peau se rougit au point de devenir brûlante, un sentiment de bien-être, de vigueur, succède au sentiment d'angoisse produit par le froid. Si l'on continue de nager dans cet état, il faut être bien averti que la réaction ne dure pas plus de dix à douze ou quinze minutes, et que le froid reparaît, mais alors accompagné d'un sentiment de profonde dépression des forces, de douleurs ou de crampes dans les membres, assez fortes pour s'opposer à la natation et mettre, par conséquent, la vie en danger, si l'on était hors de portée de tout secours.

Peut-on se plonger dans l'eau froide le corps étant en sueur? C'est ce que nous examinerons dans un paragraphe spécial. Disons ici d'une manière générale que les bains, mais surtout les bains froids, ne doivent jamais être pris après le repas ou quand on se trouve en état d'ivresse : il peut en résulter des indigestions violentes, et même des congestions promptement mortelles. Les journaux en rapportent tous les ans de nombreux et tristes exemples.

Il ne faut user des bains très-froids (au-dessous de 15 degrés) qu'en vue de la réaction qu'ils procurent; ils sont alors éminemment toniques et fortifiants, et, comme tels, très-avantageux pour les sujets lymphatiques, à chairs molles, pour les personnes débiles, les scrofuleux, etc. On les prend ordinairement pendant la belle saison, le matin plutôt qu'à toute autre heure de la journée, à jeun cela va sans dire. On commence par faire une ou deux aspersions d'eau froide sur la tête, nue ou revêtue d'une calotte en toile cirée, afin d'empêcher que le refoulement du sang au moment de l'immersion n'amène une congestion du côté du cerveau; puis on se plonge hardiment, tout d'un coup. Les personnes qui éprouvent en entrant dans l'eau une sensation très-pénible au creux de l'estomac pourront l'amoindrir en s'entourant le corps d'une serviette pliée en cravate, dont le milieu appuiera sur le creux de l'estomac, tandis que les deux bouts seront attachés par derrière. Lorsqu'on est resté dans l'eau sans nager pendant une, deux, trois, quatre ou cinq minutes (suivant la susceptibilité individuelle et la température de l'eau), et dix minutes ou un quart d'heure si l'on nage, il faut sortir, s'essuyer rapidement avec du linge bien sec et même un peu rude, s'habiller et marcher à grands pas, afin de provoquer la réaction ou de ne pas en perdre le bénéfice si elle est déjà survenue. Cet exercice est indispensable.

Les effets les plus ordinaires de ces bains, pris pendant quelque temps et à intervalles plus ou moins rapprochés, tous les jours s'il se peut, sont les suivants : activité fonctionnelle plus grande de la peau, qui résiste mieux à l'action du froid, et, d'un autre côté, cesse de se couvrir de sueur à la moindre fatigue; force musculaire plus grande; appétit plus vif; digestion meilleure; sommeil plus profond, et, enfin, sentiment général de force et de bien-être qui accuse un accroissement réel de la vitalité. Ces bains, en fortifiant ainsi la résistance aux influences extérieures, diminuent la disposition aux affections catarrhales (bronchites, coryzas, ophthalmies, etc.), aux douleurs rhumatismales, aux névralgies. Combien de ces sybarites de chaleur, suivant l'expression de M. Herpin[1], qui se couvraient de flanelle et de vêtements épais, dont la peau habituellement moite les rendait, par cela même, plus exposés aux dangers des refroidissements, ont dû à l'usage des bains froids de renoncer à ces précautions si assujettissantes, en même temps qu'ils perdaient leur fâcheuse aptitude aux affections catarrhales!

Les bains froids conviennent parfaitement aux habitants des pays méridionaux : ils rendent à la peau la tonicité que lui font perdre les transpirations répétées (voy. plus bas *bains frais*); mais ils sont surtout utiles aux hommes du Nord.

Les bains froids ne conviennent pas aux personnes atteintes de maladies du cœur ou d'affections sérieuses de la poitrine, ni aux sujets sanguins exposés aux congestions cérébrales. Il est beaucoup question, dans les livres, d'une pratique barbare attribuée aux peuples du Nord, et qui consisterait à plonger les enfants nouveau-nés dans l'eau glacée ou dans la neige. Un médecin finlandais, le docteur Martin, nie le fait. Ce qu'il y a de certain, c'est que, chez le nouveau-né, la caloricité étant très-faible et très-facile à déprimer, tout refroidissement est extrêmement dangereux (Voy. *Ages*). Ce n'est

1. La plupart de ces considérations sur les bains froids sont empruntées à un excellent travail de M. Herpin de Genève sur ce sujet, à propos des bains de l'Arve.

guère qu'à partir de la quatrième ou cinquième année que l'on peut, sans inconvénient, faire prendre des bains froids de 15 à 18 degrés aux enfants. Pour cela on les plonge dans l'eau à trois ou quatre reprises, en les tenant sous les bras; puis on les rhabille après les avoir bien essuyés avec des linges secs et chauds. Quand ils commencent à s'habituer, on peut répéter ces trois ou quatre immersions à deux ou trois reprises, à quelques minutes d'intervalle; puis on favorise la réaction par l'exercice. Cette pratique est excellente pour les enfants rachitiques (M. Herpin); on l'emploie aussi comme moyen de traitement dans certaines affections nerveuses.

Les raisons que nous venons d'invoquer pour interdire les bains froids aux jeunes enfants s'appliquent très-bien aux vieillards, dont la caloricité est également peu développée, chez lesquels la réaction se fait mal ou se fait trop énergiquement, et donne lieu à des congestions. Elles s'appliquent encore aux convalescents après des maladies graves et de longue durée.

Bains tempérés.

Ils sont *tièdes* ou *frais* :

1° *Bains frais* (de 18 ou 20 à 24 ou 25 degrés). Ici les sensations individuelles sont pour beaucoup dans la détermination de ce qu'il faut entendre par fraîcheur du bain. Si la chaleur extérieure est très-considérable, la sensation que l'on éprouve en se plongeant dans l'eau fraîche est des plus agréables. Il y a léger resserrement de la peau, la respiration, la circulation se ralentissent, la peau absorbe avec facilité le liquide qui la baigne; le sang est donc à la fois rafraîchi et dilué. Quand le sujet se tient immobile, il finit, au bout d'un temps variable, par éprouver du frisson, puis la réaction se déclare; cette réaction survient plus promptement si l'on se livre à la natation.

Ces bains sont excellents surtout pendant les ardeurs de l'été et dans les contrées méridionales : ils débarrassent l'économie de l'excédant de chaleur qui l'incommode, donnent du ressort et du ton à la peau ramollie par une transpiration prolongée, dont ils rendent d'ailleurs le retour moins prompt; ils ravivent les forces déprimées, réveillent l'appétit; ils offrent en un mot la plupart des avantages que nous avons reconnus aux bains froids, mais à un plus faible degré. De même que les bains froids, ils ne conviennent pas aux individus atteints de maladies du cœur ou de la poitrine, aux convalescents, aux enfants, aux vieillards, aux femmes à certaines époques, etc. Mais les sujets nerveux, irritables, s'en trouvent très-bien; c'est un excellent calmant.

2° *Bains tièdes*. Ils oscillent de 24 ou 25 à 30 degrés. Dans l'eau tiède, la peau se gonfle, les couches extérieures de l'épiderme se ramollissent et se détachent avec facilité, l'absorption se fait avec une activité que démontrent le besoin fréquent d'uriner et l'apaisement de la soif.

Le bain tiède est un sédatif très-puissant, il détend le corps, apaise l'excitation générale; il est très-utile après les fatigues corporelles, les veilles répétées, les travaux intellectuels prolongés, à la suite d'émotions fortes, etc.; il convient surtout aux personnes nerveuses, irritables; aux jeunes enfants, particulièrement à l'époque de la dentition; aux vieillards, dont il ramollit l'épiderme dur, sec et corné, et chez lesquels il ranime les fonctions transpiratoires; aux convalescents; aux femmes grosses, surtout vers les derniers temps, etc. Du reste, il ne faut pas abuser de ces bains, les prendre trop rapprochés et surtout trop prolongés; car, après avoir calmé, ils énervent et rendent le corps très-impressionnable aux alternatives de température.

Bains chauds.

Il faut entendre par *bains chauds* ceux qui présentent de 30 à 36 degrés centigrades de température; au delà, c'est le bain *très-chaud* des auteurs, fort justement appelé par M. Lévy *bain trop chaud*. En effet, au delà de 36 degrés, les effets sur l'économie sont des plus énergiques et des plus dangereux, et, à moins de prescriptions médicales particulières, il ne convient pas d'y avoir recours.

Dans les limites où nous l'avons placé, le bain chaud détermine un sentiment de bien-être; il y a une sorte de turgescence, de gonflement de tout le corps; la respiration, la circulation, d'abord accélérées, se ralentissent; la peau, ramollie dans ses couches épidermiques, se laisse facilement nettoyer. C'est le bain de propreté par excellence : c'est le bain d'hiver. Mais il ne convient pas d'y rester trop longtemps; car il affaiblit, il porte à la somnolence et favorise la transpiration. Il serait très-nuisible en été, parce qu'il ôte à la peau sa tonicité et sa force de ressort, et même dans l'hiver, répété trop souvent, il rendrait la peau très-impressionnable au froid extérieur; il ne faut donc pas en abuser. Les personnes sanguines, exposées aux congestions, doivent s'en abstenir ou se laver fréquemment le visage et le front avec de l'eau fraîche, pendant tout le temps qu'elles sont dans ce bain.

II. Des bains naturels et artificiels.

Les bains naturels sont les bains de mer et les bains d'eau douce courante ou stagnante; les bains artificiels sont ceux que l'on prend dans des baignoires. Ce sont surtout les bains tièdes et chauds qui s'administrent ainsi : les bains froids ne se prennent dans des baignoires que dans des cas spéciaux précisés par le médecin.

1° Les *bains de mer*[1] agissent surtout comme bains froids: et, en effet, les principaux établissements existent sur les mers de la partie septentrionale de la France, et en Angleterre, en Belgique, en Hollande, etc.

A la constriction générale produite par le froid, et qui est ici très-prononcée, se joint une sorte de massage, de malaxation, et même de douches, que produisent les ondula-

1. LECOEUR, *Des bains de mer, guide du baigneur*. 2 vol. in-8° (1846).

tions des vagues et le choc des lames. La réaction est ordinairement plus énergique et plus longue qu'à la suite des bains d'eau douce, à température égale. Il y a même quelquefois une stimulation consécutive, qui se traduit par de l'agitation, de l'insomnie, et parfois une sorte de fièvre chez les enfants très-délicats, ou bien une éruption de plaques rouges, de petits boutons ou de clous. Notons enfin qu'il n'est pas rare de voir les premiers bains déterminer de la fatigue, de l'oppression, du malaise.

Dans l'emploi des bains de mer, il faut tenir grand compte de l'action exercée par l'atmosphère maritime, dont nous avons déjà constaté les avantages (p. 62). Ils conviennent donc surtout aux habitants des villes, amollis par des habitudes oisives, dont la constitution est altérée par la respiration habituelle d'un air vicié; aux personnes qui ont besoin d'être tonifiées par les bains froids (v. p. 140); aux jeunes filles atteintes de pâles couleurs, etc.

Chez nous, la saison des bains de mer s'étend de juillet au commencement de septembre. L'heure la plus convenable est de six à dix ou onze heures pour les personnes dans des conditions de force ordinaires, et le milieu de la journée pour les enfants et les personnes très-délicates.

L'effet produit est d'autant plus avantageux, que le séjour dans l'eau a été moins prolongé. Quelques minutes suffisent pour amener une réaction salutaire. L'immersion prolongée occasionne de la fatigue et de l'irritation, surtout chez les novices. Les bains trop rapprochés (deux fois par jour et même tous les jours) ne conviennent point aux sujets débiles.

Le bain s'administre de différentes manières; la plus ordinaire consiste à faire passer le patient entre deux eaux; d'autres fois, on l'expose au choc d'une vague, etc., etc. Ces différents modes répondent à l'âge, au degré de force du sujet et à diverses autres circonstances qui doivent être laissées à l'appréciation du médecin. Il en est de même pour la durée des bains et la longueur des intervalles qu'il convient de laisser entre eux.

Quand on a affaire à des sujets d'une constitution très-chétive, on doit commencer par l'emploi de quelques bains d'eau de mer pris tièdes dans une baignoire. Certaines personnes, trop faibles ou trop craintives pour supporter l'immersion dans l'eau de la mer, sont même obligées de s'en tenir là.

2° Quant aux bains d'*eau de rivière*, nous n'avons rien à en dire, qui ne rentre dans tout ce que nous avons exposé à propos des bains frais ou froids.

III. Des bains russes et des pratiques hydrothérapiques [1].

Dans les bains russes comme dans l'hydrothérapie, on a pour but de déterminer une réfrigération énergique après avoir provoqué la sueur.

Chez nous, les bains russes se composent d'un grand bain de vapeur d'eau, pris dans une étuve et auquel on fait succéder immédiatement une arrosion d'eau froide versée en pluie sur tout le corps, au moyen d'un appareil approprié. Puis on va se placer sur un lit de repos, enveloppé d'une grande couverture de laine, afin de transpirer.

Quant à l'hydrothérapie, la pratique la plus ordinaire consiste à provoquer la sudation en emmaillottant le sujet dans d'épaisses couvertures de laine, et en lui administrant de quart d'heure en quart d'heure un demi-verre d'eau fraîche. Après avoir sué abondamment pendant un temps plus ou moins long, suivant les indications, on se dépouille rapidement de ses couvertures et l'on se jette dans une grande cuve remplie d'eau froide : il faut avoir soin d'y plonger la tête, afin d'éviter les congestions au cerveau. D'autres fois, on vous jette quelques seaux d'eau froide sur le corps, ou bien on vous lave à grande eau, etc. Cela

1. FLEURY, *Traité pratique et raisonné d'hydrothérapie*. 1 vol. in-8° (1852).

fait, il faut s'habiller et marcher, comme à la suite des bains froids.

Ce sont là de puissants moyens de tonification; mais il faut être guidé dans leur emploi par un médecin, car ils constituent une médication véritable et des plus énergiques.

Peut-on se plonger dans l'eau froide le corps étant en sueur? Cette pratique a été longtemps regardée chez nous comme éminemment dangereuse. C'est là un préjugé très-répandu, et auquel l'usage habituel et si ancien des bains d'étuves suivis de l'immersion dans la neige ou dans de l'eau glacée, ainsi que le pratiquent les peuples du Nord, donne le plus éclatant démenti. Les milliers de faits recueillis depuis que l'hydrothérapie est en vigueur ont d'ailleurs démontré que cette brusque transition, jadis si redoutée, est non-seulement sans danger, mais éminemment salutaire. Il ne faut pas confondre l'action de l'air froid sur le corps en sueur avec celle de l'eau : la première, n'étant pas suivie de réaction, est très-dangereuse et cause souvent de graves inflammations, comme nous l'avons précédemment indiqué.

Au reste, voici, sur l'importante question qui nous occupe, l'opinion de l'un des plus savants et des plus habiles propagateurs de l'hydrothérapie rationnelle, M. le docteur Fleury, directeur du bel établissement de Bellevue.

« Que la sueur soit au début, dit M. Fleury, ou qu'elle ait déjà eu une certaine durée et une grande abondance; qu'elle soit provoquée par l'exercice musculaire ou par un moyen artificiel (enveloppement, étuve sèche, etc.), les affusions, les immersions, les douches, les bains froids peuvent être administrés sans aucun danger, *pourvu que leur durée ne soit pas trop longue et ne dépasse point celle de la réaction spontanée* (c'est-à-dire quelques minutes). Dans ces conditions, non-seulement les applications froides ne sont jamais suivies du plus léger accident, mais elles présentent des avantages précieux. En effet, elles terminent brusquement la transpiration et délivrent les sujets de la chaleur incommode qu'ils ressentent, en leur faisant éprouver une sensation très-agréable; elles les mettent à l'abri des accidents qui pourraient résulter du contact d'un air froid avec le corps en sueur; enfin, elles exercent sur la peau et sur l'économie tout entière une action tonique très-utile, que devraient mettre à profit tous ceux qui, par leur profession ou par l'influence du climat, sont soumis à des transpirations abondantes et répétées.

« La *durée* de l'immersion est donc, encore une fois, le point capital de la question, et ici elle peut être fixée d'une manière à peu près absolue. Après une sudation *très-abondante*, elle ne doit guère dépasser *cinq minutes*, sous peine d'interrompre la réaction spontanée et de ramener le mouvement de concentration. Or, il est d'observation qu'après une sueur très-copieuse et une immersion prolongée, la réaction provoquée devient fort difficile à obtenir, et qu'à son défaut, il survient des accidents plus ou moins graves (mouvement fébrile plus ou moins intense et prolongé, congestions viscérales). »

Mais une condition capitale, c'est que la respiration n'ait pas été accélérée, c'est-à-dire que la sueur n'ait pas été provoquée par un exercice violent, une course rapide. Citons encore l'opinion si compétente du docteur Fleury : « On peut impunément se plonger dans l'eau froide le corps étant couvert de sueur, la température animale ayant été élevée de trois degrés, le pouls battant cent vingt fois par minute, *la respiration n'ayant subi d'ailleurs aucune modification appréciable*. En serait-il de même si l'immersion avait lieu au moment d'une forte anhélation (poitrine haletante), la respiration étant très-accélérée par une course rapide, un exercice très-violent, etc...? Je ne suis pas en mesure de répondre à cette question; mais, *à priori*, je crois qu'il serait imprudent de congestionner, même momentanément et sans préjudice de la réaction, des poumons dont les fonctions sont déjà troublées.... »

IV. Des ablutions et lotions partielles ou générales.

Ce n'est assurément pas sans raison que les deux grands législateurs de l'Orient, Moïse et Mahomet, ont ordonné les ablutions répétées, faites avec l'eau froide : c'était à la fois un moyen de propreté et de tonification très-convenable dans un pays chaud.

Les lotions que l'on pratique sur le visage doivent toujours être faites avec de l'eau fraîche. La fameuse Diane de Poitiers, qui conserva si longtemps tout l'éclat de son teint t de sa beauté, ne faisait, dit-on, usage que de l'eau froide tout temps. C'est là le meilleur des cosmétiques.

Quant aux mains, l'eau chaude ou tiède avec du savon nettoie mieux que l'eau trop froide.

Pour les pieds, on aura recours à des lotions fréquentes avec de l'eau tiède. Les personnes qui ont habituellement les pieds froids y ranimeront la circulation par des immersions de *quelques minutes* seulement dans l'eau très-froide : la réaction partielle qui en est la suite remplit parfaitement le but que l'on se propose. Ces immersions ne conviennent pas aux femmes à certaines époques, et, quoi qu'on en ait dit, aux personnes qui ont une transpiration abondante et fétide des pieds. Chez ces dernières, des bains tièdes d'eaux aromatiques (décoction de sauge, de lavande, de romarin, etc.), répétés tous les jours et même deux fois par jour, sont ce qui convient le mieux.

Les ablutions de la toilette intime, pour l'homme comme pour la femme, doivent être pratiquées avec de l'eau tiède en hiver, et fraîche (*jamais froide*) en été.

Quant aux ablutions froides générales, conseillées surtout dans ces derniers temps, nous ne pouvons mieux faire encore que de reproduire ici, en les approuvant, les conseils que donne à ce sujet M. le docteur Fleury :

« Depuis la vulgarisation des procédés hydrothérapiques, dit-il, beaucoup de personnes ont contracté l'habitude de se soumettre, tous les matins, au sortir du lit, à une *ablution* générale, faite avec de l'eau *froide* (de 8° à 12°), et nous ne saurions trop vous recommander cette pratique balnéatoire, que nous préférons à l'immersion dans une baignoire, parce qu'elle est suivie d'une réaction plus certaine et plus énergique. Le meilleur procédé consiste à se placer, nu et debout, dans un large baquet vide en bois ou en zinc, et à se faire frictionner tout le corps avec des éponges volumineuses et rudes, qu'on trempe dans un seau destiné à l'ablution, laquelle devient ainsi une espèce de friction humide, d'un effet tonique et excitant.

« Ces ablutions, en agissant sur la circulation capillaire générale, régularisent les phénomènes d'absorption et d'exhalation cutanées, activent toutes les grandes fonctions de l'économie, et spécialement la digestion et la nutrition, rendent le sujet moins impressionnable aux vicissitudes atmosphériques, et opèrent une rapide et remarquable transformation sur les enfants débiles et lymphatiques. »

TROISIÈME SECTION.

DES SUBSTANCES DESTINÉES A RÉPARER LES ORGANES.

Le corps de l'homme, comme celui des autres êtres organisés, animaux ou végétaux, est composé de parties solides ou solidifiables et de parties aqueuses : les substances qui, introduites dans les voies digestives, vont par l'intermédiaire du sang réparer les parties solides, constituent les *aliments ;* c'est aux *boissons* de renouveler les parties aqueuses.

I.

DES ALIMENTS.

1. De l'alimentation. — Phénomènes de la digestion.

Tout le monde sait que les organes sont soumis à un mouvement incessant de composition et de décomposition, dans lequel les particules qui ont fait pendant quelque temps partie intégrante de chaque organe, sont emportées par les veines et rejetées par différentes voies, tandis que d'autres particules, empruntées au sang artériel, viennent prendre leur place et entretenir ainsi l'intégrité des parties constituantes de l'économie. Ce n'est pas tout encore : dans l'acte de la respiration, le sang, mis en contact avec l'air, doit fournir à l'oxygène de cet air une proportion déterminée de carbone pour former de l'acide carbonique, véritable phénomène de combustion dans lequel il se dégage une certaine quantité de chaleur qui sert à entretenir la température du corps.

On appelle *aliments* les substances solides ou liquides qui, introduites dans les voies digestives et ayant subi diverses transformations, fournissent au sang les matériaux nécessaire à la double fonction dont nous venons de parler.

Les aliments, on le prévoit déjà, doivent être de deux sortes : 1° les uns, servant à réparer les pertes de l'économie, à entretenir le volume des organes pendant l'âge adulte, et à les faire développer pendant l'enfance et la jeunesse ; ce sont les substances *azotées* (viandes, œufs, céréales, lait, etc.), qui jouissent de cette propriété ; 2° les autres, destinés à fournir au sang l'hydrogène et le carbone qui doivent être brûlés dans la respiration ; ce sont nécessairement les substances *carbonées* (graisses, fécules, sucres, alcooliques, etc.).

Ces derniers ne nourrissent pas dans le sens propre du mot ; mais ils soutiennent les forces d'une manière temporaire.

Examinés au point de vue de la digestion, c'est-à-dire de l'acte qui doit permettre leur assimilation, les aliments se partagent en trois groupes : 1° Les matières azotées d'origine animale ou végétale, telles que la viande, le caséum du lait, le gluten des céréales, la légumine des graines légumineuses, etc., qui sont attaqués, désagrégés et digérés dans l'estomac ; 2° les matières grasses d'origine animale ou végétale, qui sortent de l'estomac sans avoir été altérées et qui rencontrent, dans l'intestin, deux fluides particuliers, le suc pancréatique et la bile, qui les transforment en une bouillie blanchâtre, forme sous laquelle les vaisseaux chylifères les absorbent ; 3° enfin les fécules et les matières sucrées. Les fécules déjà attaquées par la salive n'éprouvent rien de particulier du suc gastrique dans l'estomac ; mais, dans l'intestin, le suc pancréatique les transforme en dextrine, puis en sucre non cristallisable ou glucose, transformation qui permet leur absorption. Quant au sucre ordinaire, il n'est absorbé dans l'intestin qu'après avoir été modifié et changé en sucre incristallisable. Certaines substances, telles que la gomme, les membranes sèches qui forment l'enveloppe des graines et des fruits, ne sont pas attaquées par les puissances digestives.

Comparant ce que nous venons de dire avec ce que nous avons dit plus haut, on voit que les matières azotées, les aliments proprement dits, les aliments *plastiques* en un mot, se digèrent dans l'estomac : appelons-les donc *aliments de digestion stomacale;* tandis que les graisses, les fécules, c'est-à-dire les aliments *respiratoires*, se digèrent dans l'intestin : nous les appellerons *aliments de digestion intestinale.* C'est là une distinction fort curieuse, et sur laquelle il est fort singulier que les physiologistes n'aient pas insisté.

Si maintenant nous recherchons la nature des aliments, nous verrons que les uns proviennent du règne animal, les autres du règne végétal, et qu'à l'exception de quelques sels le règne minéral fournit peu de chose à l'alimentation. Parmi les animaux, certains se nourrissent exclusivement de substances animales; d'autres, au contraire, vivent exclusivement de végétaux. Chez les premiers, les substances dont ils se nourrissent n'ayant pas besoin de subir, pour être assimilées, une grande élaboration, le tube digestif est très-court, c'est-à-dire qu'il présente environ trois fois seulement la longueur de l'animal; et d'ailleurs, comme nous venons d'en faire la remarque, la digestion s'accomplit ici dans l'estomac, sauf pour les matières grasses. Chez les êtres qui se nourrissent de végétaux, lesquels sont plus particulièrement composés de matières grasses ou féculentes, la plus grande partie du travail digestif a lieu dans l'intestin; aussi ce tube a-t-il vingt et vingt-cinq fois la longueur du corps. Enfin, comme il est facile de le prévoir, chez les êtres qui, comme l'homme, sont destinés à se nourrir des deux sortes d'aliments, l'intestin a une longueur moyenne de cinq à six fois la longueur du corps. Ainsi, de par son organisation, et en dépit de toutes les déclamations des philosophes et des rêveurs, l'homme est *omnivore*, c'est-à-dire qu'il *doit* se nourrir à la fois de substances animales et de substances végétales. Nous verrons d'ailleurs, à propos du régime, que les personnes qui se livrent à des travaux pénibles ont absolument besoin d'une alimentation animale pour soutenir leurs forces.

II. Des aliments en général et des différentes sortes d'aliments.

A moins d'écrire un volume comme l'excellent *Traité des substances alimentaires*[1], dû à la plume d'un de nos plus savants chimistes, il nous serait impossible d'exposer d'une manière convenable les détails relatifs à chacune des principales substances dont l'homme se nourrit. Nous devrons donc nous borner ici à des généralités, et nous insisterons plus particulièrement sur le régime.

On peut le prévoir d'après ce que nous avons dit plus haut : toutes les substances alimentaires n'ont pas le même *pouvoir nutritif*. Or, comme l'azote est la base indispensable de l'alimentation, il s'ensuit nécessairement que la valeur nutritive d'une substance est représentée par la proportion d'azote qu'elle renferme. Ceci exige quelques développements.

Il est assurément bien prouvé, par des expériences directes, que les aliments non azotés ne peuvent entretenir la vie ; mais, chose fort remarquable, il est également prouvé par les recherches des physiologistes que les principes azotés, isolés, par les procédés de la science, des corps organiques qui les renferment, que la fibrine extraite chimiquement des muscles ou du sang, que la gélatine extraite

1. PAYEN, *Traité des substances alimentaires* (Bibliothèque des chemins de fer), 2e édit., 1854.

chimiquement des os, que la caséine extraite chimiquement du lait, ne peuvent pas non plus suffire à l'entretien de l'existence; il paraîtrait cependant que le gluten, principe azoté des céréales, ferait exception. Et ce qu'il y a de remarquable, c'est que non-seulement ces substances, données séparément, ne peuvent pas nourrir, mais qu'elles ne le peuvent pas alors même qu'elles sont réunies dans les conditions que nous venons de poser, c'est-à-dire à l'état de produits *chimiquement* préparés. Cela montre en même temps que, si l'aliment doit être azoté, il ne s'ensuit pas que toute substance azotée est un aliment; il faut, pour qu'une substance possède cette propriété, des conditions spéciales qui la rendent digestive, ou, en d'autres termes, susceptible d'être attaquée dans l'estomac ou dans les intestins et absorbée. Les mêmes conditions sont exigées, cela va sans dire, pour les substances carbonées.

L'alimentation doit être *mixte*, c'est-à-dire composée de matières azotées et de matières non azotées. Les aliments qui renferment en eux les différentes bases que nous venons de rappeler peuvent suffire seuls à la réparation du corps et à la combustion : tel est le lait, qui contient du caséum, produit azoté, de la graisse, et du sucre, produits hydrogénés et carbonés. Telles sont les céréales, qui renferment le gluten, substance azotée, et la fécule qui doit être transformée en sucre, matière carbonée. Ce sont là des aliments *complets*, comme les appelle M. Lévy.

Si nous rangeons maintenant les substances dont l'homme se nourrit suivant le degré de leur puissance nutritive, nous obtiendrons l'ordre suivant :

Au premier rang, les viandes de boucherie, le gibier, les volailles;

Au second, la chair de poisson;

Au troisième, les fécules, les légumes proprement dits;

Au quatrième et dernier, les légumes verts et les fruits.

Il faut entendre, par *digestibilité* des aliments, la durée plus ou moins considérable de leur séjour dans l'estomac.

Mais il faut bien se rappeler ici que tous les aliments ne se digèrent pas dans l'estomac, et que les substances azotées jouissent seules de ce privilége ; que les matières grasses y restent longtemps avant que d'aller recevoir dans l'intestin l'influence des sucs qui les rendent absorbables ; que les matières féculentes et sucrées, au contraire, qui doivent, elles aussi, être soumises à l'élaboration digestive dans l'intestin, traversent très-rapidement l'estomac.

Différentes circonstances augmentent le pouvoir nutritif et digestible des aliments. D'abord le degré de cohésion : les substances tendres et faciles à broyer et à diviser sont plus facilement et plus promptement attaquées par les sucs digestifs que les substances dures et coriaces. — On croit que, dans certains aliments, l'interposition d'une matière non nutritive et réfractaire à l'assimilation favorise cependant la digestion de la partie assimilable, en la divisant par son interposition. On est allé jusqu'à dire que le pain renfermant une certaine quantité de son est plus réparateur que le pain blanc ordinaire.... Tout cela ne me paraît nullement démontré. — Il n'en est pas de même pour la diversité et le mélange des aliments. Différentes substances alimentaires réunies dans un même régime nourrissent mieux que si elles eussent été prises séparément et *exclusivement*, même en quantité considérable. — Il est, dans la plupart des aliments, un principe aromatique particulier, très-fugace et à peine saisissable par les moyens chimiques, qui donne la sapidité, provoque l'appétence, et favorise d'une manière très-remarquable la désagrégation et l'assimilation. Tel est le fumet du gibier, l'arome si bien conservé dans les viandes rôties ou grillées, l'osmazome du bouillon, le parfum de certains végétaux. Ce que nous disons plus loin des condiments achèvera de prouver cette puissance des principes dont nous venons de signaler l'action. — Le degré de coction exerce encore une influence incontestable. Les viandes trop cuites sont lourdes, les huîtres doivent être mangées crues. D'un autre côté, la *légumine*, principe nutritif des semences légumineuses (pois, haricots, lentilles, etc.) ne devient digestive que quand elle a été coagulée par la coction. — Enfin, un commencement de fermentation rend certains aliments plus digestibles, le gibier, par exemple, soit en diminuant sa cohésion, soit en y développant des principes stimulants. Cette fermentation rend, au contraire, certaines viandes très-dangereuses, les viandes fumées par exemple.

Voici, du reste, en quelques mots, l'ordre de digestibilité des principales substances :

En première ligne le lait, les œufs crus ou à la coque ; les fruits bien mûrs ou en compote ; les légumes verts, les herbes cuites ; puis les poissons peu chargés de matières grasses ; les volailles à chair blanche, les viandes de boucherie, de venaison, mais surtout grillées ou rôties ; viennent ensuite le pain rassis plutôt que frais, les pommes de terre et les pâtisseries ; puis encore, les légumes secs (privés de leur enveloppe parcheminée) ; et, en dernière ligne, les truffes et les champignons.

Ceci nous conduit à passer en revue les différentes sortes d'aliments.

III. Des substances alimentaires d'origine animale.

Des viandes proprement dites et de leur préparation.

1° *Des viandes de boucherie.* Elles comprennent les portions musculaires du bœuf, du mouton, de l'agneau, du veau et du porc, et renferment 21 pour 100 de matières azotées (fibrine, albumine, et matières transformables en gélatine) ; elles sont d'autant plus digestives, d'autant plus réparatrices que l'animal dont elles proviennent était arrivé à l'âge adulte, vigoureux et suffisamment fourni de graisse sans en être surchargé. La chair des jeunes animaux (agneau et veau), ou viande blanche, est gélatineuse et peu nourrissante ; celle des vieux animaux est dure, coriace et de très-difficile digestion.

Est-il vrai qu'il soit dangereux de manger la chair d'animaux morts de maladie? D'après des observations rigoureusement recueillies, et en particulier d'après les recherches de M. Renault, d'Alfort, il paraîtrait démontré que la *coction* ôte toute espèce de danger et même d'inconvénient. Mais il y a là des répugnances instinctives et fort naturelles, contre lesquelles nous n'essayerons pas de lutter.

Le bœuf et le mouton sont excellents, très-réparateurs; le porc est très-nourrissant aussi, mais de difficile digestion.

Des différents modes de préparation, le grillage et le rôtissage l'emportent de beaucoup sur tous les autres. « Dans le véritable rôti, le rôti cuit à la broche et à l'air libre, dit M.Bérard (*Rapport sur le régime alimentaire des lycées*), l'action du feu a saisi la surface de la viande. Elle y a coagulé l'albumine et quelques sucs de manière à y faire naître une sorte de croûte peu perméable aux liquides. C'est sous cette couche que cuisent, sans y être décomposés, les sucs et les fibres de la chair. Une telle préparation est incomparablement plus sapide, plus digestible, plus tonique que ces prétendus rôtis cuits dans un milieu plein de vapeur d'eau. »

Les hachis, la coction à l'étuvée ou au four, les ragoûts, etc., donnent des produits dont la digestion est assez laborieuse. Les viandes bouillies sont également peu digestives, mais elles fournissent un produit excellent, à la fois réparateur et facile à digérer, le bouillon.

Le meilleur *bouillon* est celui que l'on prépare avec la chair de bœuf en suffisante quantité par rapport à l'eau, et auquel on ajoute divers légumes.

Les bouillons de veau, de poulet, ne conviennent guère qu'aux malades et aux estomacs délabrés; leur emploi rentre dans la médecine.

Quant aux viandes salées et fumées, elles sont fort indigestes, et, si elles sont préparées depuis longtemps, elles peuvent donner lieu à des accidents d'empoisonnement quelquefois mortels.

2° *Du gibier.* On appelle ainsi les animaux sauvages, chevreuils, lièvres, lapins, perdrix, faisans, bécasses, pigeons, etc. La chair en est très-substantielle, mais excitante et de digestion difficile pour les estomacs débiles. L'usage exclusif en serait dangereux, à cause de la stimulation trop vive qui en résulterait; le meilleur mode de préparation est encore ici le rôtissage et le grillage.

3° *De la volaille.* Les oiseaux de basse-cour dont l'homme fait sa nourriture sont le poulet, le dindon, le canard et l'oie. Nous les avons placés ici dans l'ordre de leur digestibilité ; il va sans dire qu'il convient surtout de les apprêter à la broche.

Des œufs et du lait.

1° *Des œufs.* Le rôle que joue la matière renfermée dans l'œuf, et qui suffit au développement intégral du germe, montre suffisamment qu'elle constitue un aliment *complet.* Les œufs de poule sont à peu près les seuls que l'on mange; ceux de la dinde, de la canne, de l'oie, ne sont que rarement consommés.

C'est là une nourriture excellente et très-légère, mais à condition que la coction n'aura pas été poussée bien loin (œufs à la coque); trop cuite, l'albumine de l'œuf devient ferme, coriace ; elle est très-difficilement attaquée par le suc gastrique, à moins qu'elle n'ait été très-divisée par une mastication prolongée. On connaît la multitude infinie de mets auxquels les œufs servent de base ou d'assaisonnement.

Du lait et de ses produits, beurre et fromage.

Le lait est comme la matière de l'œuf; c'est un aliment complet, qui suffit seul à l'entretien de la vie et au développement des organes chez les nouveau-nés. Le lait le plus usité est celui de la vache. D'après l'analyse la plus récente, celle de MM. Verbois et Becquerel, il renferme, sur 1000 parties en poids : eau,

864,06; caséum et matières extractives, 55,15; sucre, 38,03; beurre, 36,12; sels, par incinération, 6,64. Le lait d'ânesse et le lait de femme, qui sont très-rapprochés l'un de l'autre par leur composition, diffèrent un peu de celui de la vache et de la chèvre. Nous y reviendrons à l'occasion de l'allaitement, quand nous parlerons de l'hygiène du nouveau-né. Chez les adultes, le lait n'est pas toujours aussi bien supporté que chez les enfants; beaucoup en éprouvent des troubles divers dans les fonctions digestives, les uns de la diarrhée, les autres de la constipation. Ce sont là de ces circonstances individuelles auxquelles on remédie fort difficilement; cependant, on peut quelquefois empêcher la diarrhée en additionnant chaque tasse de lait de 1 gramme de bi-carbonate de soude, ou d'une simple cuillerée à bouche d'eau de chaux; on s'opposera à la constipation en épaississant le lait avec un peu de fleur de farine de froment.

La *crème*, qui contient une forte proportion de beurre, est nécessairement plus lourde que le lait.

Le caséum que renferme le *caillé* est médiocrement digestif, mais nourrissant; quant au petit-lait, il est très-facilement digéré, et un peu relâchant.

Le *beurre*, obtenu par le battage du lait, est un composé de matière huileuse et d'une petite quantité de caséine et de petit-lait. En sa qualité de corps gras, le beurre passe difficilement : frais, il est mieux supporté que quand il a été soumis à la salaison. La petite quantité que l'on en mange avec du pain ne saurait avoir d'inconvénient; il aide à la coction des viandes et des légumes, auxquels il sert souvent d'assaisonnement.

Les *fromages* sont des produits de la décomposition du lait et du mélange de quelques-uns de ses principes, le caséum et le beurre. Les fromages de lait de vache sont moins lourds que ceux de lait de chèvre ou de brebis. Récents et frais (fromage de Neufchâtel et fromage blanc simple), ils sont légers et nourrissants; frais et salés (Brie, Marolles), ils ont déjà subi un commencement de fermentation, ils deviennent stimulants; anciennement préparés et de structure compacte et serrée (Gruyère, Hollande, Chester), ils sont plus stimulants encore et de digestion plus difficile; mous, salés et fermentés (Roquefort), ils deviennent irritants et ne conviennent pas à tous les estomacs : ils ne sauraient d'ailleurs servir seuls à l'alimentation.

Poissons, crustacés et mollusques.

La chair des poissons passe généralement pour moins nourrissante que les viandes dont nous avons déjà parlé : elle est composée de fibrine unie à une proportion plus ou moins considérable de gélatine et de graisse. Quand ces derniers principes sont assez abondants, la chair est d'une digestion beaucoup plus difficile que quand ils font défaut.

On cite comme ne fatiguant pas l'estomac les poissons suivants : le goujon, l'éperlan, le merlan, la truite, la perche, la limande, la sole, le turbot, le hareng frais, l'alose, la carpe, etc. On doit considérer comme lourds à digérer les poissons suivants, dont la chair est compacte ou chargée de graisse : le thon, l'esturgeon, le brochet, le barbeau, le saumon, l'anguille, la brème, le maquereau, la lamproie, etc.

Les poissons salés et fumés sont très-lourds; grillés ou bouillis avec des aromates et du sel pour en relever la saveur, ils passent mieux. La friture est un bon moyen de préparation; mais la pâte elle-même est très-lourde, et ne doit pas être mangée par les personnes dont l'estomac est délicat. Certains poissons, mais surtout leurs œufs, paraissent, dans quelques cas peu connus, prendre des qualités vénéneuses; ils déterminent alors de véritables phénomènes d'empoisonnement.

Les crustacés, tels que l'écrevisse, la crevette, mais surtout le homard et la langouste, ont une chair coriace, dense et très-difficile à digérer : ils sont la cause d'une foule d'indigestions.

Les huîtres fraîches, bien vivantes, sont au contraire un

aliment très-sain et très-léger. Cuites, elles sont indigestes, mais moins encore que la moule, aliment détestable et qui produit souvent des indigestions très-pénibles, accompagnées d'éruptions ortiées.

Certaines maladies, la nature des eaux dans lesquelles elles ont séjourné ou des substances dont elles ont fait leur nourriture, la présence d'un petit crabe, etc., peuvent rendre les huîtres vénéneuses et donner naissance à des accidents d'empoisonnement plus ou moins graves.

IV. Des substances alimentaires d'origine végétale.

Des céréales et du pain.

« Les graminées (céréales) jouent un rôle immense dans l'alimentation des hommes, et l'on peut ajouter dans la destinée des États ; elles couvrent le globe de leurs moissons.... base de l'agriculture, régulateur du mouvement des populations, l'antiquité leur a fait une origine divine ; elles donnent le *pain* que nous nommons dans nos prières comme le symbole des moyens conservateurs de la vie (Lévy). » C'est qu'en effet le pain, aliment, on peut le dire, universel des peuples civilisés, suffit presque seul à l'entretien de la vie. Les graines qui fournissent un produit si précieux sont en première ligne le froment, puis le seigle et l'avoine, puis l'orge et au dernier rang le sarrasin : le maïs, le riz, ne sont guère employés à faire du pain.

Les farines renferment les deux principes qui constituent un aliment complet, c'est-à-dire une matière azotée et une matière carbonatée, l'amidon. La farine la plus nutritive est celle qui renferme la plus forte proportion d'azote ; aussi avons-nous placé en tête le froment, qui est de toutes les céréales la plus riche en gluten, matière azotée et *fermentescible ;* aussi le pain de froment est-il le plus beau, le meilleur, le plus digestif et le plus réparateur. Le pain blanc, qui contient beaucoup moins de son, est aussi, et quoi qu'on en ait dit, le pain qui doit être préféré; l'instinct naturel du peuple n'avait pas, à cet égard, attendu les données de la science, qui discute encore sur ce fait, tranché chaque jour par l'expérience. Le défaut de gluten rend la panification des autres céréales beaucoup plus difficile. Le pain de seigle est dense, brunâtre, un peu aigrelet; il est nourrissant, mais ne convient pas à tous les estomacs. L'addition de farine de froment le rend beaucoup meilleur : c'est, du reste, la nourriture d'une foule de populations. L'avoine fournit un pain plus lourd que les précédents, mais qui est très-nourrissant; le gruau ou avoine mondée est un très-bon aliment. L'orge ne fournit qu'un pain épais et lourd, dont la grossièreté a fourni une locution proverbiale; on peut en dire à peu près autant du pain de sarrasin.

Dans le pain, la croûte est plus légère que la mie, surtout quand celle-ci est très-récente et encore chaude.

Le maïs, le riz et les diverses fécules végétales (châtaignes, pois, pommes de terre, etc.), mêlés au froment, ont servi à faire du pain; mais il est de mauvaise qualité. L'emploi le plus ordinaire de ces substances consiste dans la préparation de potages, de gâteaux, de purées, etc. Nous parlerons plus bas des pommes de terre et autres substances féculentes : disons seulement ici que le riz est une des substances les plus réparatrices et les plus saines que le règne végétal ait fournies à l'homme; c'est la nourriture presque exclusive d'une partie de l'Asie. On s'occupe beaucoup, chez nous, de l'acclimatation d'une espèce de riz qui ne demande pas d'humidité.

Le maïs est aussi une précieuse ressource dans beaucoup de contrées; on l'a accusé de produire la pellagre, assertion qui ne me paraît pas démontrée.

Avec les farines on fait différentes pâtes employées en potage ou comme mets (vermicelle, macaroni, etc.); ce sont là d'excellents aliments.

Des substances végétales féculentes.

On comprend sous ce nom les pommes de terre, les légumes féculents (pois, haricots, lentilles), les marrons, les châtaignes, et certaines fécules exotiques (sagou, salep, etc.).

La pomme de terre joue, en Europe et dans l'Amérique du Nord, le rôle que joue le riz dans les contrées équatoriales. C'est l'aliment par excellence des classes pauvres, et Parmentier s'est acquis une réputation immortelle pour l'avoir naturalisée parmi nous.

Les légumes féculents, tels que le pois, le haricot, la fève, et surtout la lentille, sont encore de très-bons aliments, mais à la condition qu'on les aura dépouillés de leur enveloppe parcheminée, qui les rend indigestes. Les marrons et les châtaignes, nourrissent plusieurs départements.

Les fécules exotiques, telles que le sagou, le salep, l'arrow-root, le tapioca, fournissent des potages à la fois légers et nourrissants.

Ces différentes substances, mais surtout les pois, les haricots et les lentilles, contiennent des principes azotés.

Des végétaux herbacés et des racines mucilagineuses et sucrées qui se mangent cuits.

On peut ranger dans la catégorie des végétaux herbacés : les épinards, la chicorée, substances de très-facile digestion et qui conviennent très-bien aux estomacs débiles; l'oseille, qui, en raison de son acidité, ne convient pas à tout le monde; l'artichaut, l'asperge, le chou-fleur, le haricot vert, aliments sains et légers. Le chou, aliment indigeste, meilleur quand il est préparé et conservé (choucroute), est la nourriture d'une partie de l'Allemagne.

Les racines mucilagineuses et sucrées comestibles sont surtout : la carotte, le panais et le navet, substances peu nourrissantes et peu digestives; la scorsonère, qui vaut mieux; les oignons, que les populations du Midi estiment tant et qui, dans ces contrées, sont en partie dépourvus de leur principe âcre et volatil, etc.

Des salades et des radis et autres végétaux qui se mangent crus.

Les salades sont des végétaux herbacés qui se mangent crus et assaisonnés avec du sel, de l'huile et du vinaigre. Elles ne sont digérées que par les bons estomacs; le cresson, la chicorée amère, conviennent aux sujets scorbutiques; les radis sont un puissant apéritif, mais fort indigeste et donnant lieu à des rapports désagréables.

Les artichauts, les concombres, qui se mangent crus aussi et assaisonnés au vinaigre, sont alors très-lourds et doivent être pris en très-petite quantité; cuits, ils passent très-bien.

Des fruits.

Les fruits sont de deux sortes : ou bien formés d'une chair plus ou moins aqueuse, ou bien constitués par une amande.

1° Les premiers, bien mûrs et de bonne qualité, sont en général de très-facile digestion ; encore verts, ils sont très-nuisibles, surtout pris en certaine quantité : ils donnent lieu à de graves affections des voies digestives (diarrhées, dysenteries, etc.). L'usage habituel de fruits qui ne sont pas mûrs occasionne souvent le développement de vers dans les intestins.

Les raisins de bonne qualité, les groseilles, les cerises, les oranges, sont sains, légers, rafraîchissants, légèrement laxatifs; les fraises, les framboises, dont l'arome est si délicieux, se digèrent en général fort bien : pour les estomacs froids, il faut y ajouter du sucre et du vin ; les poires, les pommes, surtout quand elles renferment une certaine proportion de sucre, sont également d'une facile digestion. Des différentes sortes de prunes, les variétés dites de reine-Claude et de mirabelles sont incomparablement les meilleures. La pêche est un fruit aqueux, très-léger et très-sain; l'abricot, le brugnon, sont plus fermes, moins digestibles. Les figues sont regardées comme relâchantes. Quant au melon, il est en général très-lourd, et, malgré l'usage du poivre, il cause souvent des indigestions.

Remarquons, au total, que ces différents fruits sont d'autant mieux supportés qu'ils sont plus aqueux et plus sucrés et qu'ils provienent d'une région plus méridionale. Cuits, en compote, en marmelade, préparés sous forme de confitures, ils sont une précieuse ressource pour les estomacs délicats, les enfants et les convalescents.

2° Les fruits de la seconde espèce, noix et amandes, sont mal supportés par l'estomac, à cause de l'huile qu'ils renferment en forte proportion. Les amandes amères, en raison de l'acide prussique qui entre dans leur composition, ont quelquefois donné lieu à des phénomènes d'empoisonnement, chez des enfants qui en avaient mangé en certaine quantité.

V. Des assaisonnements ou condiments.

Les divers aliments que nous venons de passer en revue ont besoin, pour la plupart, non-seulement d'un certain degré de cuisson, mais encore de l'addition de diverses substances qui en relèvent la saveur, et en facilitent la digestion par la stimulation qu'elles produisent sur l'estomac : ce sont les *assaisonnements* ou *condiments*.

De toutes ces substances, la plus nécessaire est sans contredit le *sel*, ou chlorure de sodium, qui joue un grand rôle dans le travail chimique de la digestion et de l'assimilation, qui entre dans la composition du sang et des tissus animaux, et que, pour cette raison, beaucoup de personnes regardent, avec raison, je pense, comme un véritable aliment.

Sans le secours du sel, la digestion est languissante, difficile, et la nutrition se fait mal (Voy. plus bas, *Alimentation insuffisante*). Plus les substances introduites dans l'estomac sont lourdes et indigestes, plus la présence du sel est nécessaire ; les graisses, les matières féculentes exigent impérieusement sa présence. Suivant quelques auteurs, l'homme doit en consommer de 5 à 15 ou 20 grammes au plus par jour. Enfin, d'après les recherches d'un médecin distingué de Lille, le docteur Plouviez, le sel, en facilitant l'assimilation des aliments, donne de la vigueur et convient surtout aux personnes délicates, lymphatiques ou scrofuleuses. Pris en trop grande quantité, le sel irrite l'estomac, échauffe la gorge, détermine de la soif.

L'addition du *sucre* dans les substances d'origine végétale est, en quelque sorte, une imitation de la nature, qui a prodigué ce principe dans les fruits, les racines et les autres parties comestibles d'une foule de plantes. Le sucre relève la saveur des substances fades et aqueuses, adoucit l'acidité ou l'âpreté de quelques autres, et en favorise l'assimilation. Toutefois, l'abus du sucre irrite les intestins, émousse l'appétit, et ne convient pas en général aux personnes tourmentées de gastralgie. Le sucre est très-utile pour la conservation des fruits. Ajoutons qu'il appartient à la classe des aliments respiratoires, c'est-à-dire qui ne nourrissent pas par eux-mêmes

Les *acides*, tels que le jus de citron, le verjus, mais surtout le vinaigre, sont très-usités comme assaisonnements. En quantité modérée, ils relèvent la saveur des mets dans lesquels on les ajoute, excitent la production de la salive, aident à la puissance dissolvante du suc gastrique, éveillent l'appétit; trop concentrés ou à trop forte dose, ils nuisent à la digestion et à la nutrition, produisent l'amaigrissement, la perte des forces, des douleurs d'estomac, etc.

Une foule de substances *aromatiques*, telles que le poivre, le piment, le clou de girofle, la cannelle, les feuilles de laurier, etc., sont aussi destinées à donner une sapidité plus grande aux aliments et à stimuler l'estomac. Ici encore, c'est l'abus qui est nuisible; ces aromates, mais surtout le poivre, le piment, sont très-irritants; leur usage est, comme nous l'avons dit plus haut, parfaitement indiqué dans les pays chauds ou dans les contrées humides, c'est-à-dire là où les fonctions de l'estomac sont languissantes.

J'en dirai autant de quelques condiments qui empruntent à un principe sulfuré l'*âcreté* qui les distingue; tels sont l'ail, l'oignon, la ciboule, le raifort, la moutarde; ils peuvent être utiles, mais il ne faut pas trop insister sur leur emploi.

Les corps gras (graisse, huiles, beurre, etc.), aliments respiratoires, comme nous l'avons indiqué plus haut, servent à la préparation d'une foule de mets. Nous avons reconnu que, pris en grande quantité, ils sont fort indigestes; et, comme la modification qu'ils subissent dans l'intestin pour être absorbés ne s'étend qu'à une proportion limitée de ces substances, il en résulte qu'ingérés en trop grande abondance, une partie traverse l'intestin sans être digérée. De là des effets purgatifs, de la diarrhée. Faisons cependant une exception pour les peuples polaires, qui ingurgitent et digèrent d'énormes quantités de graisse, nécessaires à la combustion active qui doit entretenir la chaleur du corps dans leurs climats glacés.

VI. Du régime; de l'alimentation insuffisante; de l'alimentation excessive; de la réglementation des repas.

Est-il possible de déterminer la quantité de nourriture qui convient à un homme adulte, de force moyenne et dans les conditions ordinaires de la vie et de la santé? Puisque les aliments sont destinés à réparer les pertes de l'économie, il faut déterminer d'abord le chiffre de ces pertes, afin de les compenser par une quantité au moins égale de substances assimilables. Or, les chimistes nous apprennent, d'une part, que chaque jour l'homme rejette par les urines, qui lui servent de voie de débarras, environ 15 grammes d'azote provenant du mouvement de décomposition de nos organes; de l'autre, que chaque jour 300 grammes environ de carbone sont brûlés dans le poumon (Voy. p. 150). Il s'agit donc d'introduire dans l'économie 15 grammes d'azote au moins et 300 grammes de carbone, dans les conditions voulues de l'assimilation, c'est-à-dire sous forme d'aliment.

D'autres principes sont absolument indispensables aussi (chaux, phosphore, fer, chlorures, etc.); mais ils se trouvent contenus naturellement dans les substances azotées et dans les substances carbonées, ou bien l'homme les ajoute à ses aliments (le sel); il n'y a donc pas à s'en occuper ici.

Partant de cette donnée, on est arrivé à constater que la ration accordée dans l'armée au cavalier français remplit parfaitement les conditions du problème.

Cette ration est ainsi composée :

Viande................	125	grammes.
Pain bis...............	750	—
Pain blanc pour la soupe.	316	—
Légumineux............	200	—

qui représentent

	Mat. azotées sèches.	Mat. non azotées sèches.
Viande................	70 gr.	» gr.
Pain..................	64	595
Légumes..............	20	150
	154	745

Or, les 154 grammes de matières azotées sèches renferment 22 grammes d'azote, et les matières non azotées 328 grammes de carbone. Ainsi, de 125 à 150 grammes de viande, 1 kilogramme de pain et de 200 à 250 grammes de matières féculentes, grasses ou sucrées, de nature végétale, constituent les bases d'une alimentation suffisante. Mais, comme nous le dirons plus loin, la proportion de viande doit être augmentée quand il s'agit de jeunes gens dont le corps est dans la période d'accroissement, ou de personnes livrées à des travaux corporels fatigants; la ration sera alors élevée à 250 ou 300 grammes. M. Payen (*Traité des substances alimentaires*, p. 346 et suiv.) a formulé des rations normales théoriques, c'est-à-dire composées en vue de répondre aux indications posées ci-dessus; toutefois, en thèse générale, nous dirons que, relativement à la quantité des aliments, on doit surtout consulter les besoins individuels et le sentiment de bien-être et de vigueur, ou de langueur et de faiblesse, qui suit le régime auquel on est soumis; que la proportion des différentes sortes d'aliments doit varier suivant la constitution, les habitudes sédentaires ou actives, le genre de travail, les climats, etc. Nous en reparlerons plus bas, à l'occasion de l'hygiène des âges.

Il faut encore tenir compte de la nature des aliments : plus ils sont aqueux et pauvres en azote, plus leur quantité doit être considérable; c'est ce que l'on voit chez les herbivores, qui absorbent des masses énormes d'aliments, et compensent ainsi la qualité par la quantité. Il est bien évident que, dans tout ce qui précède, nous ne parlons pas de ces individus doués d'un appétit vorace, et dont l'estomac exige double et triple ration; c'est là une particularité tout à fait exceptionnelle, et, sinon toujours une maladie, du moins une véritable infirmité.

La nature du régime influe d'une manière très-notable sur la force et la constitution de l'homme; c'est ce que nous allons examiner ici.

Régime animal. Sous l'influence d'un régime à peu près exclusivement composé de viande, le sang devient plus riche, plus épais; l'embonpoint augmente peu, mais les muscles acquièrent un volume et une fermeté remarquables. On connaît les repas des héros d'Homère; on sait que les athlètes, les lutteurs, faisaient une énorme consommation de viande, et la légende de Milon de Crotone assommant un bœuf d'un coup de poing et le mangeant dans la journée exprime parfaitement ce rapport nécessaire entre la vigueur corporelle et une alimentation très-substantielle. Voici, en outre, quelques faits récents qui montrent combien l'usage des substances animales est nécessaire aux hommes qui se livrent à de grandes fatigues.

Dans une usine de fer établie en 1825 aux carrières de Charenton, certains travaux très-pénibles ne pouvant être accomplis par les ouvriers français, on fit venir des Anglais qui s'en acquittèrent parfaitement. Les chefs de l'établissement, attribuant cette inégalité de forces au mauvais régime des ouvriers français, prirent des mesures pour que ceux-ci pussent manger de la viande, et surtout de la viande rôtie, en aussi forte proportion que les ouvriers anglais ; le résultat espéré ne se fit pas longtemps attendre. En 1841, lors de l'établissement du chemin de fer de Paris à Rouen, on se vit encore en présence des ouvriers anglais, et, par la même raison déjà énoncée, les Anglais accomplissaient un tiers d'ouvrage de plus que les Français. Alors on substitua, dans l'alimentation de ces derniers, le bœuf rôti aux soupes, au bouilli, aux légumes dont ils se nourrissaient, et l'égalité des forces fut bientôt rétablie. Enfin on a vu, dans de grands établissements industriels, le nombre des malades, et par conséquent le nombre des journées de chômage, diminuer d'une manière très-notable après que l'usage de la viande de boucherie eut été introduit dans le régime des ouvriers. Ajoutons que les substances animales apaisent la faim pour un temps plus long et sont mieux digérées que les substances d'origine végétale. Voilà des faits qui répondent à toutes les théories des légumistes; l'homme doit se nourrir de viande.

Maintenant, comme nous le disions plus haut, il est bien clair qu'il faut se garder de l'abus, mais faire en sorte que la richesse de l'alimentation soit proportionnée à la somme des pertes éprouvées par l'organisme. Un régime trop substantiel, chez les personnes oisives ou livrées à des travaux sédentaires, détermine les accidents de l'*alimentation excessive* dont nous parlerons plus loin.

Régime végétal. Ce que nous venons de dire nous dispense ici de longs détails. Assurément, l'homme peut vivre de végétaux, mais aux dépens de sa vigueur et de son énergie ; ainsi qu'on l'a déjà fait observer ingénieusement, l'Indien, mangeur de riz, a dû fléchir sons le joug de l'Anglais, mangeur de viande. De l'alimentation exclusivement végétale résulte l'appauvrissement du sang. L'état de faiblesse et d'amaigrissement dans lequel se trouvent les personnes qui observent rigoureusement le carême est un fait bien connu.

.... Plus défait et plus blême
Que n'est un pénitent au sortir du carême!

a dit Boileau. On sait que beaucoup de personnes ne peuvent supporter le régime maigre.

Il faut donc, en dernière analyse, en venir au *régime mixte*, composé de substances animales et végétales en proportions convenables, ainsi que nous l'avons établi plus haut.

De l'alimentation insuffisante. On dit qu'il y a alimentation insuffisante quand, les pertes de chaque jour n'étant pas réparées d'une manière complète, l'individu est, en quelque sorte, obligé de prendre le complément de sa nourriture dans sa propre substance, et de vivre ainsi de son capital. Alors la graisse disparaît, le volume des muscles s'amoindrit, le sang devient clair et séreux, et en même temps les diverses fonctions deviennent languissantes, la respiration et la circulation se ralentissent, la chaleur vitale diminue d'une manière sensible, le moral perd toute son énergie. A un degré plus avancé, l'amaigrissement est devenu extrême, la peau est sèche, décolorée; il se forme des hydropisies; la mémoire, les facultés intellectuelles se perdent, et enfin, quand la cause de ce dépérissement persiste, on voit arriver la mort dans un état de décrépitude anticipée et au bout d'un temps plus ou moins long, suivant l'âge, le degré de force de l'individu, etc. Tel est l'état déplorable dans lequel tombent de malheureuses populations, dans les années de famine; c'est ce qui a été observé dans les Flandres, par M. le docteur Meersman, pendant les années 1846 et 1847; c'est ce qui s'est rencontré plusieurs fois pendant les famines du moyen âge, et ce qui se voit si souvent dans la famélique Irlande.

Cette insuffisance des aliments est tantôt absolue, tantôt seulement relative. Elle est relative, par exemple, pendant la période d'accroissement de la vie : l'enfant, le jeune homme ont besoin d'une alimentation plus considérable que ne semblent le comporter leur âge et leur degré de développement; la femme grosse, la femme qui allaite, ont également besoin d'une alimentation surabondante : car, chez toutes deux, une partie des sucs nourriciers se trouve détournée de sa destination ordinaire. Enfin, la même chose arrive chez les hommes forcés de se livrer à des travaux pénibles, ou qui se trouvent exposés d'une manière continue à l'action d'un froid très-vif.

L'alimentation est insuffisante d'une manière absolue, quand les substances ingérées ne renferment pas une quantité convenable d'éléments réparateurs. C'est ce qui peut avoir lieu dans le cas où l'on prolonge trop le régime végétal, régime composé surtout de végétaux herbacés; c'est ce qu'on voit dans les années de disette, chez les indigents. D'autres fois, les aliments sont en quantité suffisante, ou bien ils renferment des éléments nutritifs en proportion convenable; mais ils sont dans de mauvaises conditions de conservation: ils sont altérés, falsifiés, etc.; alors ils déterminent des troubles divers dans l'estomac et les intestins, et le travail de la digestion, se trouvant entravé, ne fournit qu'un chyme impropre à la nutrition. Une alimentation excessive, ou trop variée, déterminant des désordres dans les voies digestives, il en résulte les mêmes effets. Une mastication incomplète, une mauvaise réglementation des repas, trop rapprochés ou trop éloignés, agissent encore de la même manière en troublant les digestions.

Mais, de toutes ces causes, l'insuffisance de matières azotées est assurément la plus commune et la plus active. Il faut reconnaître aussi que l'absence de certaines substances nécessaires au travail de la digestion peut amener des désordres dans la nutrition, et produire les effets de l'insuffisance. Ainsi, il est bien reconnu que le sel marin est un véritable aliment. Le fer et le phosphate de chaux sont également indispensables; mais les nécessités et les conditions de leur emploi rentrent plutôt dans la médecine que dans l'hygiène.

L'insuffisance de l'alimentation produit des effets différents, suivant le genre de vie de ceux qui s'y trouvent soumis. L'exercice et la vie au grand air en atténuent beaucoup les effets, probablement en stimulant les puissances digestives, de telle sorte que l'intestin puise dans l'aliment, même insuffisant, qui lui est présenté, tout ce qu'il peut y prendre d'éléments réparateurs. En voici une preuve. M. Magendie, fait observer M. Chapelle (*Thèse*, 1847), a vu mourir les chiens qu'il nourrissait avec du pain et de l'eau, et cependant les chasseurs nourrissent souvent les leurs avec les mêmes aliments; mais les premiers étaient tenus clos dans les caves du Collége de France, tandis que les seconds sont au grand air et en liberté. Ainsi, une nourriture devenue insuffisante par la privation du mouvement et d'un air pur peut acquérir la faculté de soutenir les forces, avec le concours de ces agents.

D'après l'énoncé des causes que nous avons passées en revue, il est facile de voir ce qu'il convient de faire dans chacun de ces cas. On renforcera l'alimentation des jeunes sujets, des femmes qui nourrissent; on introduira de la viande dans le régime des hommes qui fatiguent; on rendra plus frugale l'alimentation des personnes sédentaires ou qui mangent trop, etc.

S'il s'agit de malheureux arrivés à l'inanition, il faudra d'abord les réchauffer avec le bain chaud et les maintenir dans une douce température; on procédera par degrés à leur alimentation : ainsi on commencera par des aliments liquides; le bouillon est ici une précieuse ressource, surtout le bouillon froid; on donnera quelques cuillerées de vin vieux et généreux; puis on passera aux aliments solides, et l'on accordera la préférence aux substances de digestion stomacale, les œufs, les viandes, surtout grillées ou rôties, etc. On arrivera ainsi à rétablir les forces, sans secousses et sans accidents. Dans certains cas, l'atteinte portée à la constitution est si profonde, que tous les fortifiants échouent et que le sujet meurt exténué, malgré le changement de régime. C'est ce que l'on a vu dans des expériences sur les animaux : il vient un moment où il est trop tard.

Certaines personnes, qui sont sédentaires et qui vivent dans un air confiné, ont peu d'appétit et éprouvent une sorte d'instinct d'abstinence ; elles arrivent ainsi à manger d'une manière insuffisante, d'où les accidents signalés plus haut. Dans ces cas, il faut se forcer de manger aux heures habituelles des repas, afin de ne pas faire perdre à l'estomac l'accoutumance de ses fonctions. On y aidera d'ailleurs par l'exercice au grand air.

De l'alimentation excessive. De même que par l'abstinence prolongée les facultés digestives diminuent, de même, dans le cas d'alimentation excessive, l'estomac se dilate et s'accoutume à cette exagération; mais, dans l'immense majorité des cas, c'est aux dépens de la santé. On connaît la foule de maux que la gourmandise entraîne à sa suite : la pléthore, la tendance aux apoplexies, aux hémorrhagies; les affections des voies intestinales, du foie; la goutte, la gravelle; sans parler de l'obésité, de l'affaissement des facultés intellectuelles et affectives. Arrivé à un certain degré, le gourmand, comme on l'a tant de fois répété, n'est plus qu'un véritable pourceau. On a voulu distinguer la gourmandise de la gloutonnerie; mais trop souvent ce sont là deux degrés successifs d'un seul et même vice : le gourmet doit être mis à part.

Du reste, M. Bérard en a fait la remarque, les hommes, en général, mangent trop. Quant aux avantages de la sobriété, ils se résument en deux mots : santé, longévité.

Réglementation des repas. Il semblerait, au premier abord, que, pour le moment de ses repas, l'homme doit consulter seulement les sensations de la faim, et manger quand son estomac lui demande des aliments; mais l'expérience a démontré les inconvénients attachés à cette manière d'agir. Aussi, chez tous les peuples, excepté peut-être chez ceux-là seulement qui sont à l'état sauvage primitif, a-t-on pris l'habitude de déterminer les heures des repas. Rien, en effet, n'est plus nuisible que l'irrégularité à cet égard; pour mon compte, j'ai vu des hommes doués de la plus belle et de la plus vigoureuse constitution, qui, étant adonnés aux affaires, affectaient en quelque sorte de n'avoir pas d'heures réglées, éprouver au bout de quelques années des dérangements très-graves dans les digestions, être pris de ces affections nerveuses si pénibles connues sous le nom de *gastralgies*, et ne guérir qu'avec beaucoup de difficultés, et seulement après avoir établi un ordre régulier dans leurs réfections.

Laissant de côté ce qui se fait dans les autres pays, et pour ne parler que de nous, voici, je crois, les principes qu'il convient de suivre.

Les personnes qui sortent de bonne heure et doivent se livrer à un exercice actif, ou qui sont exposées à respirer des émanations malsaines, doivent prendre, en se levant, quelque nourriture légère et médiocrement substantielle, un potage, une tasse de café au lait ou de chocolat. A part cette circonstance, le premier repas, le déjeuner, sera pris vers dix ou onze heures du matin, et se composera d'œufs ou de légumes, pour les personnes livrées à des occupations sédentaires; il devra, au contraire, avoir pour base des substances animales, pour les individus qui se livrent à des exercices ou à des travaux fatigants. Vers cinq ou six heures du soir aura lieu le dîner, qui doit compléter la dose de l'alimentation; c'est ce repas qui est ordinairement le plus substantiel.

Un intervalle de cinq à six heures est nécessaire entre chaque ingestion d'aliment, afin de donner à la digestion le temps de s'accomplir. Si d'impérieuses circonstances forcent de laisser un intervalle plus long, il faudra, entre les deux repas trop éloignés l'un de l'autre, faire une très-légère collation, qui, sans surcharger l'estomac, lui permette d'attendre sans souffrance une plus complète réfection.

Dans le courant des repas, il faut prendre les boissons par portions fractionnées, de manière à arroser, en quelque sorte, les substances alimentaires. Une autre précaution fort importante, et dont l'inobservation peut entraîner de graves désordres du côté de la digestion, c'est de bien mâcher les aliments, ceux-là surtout qui offrent une certaine cohésion ; les substances féculentes ont surtout besoin, pour être digérées, d'être fortement broyées et imprégnées de salive.

Un repas un peu abondant doit être suivi d'un exercice modéré ; une course rapide, des efforts violents et continus entraveraient le travail digestif.

« On peut affirmer d'une manière absolue, dit M. Fleury, qu'il n'est point d'une bonne hygiène de manger copieusement peu de temps avant de se coucher. Le souper, ce repas favori de nos pères, devrait être universellement aboli. Le sommeil, lorsque l'estomac est distendu par des aliments et qu'une digestion laborieuse doit s'opérer, est agité, troublé par des rêves, des cauchemars ; la respiration est gênée, la tête se congestionne. Le repas du soir est particulièrement dangereux aux individus replets, pléthoriques, prédisposés aux congestions, aux hémorrhagies cérébrales, etc. »

Pour en finir avec cette question, si importante d'ailleurs, nous rappellerons ce vieux dicton qui nous révèle les usages du xve et du xvie siècles :

Lever à cinq, dîner à neuf,
Souper à cinq, coucher à neuf,
Font vivre d'ans nonante et neuf.

C'était assurément là une hygiène bien entendue, et il prit mal au bon roi Louis XII pour s'en être départi.

On sait que la digestion s'accompagne d'une accélération du pouls. Cette accélération peut être de dix à douze pulsations par minute, surtout lorsque l'on fait usage d'aliments chauds. Les aliments froids, non-seulement ne sont pas indigestes, comme le pensent certaines personnes, mais sont mieux tolérés par les estomacs irritables ou fatigués. Quant aux substances glacées, que l'on a souvent l'habitude de prendre, soit dans le milieu des repas, soit immédiatement après, elles peuvent avoir des inconvénients et troubler le travail digestif.

II.

DES BOISSONS[1].

L'eau que renferment nos organes ou qui sert de véhicule à nos différentes humeurs est incessamment rejetée à l'extérieur par les diverses sécrétions (urine, sueur, transpiration pulmonaire); il faut donc la remplacer incessamment aussi : de là, la nécessité des boissons. De ce que nous venons de dire, il semblerait résulter que l'eau est la seule boisson dont l'homme ait besoin. Cela est vrai à la rigueur; mais, dans le but de favoriser la digestion, de faire pénétrer certains stimulants ou certaines substances de nature alimentaire, trop souvent aussi pour flatter le sens du goût, l'homme a inventé une foule de liqueurs diversement composées, mais dans lesquelles l'eau entre toujours pour une très-forte proportion.

Les boissons dont nous avons à parler ici sont : d'abord l'eau, puis les liqueurs fermentées, les liqueurs fermentées et distillées, les boissons acides et les boissons aromatiques.

I. De l'eau. — Des qualités d'une bonne eau potable[2].

L'homme ne peut faire usage de l'eau de mer, à cause de son insupportable amertume, et de ses qualités vomitive et purgative; il se sert donc exclusivement d'eau douce (eau de pluie, de source, de rivière, de puits, etc.). Une bonne eau potable doit : 1° être limpide; 2° être tempérée en hiver, fraî-

1. PAYEN, ouvrage cité (Voy. p. 153).

2. GUÉRARD, *Du choix et de la distribution des eaux dans une ville.* — Thèse etc., in-8°, Paris, 1852.

che en été; 3° avoir une saveur agréable; 4° dissoudre le savon sans grumeaux, et cuire facilement les légumes secs; 5° tenir en dissolution une quantité convenable d'air, d'acide carbonique et de substances minérales; 6° enfin être exempte de matières organiques.

Reprenons :

1° *L'eau doit être limpide.* L'eau trouble est altérée par des matières de différentes sortes, des terres, des débris de matières organiques animales ou végétales qu'elle tient en suspension, etc. Une telle eau, sans être toujours très-malsaine, est au moins répugnante; il faut donc lui rendre sa limpidité. Le repos pendant quelques jours permettrait aux matières étrangères de se déposer au fond du vase; mais à ce procédé, beaucoup trop long, on préfère le *filtrage*. Nous n'avons point à parler ici des grands appareils dont l'étude appartient à l'hygiène publique, mais de ceux-là seulement que l'on emploie dans les ménages.

Dans la filtration, on fait passer l'eau par son propre poids à travers des substances poreuses, ou des matières sablonneuses, qui retiennent les impuretés dans les conduits étroits qu'elles offrent au passage du liquide; l'eau sort donc de ces conduits parfaitement clarifiée. On emploie dans ce but le grès écrasé ou le sable de rivière, dont on garnit le fond de la fontaine. Le charbon de bois concassé, mais surtout le charbon animal, en couche plus ou moins épaisse, seul ou ajouté aux substances précédentes, est un excellent filtre et, de plus, un désinfectant; il convient donc surtout quand il s'agit d'eaux contenant des débris animaux ou végétaux. Seulement il faut le renouveler assez souvent. On emploie habituellement des fontaines filtrantes, dans lesquelles l'eau pénètre dans une sorte de chambre placée à la partie inférieure de la fontaine, et dont les parois sont formées d'une pierre poreuse. Cet appareil clarifie très-bien; mais, quand il s'agit d'eaux malsaines, le charbon est préférable.

2° *L'eau doit être tempérée en hiver, fraîche en été.* Certaines sources offrent ces précieuses qualités; mais, dans les conditions ordinaires, l'eau, très-froide au dehors pendant l'hiver, se réchauffe dans nos demeures; dans l'été, on a recours à divers moyens pour la rafraîchir : on peut entourer de linges mouillés les carafes de table et les suspendre à une corde de manière qu'elles se balancent librement; l'eau qui imbibe les linges, en se vaporisant, enlève à la carafe, et par suite à l'eau qu'elle renferme, une quantité de chaleur qui produit un abaissement très-notable de la température. Les alcarazas, si employés dans les contrées méridionales, sont des vases en terre poreuse qui laissent passer l'eau. Celle-ci se vaporise à mesure qu'elle arrive à la surface du vase, et détermine ainsi le refroidissement de l'eau renfermée dans le vase. Enfin, l'addition de glace très-pure dans l'eau, l'immersion du vase qui contient l'eau dans une autre eau très-froide ou artificiellement refroidie par de la glace, le séjour à la cave, etc., sont les moyens habituellement employés. (Voy. plus bas la question d'hygiène relative à la température de l'eau.)

3° La *saveur* de l'eau est chose fort difficile à définir : elle ne doit être ni fade, ni piquante, ni salée, ni douceâtre. Les personnes qui font un usage habituel de l'eau acquièrent une délicatesse merveilleuse pour distinguer à la saveur les eaux de bonne qualité.

4° *L'eau doit dissoudre le savon sans faire de grumeaux, et cuire facilement les légumes secs*. Ceci exige quelques explications. Il n'y a d'eau réellement pure que l'eau distillée, qui est fade et indigeste; l'eau douce ordinaire renferme diverses matières salines qui consistent particulièrement en sulfates et carbonates de chaux et en chlorure de sodium (sel marin). Ce dernier, quand il ne dépasse pas certaines proportions, très-restreintes d'ailleurs, est avantageux pour la digestion. On peut en dire autant du bi-carbonate de chaux; quand il ne dépasse pas la proportion d'un demi-millième, il agit sur l'estomac d'une manière favorable et fournit la chaux nécessaire à la réparation du tissu osseux. Quant au sulfate de chaux, sa présence est nuisible; c'est lui qui donne aux eaux ce qu'on appelle la *dureté*, la *crudité* (eaux séléniteuses[1]). A la dose de plus d'un millième, il donne à l'eau une saveur douceâtre, et la rend impropre aux usages domestiques ; le savon que l'on veut y faire dissoudre est décomposé, et il se forme avec la chaux un savon insoluble qui se dépose en grumeaux; les légumes secs (pois, haricots) que l'on veut y faire cuire, sont bientôt pénétrés et entourés par un dépôt calcaire, qui les empêche de se ramollir.

Enfin, les eaux renferment habituellement de l'iode et du brôme, et, suivant M. Chatin, l'absence de la première de ces deux substances dans les eaux de certaines contrées serait la cause du goître et du crétinisme que l'on y observe. Suivant cet auteur, une eau salubre doit renfermer au moins un trentième de milligramme d'iode par dix litres. Sans nier l'influence que peut avoir l'absence de l'iode sur la production du goître et du crétinisme, je crois qu'il y a là un ensemble de causes topographiques et géologiques dont il faut tenir compte.

Au total, comme les mauvaises qualités des eaux peuvent tenir à la présence de quelques substances autres que celles énumérées ci-dessus, il est important, avant de faire usage d'une source, de la soumettre à l'examen d'un chimiste.

5° *L'eau doit contenir de l'air et du gaz acide carbonique en dissolution.* Une chose assez remarquable, c'est que l'air en dissolution dans l'eau renferme plus d'oxygène (26 à 34 pour 100 au lieu de 20 à 21) que l'air atmosphérique. Quant à l'acide carbonique, il représente le dixième ou la moitié au plus des gaz dissous, et la quantité totale de ceux-ci s'élève à 3 ou 4 et demi pour 100 du volume du liquide. L'eau non aérée est fade, indigeste; aussi, quand l'eau a été privée d'air, par une ébullition prolongée par exemple, faut-il l'aérer de nouveau en agitant fortement le vase qui la renferme. L'acide carbonique la rend stimulante et digestive.

6° *L'eau doit être exempte de matières organiques.* Les

1. Les anciens chimistes donnaient le nom de *sélénite* au sulfate de chaux, qui n'est autre chose que la pierre à plâtre.

matières terreuses et limoneuses troublent l'eau, lui donnent un goût désagréable et la rendent plus lourde, mais non malsaine. Il n'en est pas de même des matières organiques; les eaux qui tiennent en suspension des débris fermentés ou putrides d'animaux et de végétaux ne peuvent être consommées sans de graves inconvénients. Outre leur goût désagréable, elles occasionnent des accidents plus ou moins graves du côté des voies digestives, des diarrhées, des engorgements de la rate et du foie, et les accidents de la cachexie paludéenne (Voy. p. 71).

Les eaux que l'on emploie habituellement sont les eaux de pluie, de puits, de sources, de rivière et les eaux stagnantes.

L'*eau de pluie* est assurément la plus pure de toutes, puisqu'elle a subi une sorte de distillation; cependant elle contient les sels déjà indiqués et, assez souvent, de l'ammoniaque: elle est très-aérée et oxygénée, et remplit, par conséquent, toutes les conditions d'une bonne eau potable. On la recueille habituellement dans des citernes ou des réservoirs. Il est bien important que les tuyaux de conduite et les parois de ces réservoirs ne soient pas construits en plomb, comme on a trop souvent la mauvaise habitude de le faire; le plomb est attaqué par les sels de l'eau, qui peut alors occasionner de véritables empoisonnements, comme on l'a vu il y a quelques années, à Claremont, dans la famille du roi Louis-Philippe.

L'*eau de puits* justifie en général sa mauvaise réputation; elle a pour origine des sources plus ou moins profondes, formées elles-mêmes par les eaux pluviales qui ont filtré à travers les terrains. La pureté du liquide dépend donc de la nature du sol qu'il a traversé. Des terrains formés de sulfate de chaux ou de magnésie fournissent des eaux impropres aux usages domestiques. Les eaux les plus pures sont celles qui ont traversé des terrains sableux. Aussi, les partisans du nouveau système anglais préconisé par M. Ward proposent-ils de desservir les villes avec de l'eau recueillie au moyen du drainage dans les terrains sableux, ou dans les terres de bruyère. Quelquefois les eaux de puits sont altérées par des filtrations provenant d'égouts, de fosses d'aisance, ou de certains établissements industriels, tels que boyauderies, féculeries, fonderies de graisses, etc. Les eaux que l'on va chercher à de grandes profondeurs par les forages artésiens sont souvent très-pures, témoin celles du puits de Grenelle.

Ce que nous venons de dire s'applique également aux *eaux de sources*, dont la fraîcheur et la limpidité sont souvent si attrayantes, mais dont la composition chimique ne répond pas toujours à ces séduisantes apparences. Elles sont parfois dures et crues : les meilleures sont celles qui proviennent de sols sablonneux. Cependant, avant d'en faire usage, il faut les soumettre à l'analyse.

Même chose encore pour les *eaux de rivière*, qui sont formées par des sources ; il en est de très-dures et de très-malsaines. L'eau de la Seine, prise au niveau du Jardin des Plantes, est excellente et très-pure ; mais à Chaillot, c'est-à-dire au-dessous de Paris, où l'on a si ingénieusement placé la pompe de puisement, elle est altérée par la masse énorme de fluides impurs qu'y déversent incessamment les égouts.

De toutes ces eaux, les plus malsaines sont assurément celles des *marais*, des étangs, et surtout des mares : nous n'avons pas besoin d'y insister.

Quant à *l'eau de mer*, elle ne peut être bue en nature, mais on a imaginé divers appareils pour la distiller à bord.

Ce que nous avons dit jusqu'ici s'applique aux qualités de l'eau ; voyons quelle est son action sur la santé de l'homme, suivant les deux conditions principales dans lesquelles elle est ingérée, c'est-à-dire la température et la quantité.

1° *Température*. L'eau *fraîche*, de 10° à 12°, est celle qui convient le mieux ; elle est tonique, légèrement excitante, et apaise parfaitement la soif. L'eau *glacée* est d'abord affaiblissante et sédative ; mais bientôt il se manifeste une réaction plus ou moins énergique avec chaleur à l'estomac. Bien que l'on ait beaucoup exagéré les dangers de l'ingestion de l'eau très-froide quand le corps est en sueur, nous ne pouvons cependant les méconnaître. Mais d'abord, il faut, avec M. Guérard, faire une distinction importante et déjà notée à l'occasion des bains froids : ou le corps est échauffé par la chaleur extérieure, ou bien il l'est par l'exercice, le mouvement : les inconvénients, à peu près nuls dans le premier cas, n'existent guère que dans le second, et alors les accidents sont d'autant plus à redouter que le liquide est plus froid, qu'il a été ingéré en plus grande quantité, et enfin que l'estomac était dans un état plus complet de vacuité. C'est ainsi qu'on a vu survenir, chez des personnes qui en avaient fait usage dans ces conditions, des accidents nerveux plus ou moins intenses, des syncopes, des inflammations plus ou moins violentes de la poitrine ou du bas-ventre, des cholérines ou le choléra, même en dehors des temps d'épidémie, etc.

Les moyens de diminuer ces dangers sont, outre le précepte de boire moins froid, d'ajouter à l'eau quelque stimulant, comme de l'eau-de-vie ou du vin ; de boire par petites gorgées, en gardant un instant le liquide dans la bouche et en ne lui faisant que lentement franchir le gosier, ce qui, d'ailleurs, procure une sensation désaltérante très-agréable. Quand l'estomac est vide, on prendra quelques bouchées d'un aliment quelconque. Ce dernier précepte, qui fera sourire un adepte de l'école de J. J. Rousseau, n'en a pas moins son utilité constatée par l'expérience.

L'eau *tiède* est débilitante et n'apaise point la soif ; elle est d'ailleurs repoussée à cause de la sensation nauséeuse qu'elle provoque. A la longue, elle affaiblit l'estomac, trouble les digestions. L'usage habituel de l'eau tiède pendant les chaleurs doit être regardé comme la cause première, généralement méconnue, de plusieurs maladies intestinales.

L'eau *chaude* est assurément préférable, quoiqu'elle ait aussi l'inconvénient de débiliter à la longue, mais son premier effet est stimulant ; prise quelques heures après le repas, elle favorise la digestion chez les personnes à estomac paresseux. Elle est, en général, aromatisée avec le thé, le café, etc.

2° *Quantité*. Peut-on déterminer la quantité d'eau qu'il convient de prendre dans les vingt-quatre heures? Nous ferons ici la même réponse que pour les aliments (Voy. p. 167). Or, comme la moyenne des pertes quotidiennes par l'exhalation pulmonaire, la transpiration, etc., s'élève à peu près à deux litres, il en résulte que la quantité moyenne de boisson doit s'élever au même chiffre. Il y a d'ailleurs ici, comme pour les aliments, des particularités individuelles, des besoins spéciaux auxquels il faut obéir. Dans les chaleurs, plus on transpire, plus on a soif, et plus on boit, plus on transpire. Le meilleur moyen d'arrêter la transpiration et la soif, c'est donc de boire très-peu; des liqueurs stimulantes, eau-de-vie coupée d'eau, vin pur, café, etc., valent mieux que l'eau, qui pousse aux sueurs, comme le savent bien les hydropathes.

Prise en trop grande quantité, l'eau a de grands inconvénients : si c'est pendant les repas ou immédiatement après, elle trouble la digestion, en délayant par trop les substances alimentaires et diminuant la stimulation de l'estomac, lequel finit quelquefois par se débarrasser, au moyen du vomissement, de la masse qui le surcharge. Les indigestions d'eau ne sont pas rares, dit M. Fleury, chez les individus traités par les hydropathes ignorants ou aveuglés par l'esprit de système.

L'excès habituel des boissons aqueuses amène une débilitation générale, l'inertie des intestins, des diarrhées rebelles, etc.

Chez les personnes sanguines, irritables, l'usage de l'eau a de très-grands avantages : il s'oppose à la stimulation trop vive des organes, atténue la richesse trop grande du sang, et combat la pléthore, si dangereuse par ses conséquences (congestions, apoplexies, hémorrhagies, etc.). L'eau convient surtout aux goutteux, aux personnes qui ont fait abus de la bonne chère, en un mot, dans les cas où il faut appauvrir le sang et calmer les organes surexcités : c'est la boisson des hommes livrés à des travaux sédentaires et qui exigent une grande contention d'esprit.

Beaucoup de personnes prennent avec avantage un verre

d'eau fraîche le matin à jeun, et le soir avant de se coucher.

II. Des boissons fermentées.

Les boissons fermentées sont de deux sortes. Les unes ont seulement subi la fermentation alcoolique : ce sont le vin, le cidre, le poiré et la bière; les autres ont subi en outre la distillation, qui a isolé l'alcool : ce sont les eaux-de-vie.

Du vin.

Le vin est le résultat de la fermentation du jus de raisin. Dans ce travail, le sucre que contient le raisin se transforme en alcool, en laissant dégager de l'acide carbonique.

Les vins se présentent sous la forme d'un liquide, coloré en jaune ou en rouge plus ou moins foncé ; ce liquide renferme de l'eau en très-forte proportion (de 75 à 90 pour 100); de l'alcool en proportion variable, suivant la force des vins (de 7 à 15 et même 20 ou 25 pour 100); du tannin, de l'acide acétique (vinaigre), des tartatres de chaux, de potasse et d'alumine, du chlorure de chaux, une matière azotée, et enfin une substance particulière, une huile éthérée, volatile, qui donne au vin ce parfum spécial à chaque cru, et que l'on désigne sous le nom de bouquet.

On peut, au point de vue de l'hygiène comme à celui du goût, distinguer quatre espèces de vins, suivant la prédominance de telle ou telle des substances composantes que nous venons de faire connaître. Ce sont les vins alcooliques, astringents , acides et mousseux.

1° *Vins alcooliques ou spiritueux.* Ce sont plus particulièrement les vins du Midi. Les raisins mûris par un soleil ardent contiennent une forte proportion de sucre qui, dans la fermentation, donne tout naturellement une forte proportion d'alcool. Ces vins sont sucrés ou secs, et contiennent de 12 à 15 et même 20 et 25 pour 100 d'alcool. Les vins sucrés (Frontignan, Alicante, Lunel, Malvoisie, etc.), dans lesquels l'alcool est masqué par le sucre, ne conviennent pas aux personnes dont l'estomac est débile, ou qui sont atteintes de gastralgie; les vins secs de Xérès, de Madère, vieux et non additionnés d'alcool, comme on le fait trop souvent, sont en général mieux supportés : ils sont plus légers, stimulent parfaitement l'estomac et favorisent la digestion; chez les convalescents ou chez les personnes très-délicates, il faut les couper d'eau, au moins dans les premiers temps.

2° *Vins astringents.* Ici le tannin et quelques tartrates prédominent, et donnent au vin cette saveur particulière, cette légère sensation de resserrement à la surface de la langue, si marquée dans les vins de Bordeaux, types des vins astringents. La proportion d'alcool s'élève rarement au-dessus de 13 ou 14 pour 100. A ce genre appartiennent plus spécialement les vins du Bordelais, de la Bourgogne, du Rhône, du Languedoc, etc. Ils conviennent à un plus grand nombre de personnes que les précédents, et la nature semble les avoir multipliés en conséquence. Coupés avec de l'eau, ils constituent la boisson ordinaire pendant les repas. Certains crus fournissent des vins très-délicats et très-estimés des gourmets (Château-Margaux, Bordeaux-Laffitte, Chambertin, Nuits, la Romanée, etc.).

Les vins de Bordeaux, plus riches en tannin que ceux de la Bourgogne, sont plus avantageux pour les personnes nerveuses, irritables, atteintes de gastralgies, et pour les convalescents. Ils sont à la fois toniques et légers. Ceux de la Bourgogne sont plus excitants; ceux du Languedoc plus excitants encore. En général, les vins vieux l'emportent de beaucoup sous le rapport de la salubrité, et les vins rouges sont mieux supportés que les vins blancs, surtout par les personnes nerveuses.

3° *Vins acides.* Ils sont le produit des climats froids ou mal exposés, et contiennent seulement de 5 à 7 pour 100 d'alcool; mais, en revanche, l'acide acétique et les tartrates acides prédominent. Les vins des environs de Paris, et en particulier, le trop célèbre cru de Suresne, peuvent servir de type. Ces vins ne sont pas seulement mauvais au goût; ils sont encore nuisibles à l'estomac, en raison de leur acidité qui trouble la sécrétion du suc gastrique. De là des désordres dans la digestion, des gastralgies, des diarrhées, un état de mauvaise nutrition attesté par la maigreur chez les personnes qui en font un usage habituel. Disons cependant que des exercices actifs et la vie au grand air peuvent en atténuer les inconvénients. L'ivresse en est pénible et habituellement accompagnée d'indigestion.

4° *Vins mousseux.* Ce sont des vins qui, ayant été mis en bouteille avant la fermentation alcoolique, se trouvent chargés de l'acide carbonique dégagé pendant ce travail, et auxquels on fait subir, en outre, quelques préparations. Le plus célèbre de ces vins est le vin de Champagne; mais on en fait aussi dans beaucoup d'autres contrées. Les vins mousseux sont légers, agréables; ils stimulent favorablement l'estomac, sont diurétiques, et donnent lieu à une ivresse gaie et passagère.

Il est bien certain que l'homme peut vivre sans faire usage du vin. Toutefois, à part la question de sensualité, le vin est bien souvent une précieuse ressource pour les personnes débiles, pour les estomacs délabrés, dans les convalescences, etc. Le vin n'est pas seulement une boisson, mais, en raison des principes carbonés qu'il renferme (sucre, alcool), c'est un véritable aliment respiratoire, et, comme tel, il active la calorification; il renferme en outre quelques principes azotés assimilables, et partant nutritifs; enfin il stimule le système nerveux, et détermine un état d'excitation passagère dans tous les organes de l'économie. Or, c'est précisément cette puissance d'excitation que l'on a souvent occasion de mettre à profit, dans les cas de faiblesse naturelle ou accidentelle, pour relever rapidement les forces. Dans les cas de faiblesse de tempérament, nous préférons cependant l'usage d'une alimentation substantielle qui reconstitue les organes avec de bons matériaux; le vin n'est ici pour nous qu'un adjuvant.

Plus ou moins coupé d'eau, le vin est, dans la plus grande partie de la France, la boisson habituelle pendant les repas, et beaucoup de personnes ne peuvent y renoncer sans inconvénient pour les digestions.

Du cidre et du poiré.

Le cidre s'obtient en faisant fermenter le jus de la pomme; le jus de la poire fournit le poiré. Le cidre contient les acides des fruits employés, du sucre et de l'alcool, dont la proportion varie de 4 à 8 et même 9 pour 100. Quand la fermentation du sucre continue en bouteilles, le cidre devient mousseux; il est alors très-agréable au goût et simule le champagne. Ces boissons peuvent être parfaitement supportées par des individus vigoureux et vivant au grand air, mais leur acidité ne convient pas aux personnes délicates et dont l'estomac est faible; elles donnent lieu très-souvent à des dérangements d'intestin, à des diarrhées, surtout chez les novices. Quoi qu'il en soit, leur usage est à peu près universellement adopté dans plusieurs départements des anciennes provinces de la Picardie, de la Normandie et de la Bretagne.

De la bière.

La bière est une boisson très-anciennement connue, et répandue dans une grande partie de l'Europe. C'est, on le sait, une infusion d'orge germée et additionnée de houblon, que l'on a soumise à la fermentation alcoolique. Elle contient de 1 à 4 pour 100 et même, pour certaines bières étrangères, de 6 à 8 pour 100 d'alcool, et de plus, de la dextrine, du sucre de fécule et une matière azotée.

La bière est certainement une des meilleures boissons dont l'homme puisse faire usage : elle est légèrement tonique, excitante, et même un peu nutritive; certaines personnes, cependant, ne peuvent la supporter, en raison d'une disposition tout à fait individuelle. Elle produit aussi quelquefois des flux muqueux. Les bières fortes (ale, porter) sont nourrissantes, mais indigestes, et poussent à l'obésité. Disons enfin que l'ivresse de la bière est très-pénible.

Des boissons fermentées et distillées.

Toutes les substances qui renferment de la fécule, laquelle peut se changer en dextrine, puis en sucre; toutes les substances qui renferment naturellement du sucre peuvent fournir de l'alcool. L'eau-de-vie n'est autre chose que de l'alcool obtenu par la distillation du vin (esprit-de-vin) et coupé d'eau : d'après ce que nous venons de dire, on comprend que les céréales et une foule de racines et de plantes peuvent donner de l'eau-de-vie. Le rhum provient de la canne à sucre, le kirshwasser des cerises, des merises, etc. L'alcool de raisin et du sucre, aromatisés avec le principe odorant de certaines plantes, servent à préparer les liqueurs de table, telles que l'anisette, le cassis, le curaçao, le brou de noix, etc.

L'eau-de-vie, que nous prenons comme type des alcooliques, est un liquide excitant, très-énergique, qui porte facilement au cerveau, active la circulation, la calorification, etc. Cette liqueur ne devrait être employée que dans certaines circonstances tout à fait exceptionnelles : chez les personnes soumises à l'action d'un froid très-intense, chez les ouvriers occupés à des travaux pénibles, dans les localités froides et humides, ou bien au milieu d'un air malsain; c'est donc, on le voit, plutôt à titre de médicament, et, dès lors, à doses très-modérées, que l'eau-de-vie doit être employée.

De l'abus des boissons fermentées en général, et des alcooliques en particulier.

Le premier et le plus ordinaire des accidents produits par ces liquides, c'est l'*ivresse*, véritable empoisonnement d'autant plus violent dans ses manifestations que le liquide était plus riche en alcool. La mauvaise qualité des vins, mais surtout leur mélange, donne à l'ivresse un caractère plus grave, et la fait quelquefois dégénérer en une sorte de folie furieuse. L'abus habituel du vin et plus spécialement des alcooliques émousse l'appétit, dérange les digestions, affaiblit l'intelligence, et finit par amener un état d'abrutissement avec décrépitude anticipée qui se termine par la mort; et ce qu'il y a de plus pénible, c'est que les enfants des individus arrivés à cette dégradation attestent, par leur constitution débile et chétive, les vices de leurs parents.

Si des chagrins prolongés, la misère, le défaut d'une alimentation suffisante et le besoin d'une stimulation chez les ouvriers livrés à des travaux pénibles, amènent assez souvent l'habitude, puis l'abus des boissons fermentées, il faut reconnaître aussi que la paresse, la sensualité, les mauvais conseils et les mauvais exemples, sont les causes les plus communes de l'ivrognerie et des maux qu'elle entraîne à sa suite.

L'autorité devrait-elle intervenir pour réprimer, par une pénalité sévère, le vice honteux de l'ivrognerie, ainsi que cela se pratique dans quelques contrées de l'Europe?.... Nous n'hésitons pas à répondre par l'affirmative. Mais c'est là une question d'hygiène publique, qui sort par conséquent du cadre que nous nous sommes tracé.

III. Des boissons acides.

Les sucs des fruits acides (cerises, groseilles, citrons, etc.), étendus d'eau et sucrés, les solutions des sirops de ces mêmes fruits, telles sont les boissons acides ordinaires. Prises en petite quantité, elles n'ont pas de grands inconvénients; mais leur abus peut en offrir de fort graves. Les substances acides ont pour effet de troubler la sécrétion du suc gastrique, cet agent de la digestion stomacale; les liquides dont nous parlons, pris avec excès, doivent donc déterminer des désordres dans la digestion, des maux d'estomac, des diarrhées, etc.

Elles sont avidement désirées pendant les grandes chaleurs, mais leur action débilitante les rend alors très-nuisibles; c'est ce que l'on a constaté pour l'eau vinaigrée, qui fatigue l'estomac et abat les forces. Aux boissons acides on préférera l'eau additionnée de vin, d'eau-de-vie ou de rhum, une légère infusion de café froid ou de thé. Nous donnerons du reste, à la fin de cet article, les formules de quelques boissons économiques, proposées dans ces derniers temps pour suppléer le vin, devenu si cher depuis quelques années.

Parmi les boissons acides, on peut ranger les eaux de seltz artificielles, dont on fait aujourd'hui un très-grand usage. L'eau de seltz, simple solution de gaz acide carbonique, n'a point les effets des liquides acides dont nous venons de parler; elle est légère, stimulante et digestive, bien qu'elle ne convienne pas à tout le monde.

IV. Des boissons aromatiques.

Les boissons aromatiques sont les infusions de thé, de café et de chocolat; elles forment une véritable transition entre les boissons proprement dites et les aliments, car elles servent à la fois à désaltérer et à nourrir.

1° *Du thé.* Le thé est connu en Chine et au Japon depuis l'antiquité la plus reculée; mais il n'a pénétré chez nous que vers la fin du XVIIe siècle. Son usage est très-répandu dans le nord de l'Europe; l'Angleterre, en particulier, en consomme 15 millions de kilogrammes par an, tandis qu'en France la consommation ne s'élève qu'à 232 000 kilogrammes.

La chimie a démontré l'existence, dans cette plante, d'un principe azoté stimulant, la théine, et une assez forte proportion de tannin, etc.

On connaît un grand nombre d'espèces de thés, qui peuvent se ranger en deux classes principales, les thés verts et les thés noirs : les premiers sont beaucoup plus excitants que les seconds. L'infusion de thé est un stimulant agréable, à la fois nourrissant et digestif. Mêlé au lait.

il est léger et très-sain, surtout pour les personnes livrées à des travaux sédentaires. Il peut encore servir de complément à un repas plus substantiel. Souvent on en fait usage quelques heures après le dîner ; c'est là une habitude dont nous n'avons rien à dire, sinon qu'elle flatte le goût en même temps qu'elle facilite la fin de la digestion. Observons cependant qu'il ne faut pas excéder la dose de deux ou trois tasses.

Les personnes nerveuses ne peuvent pas supporter l'infusion de thé, et l'abus est suivi, dit-on, d'accidents assez graves, du côté du système nerveux ; il survient de l'amaigrissement, des maux d'estomac, une surexcitation très-pénible, etc. Ces faits ne s'observent guère en France, où l'usage du thé est, comme on l'a vu, très-limité.

2° *Du café.* Connu en Perse dès le IXe siècle, puis en Arabie, le café a été introduit chez nous à peu près en même temps que le thé, c'est-à-dire vers 1660 ; et il donna lieu, on le sait, à cette belle prédiction de la trop spirituelle Mme de Sévigné : Racine passera comme le café.

L'infusion des graines de café torréfiées, puis moulues, est peut-être la liqueur la plus suave, la plus parfumée, dont l'homme ait découvert l'usage ; elle renferme une matière assez riche en azote, et un principe stimulant, la caféine, que quelques chimistes regardent comme identique avec la théine. Le café est donc à la fois un excitant et un aliment. M. Payen a calculé qu'un litre de café au lait (parties égales d'infusion [1] de café et de lait) représente six fois plus de substance solide, et trois fois plus de matière azotée qu'une même quantité de bouillon. Mais ce sont là de ces calculs théoriques, auxquels il ne faut pas accorder trop de confiance dans la pratique. Cependant, au dire de M. de Gasparin, le café aurait l'avantage de fixer en quelque sorte la nourriture ; ainsi, les mineurs de Charleroy, qui font entrer dans leur

1. L'infusion de café se fait dans la proportion de 100 à 120 grammes de café pour un litre d'eau bouillante.

régime le café au lait pour une très-forte proportion, se trouveraient très-bien nourris, quoique le reste de leur régime soit tout à fait insuffisant.

On sait les services que le café rend aux voyageurs, aux habitants des pays tropicaux et à ceux des pays froids et humides; il relève les forces, active l'énergie vitale, réveille l'intelligence, neutralise les effets stupéfiants des alcooliques, combat les influences miasmatiques, permet de supporter les fatigues, la faim, la soif, etc.

On sait enfin qu'en Algérie le café a été introduit avec avantage dans la ration du soldat. Il serait bien à souhaiter que les pauvres moissonneurs, les hommes livrés à des travaux de défrichement, d'assainissement, etc., pussent en faire usage à la place des liqueurs fermentées et des alcooliques, dont l'abus est si nuisible.

La stimulation favorable que le café exerce sur l'intelligence le rend bien cher aux artistes, aux gens de lettres, aux savants; beaucoup ont pu en user toute leur vie et même avec excès, et cependant parvenir à une vieillesse très-avancée. Voltaire, qui vivait pour ainsi dire de café, avait coutume de répondre, quand on cherchait à l'effrayer sur les dangers de cette habitude : « Oui, le café est un poison lent ; mais un poison bien lent. » Disons-le pourtant, l'abus du café peut produire sur le système nerveux des accidents analogues à ceux du thé, sur lequel il l'emporte d'ailleurs de tout point. Ses propriétés stimulantes le rendent nuisible pour les sujets éminemment nerveux, pour les personnes atteintes d'affections chroniques des poumons ou du cœur; mais c'est ici au médecin à permettre ou à proscrire son emploi. Le café au lait est le déjeuner habituel de populations tout entières, et il ne paraît guère avoir d'inconvénients que pour certaines femmes délicates et chlorotiques. L'usage de la demi-tasse de café à l'eau immédiatement après le dîner est également très-répandu. Aller au delà, ce serait abuser, et, nous l'avons dit, malgré quelques exemples de tolérance, cet abus peut n'être pas sans inconvénients.

Suivant quelques observations récentes, les feuilles du caféier pourraient fournir une infusion très-agréable participant, pour le goût et pour l'utilité, du café et du thé, auquel elles se substitueraient avec avantage. Comme le caféier est un arbre très-riche en feuillage, il pourrait fournir des produits très-abondants et dès lors peu coûteux. Si les propriétés que l'on attribue aux feuilles de caféier sont réelles, l'importation de cette nouvelle substance serait un véritable bienfait pour l'humanité.

3° *Du chocolat*. Le chocolat, que l'on range parmi les boissons, est un véritable aliment, très-substantiel, très-réparateur et complet, c'est-à-dire renfermant en dose considérable des matières azotées et carbonatées. C'est une puissante ressource pour les personnes nerveuses, délicates; pour les convalescents, chez lesquels il remplace avantageusement le café au lait; cependant, de même que tous les autres aliments, même les plus légers, il rencontre des estomacs réfractaires. Le chocolat préparé à l'eau passe en général beaucoup mieux que celui auquel on mêle du lait; mais ce dernier est évidemment plus nourrissant.

V. De quelques boissons économiques proposées pour remplacer le vin, la bière, etc.

La cherté toujours croissante des liqueurs fermentées a fait imaginer diverses boissons économiques pour les remplacer.

En voici quelques-unes :

Recette de M. Duvivier. Pour avoir une pièce de boisson on emploiera :

Eau........................	240 litres.
Alcool 3/6....................	5 ou 6 litres.
Tartre brut rouge..............	250 grammes.
Mûres de haies et prunelles, ou prunes de petit damas noir dites de *domino*..................	6 ou 8 kilogrammes.

On fait dissoudre le tartre rouge dans deux litres d'eau bouillante, et on verse la solution trouble dans un tonneau où l'on a mis d'abord les mûres et les prunelles, ou les prunes de *domino*. On verse sur ces fruits trois chaudronnées d'eau bouillante, et l'on remue avec un bâton fendu. Ce mélange sera abandonné au repos pendant cinq jours. Au bout de ce temps on ajoute l'alcool, on remplit le tonneau avec de l'eau et l'on bouche la bonde. Il est convenable de laisser éclaircir le liquide avant d'en tirer ; on peut le mettre en bouteilles.

Une pièce de cette boisson coûte de 20 à 25 francs au plus.

Bière de glands; recette de M. Bounotte. Pour un tonneau de 320 litres, on prend cinq boisseaux de glands bien mûrs, luisants, pesants à la main et non piqués; on les lave soigneusement, puis on les met dans un grand baquet où on les laisse baigner pendant trois semaines dans de l'eau renouvelée tous les trois ou quatre jours. Puis, après les avoir rincés à l'eau pure, on les jette dans le tonneau, qui sera rempli d'eau à moitié et où ils baigneront facilement. On y ajoutera alors un boisseau d'orge, qu'on aura fait préalablement bouillir pendant quelques minutes, sur un feu vif et sans fumée, dans un chaudron où la matière surnagera. Le tout sera jeté dans le tonneau, en y ajoutant quelques poignées de fruits secs ou de fleurs de houblon; on y mettra tous les jours un seau d'eau jusqu'à ce que la futaille soit pleine, et enfin on en couvrira simplement la bonde sans la fermer hermétiquement.

Bientôt la liqueur fermente avec ébullition. Dès que l'ébullition est apaisée, on peut faire usage de la boisson, mais en ayant soin de remplir le tonneau à mesure qu'on en tire du liquide. Ces eaux de glands peuvent durer douze à quinze mois sans diminution marquée dans leurs propriétés

Recette de M. Baruel. Prenez : eau, 100 litres; — vinaigre d'Orléans, un demi-litre; — vergeoise[1], 4 kilogr.

1. On appelle *vergeoise* une espèce de sucre brut.

500 grammes; — fleurs de violette et de houblon, de chaque 60 grammes; — fleurs de sureau, 40 grammes; — levure de bière, 12 grammes.

Faites bouillir vingt litres d'eau pris sur les cent litres, et ajoutez les fleurs dans l'eau bouillante; au bout de cinq minutes, retirez du feu, passez l'infusion à travers un linge et jetez dans le tonneau; ajoutez alors la vergeoise et remuez bien avec un bâton. Cela fait, versez l'eau qui forme le restant des cent litres, puis le vinaigre, et enfin la levure de bière, que vous divisez très-exactement avec la main dans la masse liquide; agitez le tout fortement et bouchez le tonneau. On laisse reposer pendant quatre jours et l'on met en bouteilles.

Cette boisson revient à 7 centimes le litre.

III.

DE QUELQUES SUBSTANCES PRISES EN NATURE OU EN VAPEUR.

Du tabac, de l'opium, du haschisch et du camphre.

« Comme si l'air, les eaux et les aliments ne contenaient point, dit Fleury, assez de causes plus ou moins inévitables de maladies, l'homme a augmenté le nombre de celles-ci en se créant des besoins factices, des habitudes ridicules, repoussantes, tyranniques et nuisibles, parmi lesquelles l'usage du tabac, du camphre, de l'opium et du haschisch occupe le premier rang. »

Du tabac.

De toutes les habitudes vicieuses auxquelles un goût dépravé ait pu amener l'homme, celle du tabac est assurément une des plus dégoûtantes et des moins explicables. Aspiré sous forme de fumée âcre et fétide, mâché en feuilles de saveur pénétrante et nauséeuse, le tabac ne manque jamais de produire, les premières fois qu'il est employé, des accidents plus ou moins pénibles, des vertiges, des nausées, des vomissements, une anxiété extrême, etc..... Plus tard cependant la tolérance s'établit, et l'habitude finit par devenir une impérieuse nécessité. Le tabac introduit en poudre dans les narines provoque seulement de l'éternuement et une irritation assez vive, parfois même des vertiges, mais non pas les accidents dont nous venons de parler.

Le tabac renferme un poison narcotico âcre des plus violents, la nicotine, dont un procès récent a fait connaître les funestes propriétés, et, de plus, dans le tabac préparé en poudre, on trouve de l'ammoniaque. Quoique les effets de la nicotine se bornent ordinairement aux accidents que nous avons signalés plus haut, la mort peut être le résultat d'un excès de tabac. Ainsi Marshall-Hall et Helwig ont vu mourir dans les convulsions trois jeunes gens, dont l'un avait fumé dix pipes, un second dix-sept et le troisième dix-huit!...

Quant aux effets de l'emploi habituel, ils diffèrent suivant la manière dont on consomme le tabac.

1° Le *tabac en poudre* dessèche les narines, amène quelquefois des excoriations, des fissures très-douloureuses et très-rebelles aux orifices des narines, et détériore l'odorat. Le priseur se fait reconnaître à l'odeur repoussante de tabac qu'il exhale, à la malpropreté de son linge et souvent même de sa figure. Mais, à part ces inconvénients, l'habitude de priser est encore la moins nuisible.

2° Le tabac *mâché* ou *chiqué*, comme on le dit, jaunit les dents, rend l'haleine fétide, provoque une sécrétion continuelle de salive, altère le goût, et même, si l'on avale de la salive mêlée de jus de tabac, il peut en résulter des accidents d'empoisonnement. La *chique* n'est guère usitée que parmi les marins.

3° Le tabac aspiré *en fumée* est devenu aujourd'hui d'un

usage à peu près général. C'est pour l'État une source de revenus très-considérables, et qui s'accroît d'une manière très-sensible. De 29 millions qu'il donnait en 1787, le produit s'est élevé à 40 millions de 1811 à 1830; il monte aujourd'hui à plus de 100 millions!... D'après les calculs de M. Chevallier, un Français consomme autant de tabac qu'un Russe, deux fois plus qu'un Italien, trois fois moins qu'un Allemand ou un Hollandais, et quatre fois moins qu'un Belge.

Le tabac se fume soit en feuilles roulées (cigares), soit en feuilles hachées que l'on brûle en *pipe*, ou enveloppées dans un cylindre de papier (cigarettes). Les pipes à court tuyau, appelées si énergiquement *brûle-gueule* par les soldats, offrent de sérieux inconvénients : outre une usure des dents qui serrent le tuyau, la pression de celui-ci sur les lèvres y fait naître très-souvent des tumeurs de nature cancéreuse; de plus, la fumée arrive dans la bouche plus âcre, plus chargée de principes nuisibles. Les pipes à long tuyau sont donc préférables, surtout quand la fumée doit traverser un liquide qui lui enlève ses principes vénéneux. C'est dans ce but que les Orientaux, ces fumeurs éternels, emploient le *narguillé*.

L'action de la fumée noircit les dents, surtout quand on fait usage de la cigarette; elle donne à l'haleine une odeur des plus désagréables, détermine dans l'arrière-gorge une irritation permanente qui prédispose aux angines, et provoque une soif habituelle, cause fréquente de l'abus des boissons, et partant de l'ivrognerie!... L'appétit se détériore; le matin les fumeurs ont la langue chargée, la bouche mauvaise; c'est au cigare ou à la pipe qu'ils en appellent pour éveiller l'appétit; c'est encore à l'aide du même moyen qu'il leur faut solliciter les puissances digestives de l'estomac. Le sentiment de chaleur et de sécheresse des voies respiratoires, qui se montre surtout chez ceux qui inspirent la fumée dans les bronches, ne se calme que par l'intervention de la pipe. Le tabac détermine une certaine stimulation de l'intelligence; mais cette excitation passagère est suivie d'un état de torpeur, d'abattement, qui rend l'homme impropre au travail, à moins qu'il n'ait recours à son excitant factice. Il est donc obligé de fumer toutes les fois qu'il veut faire usage de ses facultés digestives ou intellectuelles, ou bien faire cesser le malaise que lui cause l'interruption de sa détestable habitude. Il est devenu l'esclave de sa pipe ou de son cigare; pour satisfaire cette passion impérieuse, il néglige affaires, convenances, affections, relations de société et même de famille....

Ainsi l'habitude de fumer avec excès trouble les facultés digestives, diminue l'intelligence. Voici à cet égard une remarque très-curieuse, faite par M. Danet, un médecin, qui s'est beaucoup occupé de cette question. On appelle *fruits secs* les élèves qui, après avoir été admis à l'École polytechnique, ne peuvent passer leurs examens ultérieurs et sortent sans l'épaulette. Tous ceux qui fument avec excès ne sortent pas *fruits secs*, mais tous les *fruits secs* fument énormément. On connaît l'apathie, l'inertie morale des peuples soumis à l'empire de la pipe.... M. Fleury, que sa position spéciale dans l'établissement hydrothérapique de Bellevue met à même de voir un grand nombre d'affections du système nerveux, est porté à croire qu'il faut rapporter à l'extension considérable qu'a prise en France l'habitude de fumer le développement si considérable, depuis une vingtaine d'années, de ces paralysies à marche lente et progressive, qui se montrent en dehors de toute lésion appréciable du système nerveux.

Quels sont donc les avantages que présente le tabac pour contrebalancer de tels inconvénients?

Il stimule l'imagination.... Les écrivains, les poëtes, les peintres, les sculpteurs des siècles passés ne connaissaient pas l'usage du tabac; leur imagination était-elle plus stérile que celle des auteurs et des artistes contemporains? Le tabac, comme stimulant de l'intelligence, n'est réellement nécessaire que pour le fumeur lui-même, engourdi par l'action de cette pernicieuse substance; il lui faut donc tourner continuellement dans le cercle vicieux où il s'est enfermé. Mais, si un excitant est nécessaire pour les imaginations paresseuses, le thé, le café ne sont-ils pas mille fois préférables?

Il distrait, il calme les inquiétudes, les chagrins!... N'est-il pas vraiment honteux pour l'homme qu'à défaut d'énergie et de courage moral, il soit obligé d'avoir recours à la fumée du tabac?

Il désennuie... Qui donc?... Les désœuvrés, sans doute, ou bien ces hommes sans éducation qui ne peuvent trouver en eux-mêmes des ressources contre l'oisiveté et l'isolement.

Ces prétendus avantages ont déjà été développés depuis longtemps par Sganarelle, quand il défend le tabac contre *Aristote et sa docte cabale*. Or, Sganarelle, c'est la sensualité matérielle et grossière; Aristote, c'est le goût épuré, la raison, et voilà précisément ce qui fait que l'usage du tabac s'est si vite répandu et qu'il tend à s'accroître chaque jour davantage. Dans ce monde, et même en France, Sganarelle l'emportera toujours sur Aristote.

Enfin, quant au besoin créé par l'habitude, besoin tellement impérieux qu'il jette dans un malaise inexprimable les personnes accoutumées à l'usage du tabac lorsque cette drogue infecte vient à leur manquer, nous ferons observer que l'on peut en triompher par degrés; et d'ailleurs, chose bien remarquable, le fumeur invétéré ne s'aperçoit pas, lorsqu'il a les yeux bandés, du moment où sa pipe vient à s'éteindre; il ne fume jamais dans l'obscurité, et ceux qui deviennent aveugles se déshabituent complétement de fumer, preuve bien évidente que le principal plaisir du fumeur consiste à voir s'envoler la fumée.... Singulier plaisir! Au moins l'homme de Molière, qui crachait dans l'eau pour faire des ronds, ne s'empoisonnait pas.

En résumé, si l'usage *modéré* du tabac peut être permis à de pauvres ouvriers, travaillant dans des localités froides, humides et malsaines, aux marins éloignés de leur patrie, aux soldats, dans les camps, nous n'hésitons pas à le proscrire d'une manière absolue, pour les hommes placés dans les conditions ordinaires de la vie civilisée.

De l'opium et du haschisch.

Nous n'avons que peu de chose à dire ici de l'opium et du haschisch, car l'emploi de ces substances ne s'est heureusement pas encore introduit chez nous.

L'*opium* s'avale sous forme de pilules prises à doses toujours croissantes; ou se fume dans des pipes particulières. Les premiers effets consistent dans un engourdissement plus ou moins profond, et, à ce qu'il paraît, plein de charme et de béatitude, quelquefois mêlé de rêves voluptueux.

Mais, par la continuation de ces excitations cérébrales, les facultés intellectuelles s'affaiblissent, l'appétit se perd, le corps s'amaigrit, il survient un état permanent d'hébétude; diverses affections de l'intestin, du poumon ou du cœur se développent, et la mort termine, au bout d'un temps plus ou moins long, cette décrépitude anticipée.

Le *haschisch*, extrait du chanvre indien, se prend sous la forme d'une pâte connue des Orientaux sous le nom de *dawamesc*, et à laquelle on ajoute divers aromates. Les effets produits par cette substance diffèrent notablement de ceux de l'opium. Ce sont des rêves bizarres, des hallucinations où le grotesque et le terrible se mêlent, se confondent de la manière la plus extravagante : la personne qui a pris du haschisch ne tombe pas dans un véritable sommeil, car elle se sent mouvoir et agir, mais d'une façon toute particulière, dans des conditions que l'imagination la plus folle n'inventerait pas, et dont le souvenir survit à l'action de la substance enivrante. C'est à l'ensemble de ces rêves et de ces hallucinations que les Orientaux, chez lesquels l'usage du haschisch est assez répandu, donnent le nom expressif de *fantasia*. Quant aux effets de l'usage habituel, ils sont à peu près ceux de l'opium, quoique moins prompts et moins violents; mais le résultat est toujours le même, la mort après la décrépitude.

Faut-il dire que nous proscrivons l'opium et le haschisch?

Du camphre.

Une doctrine empirique, très-répandue chez nous, probablement en raison de son absurdité, a mis le camphre à la mode : on prise, on respire le camphre pour tuer les insectes.... qui causent, dit-on, toutes nos maladies!... L'abus du camphre peut avoir des inconvénients qu'il est bon de signaler.. Prisé, il détermine une irritation habituelle des fosses nasales avec enchifrènement. Aspiré en vapeur, il donne souvent lieu à de la toux. Mais l'action se porte plus particulièrement sur le système nerveux. De là des gastralgies, des accidents spasmodiques de différentes sortes, et un affaiblissement d'un genre particulier, qui peut être fort avantageux pour les personnes vouées au célibat par la profession religieuse, mais qui ne saurait convenir dans le monde de la famille.

APPENDICE.

I. Des vases et ustensiles employés pour la préparation et la conservation des substances alimentaires et des boissons.

Cette histoire de l'alimentation serait incomplète, si nous ne disions quelques mots des précautions qu'il faut apporter dans le choix des vases et ustensiles destinés à préparer ou à conserver les aliments et les boissons.

Les vases sont de deux sortes, en terre cuite ou en verre et en métal.

Le verre, inattaquable même par la plupart des réactifs les plus énergiques, est la substance qui convient le mieux pour conserver les différentes espèces d'aliments solides ou liquides. J'en dirai autant de la porcelaine, qui en outre va très-bien sur le feu. Les vases en terre vernissée sont très-employés. Il entre bien de l'étain ou du plomb dans la matière du vernis; mais le premier est sans danger, et quant au second, il est là dans un état de combinaison si intime, qu'il ne saurait être attaqué, même par des réactifs chimiques. Il faut que le vernis soit très-adhérent et très-dur; autrement il s'enlève en écailles, et le vase contracte une odeur des plus désagréables, qui se communique aux aliments que l'on veut y faire cuire.

Les métaux employés pour les préparations culinaires sont l'argent, le fer, l'étain, le zinc, le plomb et le cuivre. Les deux derniers seuls sont nuisibles, et les autres ne le deviennent que par leur alliage avec ceux-ci. Ainsi l'*argent* pur ne serait pas attaqué par les substances alimentaires, mais il peut devenir dangereux en raison de la proportion de cuivre qu'il renferme habituellement. Le *fer battu*, le *fer-blanc* ou fer étamé, servent à faire des vases très-utiles et tout à fait exempts d'inconvénients. Le fer-blanc est employé avec avantage pour la confection des caisses destinées à contenir l'eau dans les voyages en mer. Les conserves alimentaires sont renfermées dans des boîtes de fer-blanc. Le fer battu est très-employé pour les marmites, les poêles, les casseroles, etc. M. Gaultier de Claubry a démontré que le *zinc* est exempt des inconvénients qu'on lui avait attribués, et, en effet, l'oxyde qui se forme, du reste assez facilement, à sa surface, n'est pas attaqué par les substances alimentaires. On peut en dire autant de l'*étain* lorsqu'il n'est pas mélangé de plomb. Il est très-utile pour faire des boîtes et des enveloppes.

Le *plomb* est facilement attaquable par l'air, l'eau, les acides, les sels, etc. Il se forme alors des composés solubles qui, mêlés aux substances solides ou liquides que renferment les vases formés de ce métal, produisent des accidents d'empoisonnement.

Le *cuivre* est encore plus dangereux que le plomb : il est très-aisément attaqué par les corps gras, huile et beurre, par les acides, l'eau, l'air même ; de là la formation de sels cuivreux (vert-de-gris), dont tout le monde connaît les funestes propriétés. Malgré ces dangers, le cuivre est, de tous les métaux, le plus employé pour la confection des ustensiles de cuisine. Les casseroles de cuivre étamé, bien entretenues, bien surveillées, sont sans inconvénients ; mais il n'en est pas de même des vases de cuivre pur : tous les mets que l'on y prépare renferment une certaine proportion de vert-de-gris. C'est là ce qu'il faut bien savoir. « Pour l'empêcher de s'y former en quantité notable, dit M. Lévy, il faut que la chaleur des mets soit portée promptement à la température de l'ébullition, que celle-ci dure peu et que les mets soient transvasés encore bouillants ; dès que l'ébullition cesse, le vert-de-gris se produit assez facilement pour qu'il soit imprudent de laisser les aliments séjourner dans le vase même au delà d'un quart d'heure. » Du reste, la prudence exige qu'on ne laisse jamais les aliments se refroidir et séjourner dans les vases de cuivre, étamés ou non. L'oubli de ces préceptes cause chaque jour de graves accidents.

II. Des bonbons et liqueurs colorés ; des papiers d'enveloppe colorés par des matières vénéneuses.

Une mesure en vigueur à Paris seulement, et qu'il serait bien désirable de voir étendre à toute la France, détermine quelles sont les substances qu'il convient d'employer pour colorer les bonbons, les liqueurs et autres produits de la confiserie. Car il faut savoir que l'on employait à cette coloration des composés vénéneux, tels que l'arséniate de cuivre, des sels de plomb, etc., et que, dans les localités où des visites sévères ne sont pas faites fréquemment, de pareilles préparations sont vendues au public et peuvent occasionner de graves accidents.

Ce n'est pas tout : des substances alimentaires peuvent être enveloppées dans des papiers teints avec des substances vénéneuses. Ainsi, la plupart des papiers colorés en vert clair doivent cette nuance à l'arséniate de cuivre, ou bien à un mélange d'un bleu quelconque avec de la gomme-gutte ou du chromate de plomb. Certains papiers sont colorés en jaune par le chromate de plomb ; en orange par l'oxyde de plomb (*minium*); en rouge par le sulfure de mercure; en bleu par des préparations de cuivre, etc. Il est facile de prévoir les dangers qui peuvent en résulter, surtout pour les enfants, qui portent si facilement tous les objets à leur bouche; et, puisque nous en sommes sur ce sujet, nous dirons que l'on a vu des enfants empoisonnés pour avoir sucé des cartes glacées, qui doivent leur couleur blanche et leur aspect luisant à un composé plombique. C'est à l'autorité d'empêcher que les substances dangereuses ne soient appliquées à des objets d'usage alimentaire; mais il est bon que les particuliers soient prévenus de la possibilité de ces accidents, et des conditions dans lesquelles ils peuvent se produire.

III. De la conservation et de la falsification des aliments et des boissons.

Nous n'avons point à regretter ici que le défaut d'espace nous interdise d'aborder ces importantes questions. On les trouvera parfaitement et complétement traitées dans l'excellent ouvrage de M. Payen. Quant aux falsifications en particulier, nous ne pouvons que faire des vœux pour qu'une législation rigoureuse vienne y mettre un terme, et proportionne enfin le délit au dommage. Tout le monde a lu les spirituels et judicieux réquisitoires d'Alphonse Karr sur ce sujet ; espérons que sa voix sera entendue de l'autorité.

DEUXIÈME PARTIE.

INFLUENCES INDIVIDUELLES[1].

I.

HYGIÈNE DES AGES.

On désigne en physiologie, sous le nom d'âges, les différentes périodes d'accroissement, d'état stationnaire et de déclin propres aux êtres organisés, mais particulièrement aux animaux. Combien peut-on compter de périodes dans la vie de l'homme ? Les auteurs ne sont pas d'accord à cet égard ; très-anciennement on a divisé la vie en quatre âges :

1° *L'enfance*, de la naissance à 14 ou 15 ans ;

2° *La jeunesse*, de 15 à 25 ou 30 ans ;

3° *L'âge viril*, de 25 ou 30 ans à 60 ans ;

4° *La vieillesse*, de 60 ans à la mort.

Cette division est assurément très-simple et peut être adoptée, mais à la condition d'établir quelques subdivisions, particulièrement dans la première période, celle de l'enfance.

Les principes d'hygiène établis dans la première partie de ce livre sont plus particulièrement applicables à la jeunesse et à l'âge viril. Nous n'aurons guère à parler ici que de l'enfance et de la vieillesse. Mais on comprend l'extension considérable que nous devrons donner à cette étude, dans un ouvrage de la nature de celui-ci.

1. Voy. l'introduction, p. XII.

HYGIÈNE DE L'ENFANCE.

L'enfance se partage en trois périodes bien franchement accusées : 1° de la naissance à la fin de la première dentition, c'est-à-dire jusqu'à 2 ans : c'est la période d'allaitement, ou première enfance, qui se termine par le sevrage; 2° depuis la fin de la première dentition jusqu'au commencement de la seconde dentition, c'est-à-dire jusqu'à 7 ans : c'est la seconde enfance; 3° depuis le commencement de la seconde dentition jusqu'à la grande révolution de la puberté, c'est-à-dire jusqu'à 15 ans : c'est la troisième enfance, adolescence de quelques auteurs, bien que ce mot convienne mieux à la période suivante, qui va de 15 à 20 ans et constitue la première phase de la jeunesse.

I. De la première enfance[1].

Nous aurons successivement à parler de l'hygiène du nouveau-né : de l'allaitement naturel par la mère ou par une nourrice; de l'allaitement artificiel; de l'allaitement mixte; de la première dentition et du sevrage.

Hygiène du nouveau-né.

Nous laissons de côté les premiers soins à donner à l'enfance au moment de la naissance, et qui regardent l'accoucheur ou la sage-femme, pour passer à l'examen des influences extérieures sur le nouvel être, et des moyens que l'on peut opposer à ces influences.

La première circonstance que nous ferons observer, c'est la tendance remarquable du nouveau-né au refroidissement :

1. Donné, *Conseils aux mères sur la manière d'élever les enfants nouveau-nés*. Paris 1842. — J. Béclard, *Hygiène de la première enfance*, in-12. Paris 1852. — Deux ouvrages excellents, auxquels nous avons fait de larges emprunts.

il ne réagit que très-faiblement contre l'abaissement de la température extérieure, il faut donc l'en garantir avec beaucoup de soin. Cette action du froid s'exerce de différentes manières :

1° Sur toute la surface du corps qui avait été tenu, jusque-là, dans un milieu à température constante de 36° environ; il en résulte nécessairement un trouble dans les fonctions de la peau, dont les conséquences peuvent être l'œdème du nouveau-né, maladie souvent mortelle.

2° Le froid pénètre avec l'air dans les voies respiratoires et dans les poumons, qui se trouvent pour la première fois en contact avec ce gaz; de là des coryzas, des bronchites, des pneumonies souvent fort graves.

3° Le froid agit sur les yeux, jusque-là fermés et abrités; de là ces inflammations si communes pendant les premiers jours, et qui peuvent amener la perte de la vue; le danger est donc très-grand et très-réel.

D'après les recherches de MM. Villermé et Milne Edwards, la mortalité des enfants nouveau-nés dans les départements du Nord est à la mortalité des enfants nouveau-nés dans les départements du Midi, dans le rapport de 7 à 10 ou de 9 à 11. Le même rapport existe entre la mortalité pendant les mois d'hiver et celle des mois d'été (exception faite pour les grandes chaleurs, qui sont nuisibles). Or, c'est surtout pendant les premiers jours qui suivent la naissance, que cette mortalité est considérable, et c'est bien le froid qu'il en faut accuser, puisque le plus grand nombre des enfants qui succombent à cette époque sont emportés par des inflammations des poumons; passé la première quinzaine, apparaissent les affections intestinales dues à des vices de l'alimentation; il faut donc préserver l'enfant contre le froid, et surtout contre le froid humide, le *couver* en quelque sorte pendant les premiers mois de sa vie. En conséquence, il sera placé dans un appartement chauffé convenablement et d'une manière permanente : l'air qu'il respire sera pur et fréquemment renouvelé; on ne le placera pas dans le lit de sa mère, à cause des exhalaisons malsaines qui s'en dégagent.

Mais, avant de parler de la manière de vêtir et de coucher l'enfant, nous devons dire quelques mots d'un acte légal dont il serait bien important d'obtenir la réforme, je veux parler de la *déclaration de la naissance* à la mairie. Cette déclaration doit, d'après le Code, être faite dans les trois jours qui suivent la naissance. Or, cette susceptibilité à l'action du froid, et les accidents si graves qui en sont fréquemment la suite, rendent évidemment très-dangereux le transport des nouveau-nés aux mairies, surtout pendant la mauvaise saison, surtout pour les gens pauvres ou peu aisés, qui sont obligés de faire le trajet à pied, exposés aux injures de l'air. Espérons que l'autorité, dans sa sollicitude, prenant en considération la gravité des faits que nous venons de signaler, décidera qu'à l'avenir la constatation des naissances aura lieu à domicile, comme celle des décès; et, pour répondre à une objection relative à la violation du secret qui doit entourer certaines naissances, il sera toujours facultatif aux personnes intéressées de faire porter l'enfant à la mairie.

Reste une autre question, celle du *baptême;* d'abord le baptême peut être différé à volonté quand l'enfant est bien portant; ensuite, c'est là une affaire de conscience et non une obligation légale à courte échéance, comme l'est la déclaration à l'état civil. Ce n'est pas tout, nous avons en faveur de la thèse que nous soutenons l'opinion d'ecclésiastiques très-recommandables. Le célèbre abbé Toaldo (de Padoue), s'appuyant d'une part sur les observations du docteur Verardo Zeviani, et faisant, en outre, remarquer que les enfants nouveau-nés de la campagne, plus exposés aux intempéries, succombent en plus grand nombre que ceux de la ville, et que la mortalité des enfants des juifs, qui ne quittent pas le domicile de leurs parents, est inférieure à celle des enfants des chrétiens, en conclut qu'il faut *ondoyer* les nouveau-nés à domicile pendant la mauvaise saison, et que le transport à l'église aura lieu seulement au bout de quarante jours. En 1790, le prince-évêque de Wurtzbourg ordonna aux curés de son diocèse de baptiser dans les maisons particulières pendant les trois mois d'hiver, quand ils en seraient requis. Et maintenant, pouvons-nous supposer que le clergé, instruit des dangers que fait courir aux enfants une sortie prématurée, resterait en arrière dans une question d'humanité ? Enfin, partout où ce sujet a été étudié par les hommes compétents, on est arrivé aux mêmes résultats. En Italie, les docteurs V. Zeviani (de Vérone), Trévisan (de Castel-Franco); en Allemagne, M. Jœrg (de Leipzig); en Belgique, M. Matthyssens (d'Anvers); en France, MM. Willermé et Milne Edwards; Caffort (de Narbonne), Loir, Royer-Collard, Bouvier, etc., se sont unanimement prononcés pour la constatation légale et le baptême à domicile.

Du vêtement. Le premier vêtement de l'enfant nouveau-né, c'est le maillot. On avait autrefois, et on a conservé encore dans quelques provinces, la détestable habitude d'envelopper l'enfant les bras collés le long du corps et les jambes étendues dans des langes, par-dessus lesquelles on serre encore des bandes de toile. On place ainsi le malheureux enfant dans une position d'immobilité que l'homme le plus maître de lui-même pourrait à peine supporter plus d'une heure; et cela à une époque où le besoin de mouvement se fait si vivement sentir. Grâce aux réclamations déjà anciennes des médecins, soutenus par les éloquentes protestations de Rousseau, cet usage barbare et stupide a presque entièrement disparu, et le maillot actuel ne rappelle guère que de nom celui dont nous venons de parler. Certainement il faut que le nouveau-né soit chaudement couvert, mais non étouffé, et, comme on l'a remarqué, il doit sentir au travers de ses vêtements les impressions vivifiantes de l'air.

Voici, d'après les données posées par M. Béclard dans son excellente dissertation sur l'hygiène de la première enfance, quelles doivent être les pièces et les conditions de l'emmaillotement.

Comme le jeune enfant fait un grand nombre de repas, que

la·digestion est rapide et que les déjections sont fréquentes, le vêtement doit être partagé en deux parties, l'une supérieure, fixe, permanente, l'autre inférieure, qui puisse être facilement renouvelée. Cette division a d'ailleurs un autre avantage, c'est que l'on pourra changer les différentes pièces du maillot par fractions, sans que l'enfant soit jamais complétement nu.

Les différentes pièces qui constituent la layette sont : pour les parties supérieures du corps, une petite chemise ou chemisette, une brassière en étoffe de laine ou doublée, et un fichu pour le cou; pour les parties inférieures, trois pièces ou langes, dont deux en toile et une en laine épaisse. Ces trois pièces doivent être attachées à la brassière au moyen de cordons, bien préférables aux épingles, qui produisent si souvent des piqûres. Comme la peau de l'enfant est très-délicate, il faut que les pièces du maillot qui sont en linge et qui s'appliquent immédiatement soient d'un tissu très-fin, ou du moins en linge déjà lavé plusieurs fois et un peu usé.

Il importe de ne pas trop surcharger la tête de l'enfant, dans la crainte de congestions toujours si dangereuses à cet âge, et de la susceptibilité trop grande au moindre refroidissement par le contact de l'air, quand on lui découvre la tête ; dès lors, on se bornera pendant l'hiver à l'usage d'un béguin de toile et d'un petit bonnet en tissu de coton, recouverts d'un bonnet de laine légère ou de flanelle ; on retirera ce dernier pendant l'été, et dans les grandes chaleurs on se contentera du petit béguin de toile.

La chemisette en toile, la brassière et le fichu doivent couvrir la poitrine, mais non la comprimer, laissant ainsi parfaitement libres les mouvements de la respiration et le développement de l'enfant.

Les langes sont destinés à recouvrir l'extrémité inférieure du corps et les membres inférieurs ; on en entoure le corps de l'enfant, et, comme ils sont plus longs que l'enfant lui-même, on les laisse flotter librement comme une robe, quand le temps est suffisamment chaud. Dans les mauvais temps, on replie leur extrémité, et on la fixe aux autres pièces du vêtement. Les langes doivent être appliqués d'une manière très-lâche, de manière à permettre les mouvements des jambes. Pour préserver l'enfant de ses déjections, dont le contact prolongé irrite la peau et l'excorie, on remplace, la plupart du temps, le premier lange par une serviette pliée en cravate, dont le milieu appuie sur les fesses de l'enfant et dont les deux angles latéraux embrassent le bassin comme une ceinture, tandis que l'angle inférieur, passant entre les jambes, est ramené en avant et se fixe aux deux autres sur le ventre. Cette disposition, qui simule un petit caleçon, s'oppose à la dispersion des matières dans le maillot, et rend plus faciles les soins de propreté; pendant l'hiver, il sera bon de renfermer les pieds de l'enfant dans des chaussons de laine tricotée.

Quand on a affaire à des sujets excessivement délicats, ou nés avant terme, il faut redoubler de soins et de précautions; on est quelquefois obligé de les envelopper dans de la ouate de coton.

Au bout de quelques mois on peut, si la saison le permet, apporter quelques modifications dans l'emmaillotement, et substituer au maillot lui-même une longue jupe de laine, qui dépasse les pieds de l'enfant ; on lui met alors des bas et de petits chaussons.

Jusqu'à la fin de la première enfance, dit encore M. Béclard, le vêtement des sujets des deux sexes est le même, et chacun sait les modifications qu'on lui fait subir, pour l'accommoder aux fonctions nouvelles de l'enfant qui commence à marcher. Alors, on lui met des souliers; mais ces souliers doivent être en étoffe souple, et leurs dimensions telles qu'ils ne puissent aucunement gêner les mouvements ou le développement du pied, car il en peut résulter des déviations auxquelles il sera plus tard difficile de remédier. Il est bon aussi, à l'époque dont nous parlons, d'accoutumer l'enfant, dans la belle saison, à conserver sa tête nue dans l'intérieur de la maison. Les cheveux qui ont poussé le rendent, d'ailleurs, moins sensible aux influences extérieures.

A moins de très-mauvais temps, l'enfant doit sortir tous les jours à partir de la troisième semaine en hiver, et beaucoup plus tôt dans la belle saison, et rester dehors le plus longtemps possible.

Du reste, il est bien entendu que, pendant les chaleurs, on aura soin de mettre tous les jours l'enfant en liberté sur un tapis ou sur un oreiller, et de le laisser ainsi dépouillé de ses vêtements, moins la chemisette, agiter ses membres au grand air. C'est là le premier exercice qui amène peu à peu l'enfant à marcher seul, et qui le fortifie singulièrement. Au bout de quelques mois il se tient déjà assis sur son séant, puis il se traîne en rampant, puis il se dresse contre les meubles, il fait quelques pas, il marche enfin.... Ce procédé si simple doit être préféré à l'usage des lisières, de ces chariots qui compriment la poitrine et les bras, sans avancer le moment si désiré où l'enfant peut venir de lui-même au-devant de sa mère.

C'est à cette époque qu'il convient d'avoir recours au *bourrelet*. On fait aujourd'hui des bourrelets très-légers, en paille ou en baleine, à travers lesquels l'air circule librement, et qui défendent suffisamment la tête, sans l'échauffer comme le faisaient ces gros et lourds turbans dont on la chargeait autrefois.

Du coucher. L'enfant, avons-nous dit, ne doit coucher ni avec sa mère ni avec sa nourrice, d'une part à cause des émanations nuisibles, et de l'autre à cause du danger qu'il court d'être étouffé pendant son sommeil, ou de faire une chute très-grave. Il sera donc placé dans un berceau à bords élevés, de manière à ce qu'il ne puisse tomber ; l'oreiller et le matelas ne seront ni en plume ni en laine, substances qui se laissent trop facilement imbiber par les déjections liquides de l'enfant, s'imprègnent de mauvaises odeurs et créent ainsi une atmosphère malsaine. On préférera la balle d'avoine ou le zoster, substances qui sèchent aisément, et que l'on peut renouveler fréquemment et à peu de frais. Pendant l'hiver, s'il s'agit de petits êtres très-délicats, on pourra bassiner le berceau au moment du coucher, ou bien, comme le conseille M. P. Dubois, mettre à quelque distance des pieds une bouteille remplie d'eau chaude, qui communique à l'enfant une douce chaleur. On pourra aussi lui envelopper les mains avec de la mousseline. Enfin, pour éviter l'afflux du sang vers la tête, il sera bon de donner au matelas une direction en pente de la tête vers les pieds.

Comme la température du corps s'abaisse pendant le sommeil, l'enfant, outre son maillot, est recouvert d'une couverture de coton ou de laine, mais il ne doit pas être surchargé; il faut aussi avoir soin de ne pas l'enfermer dans d'épais rideaux qui formeraient autour de lui une atmosphère confinée (Voy. p. 88 et 89).

On a beaucoup exagéré les dangers du berçage. Son principal, son seul inconvénient peut-être, est d'habituer l'enfant à ce mouvement pour l'endormir. Il n'est pas sans importance de l'accoutumer à s'endormir dans son berceau, et non dans les bras. Ce qu'il y a de meilleur pour provoquer le sommeil, ce sont assurément ces chants monotones et à demi-voix, que connaissent si bien les nourrices de la campagne. Enfin, comme l'avait déjà conseillé Rousseau, il faut habituer les enfants à dormir au milieu du bruit, aller, venir, parler autour de leur berceau, etc.

Le sommeil, chez le nouveau-né, n'est pas borné à la nuit. Pendant les premiers mois, il passe son temps à teter et à dormir; mais, vers l'âge de dix mois ou un an, il ne fait plus, dans la journée, qu'un somme d'une heure ou deux; vers l'âge de deux ans, on peut supprimer cette espèce de sieste, excepté pourtant dans les pays méridionaux ou pendant les grandes chaleurs.

Des soins de propreté. Il faut changer et renouveler souvent les pièces de linge qui forment le maillot; après les déjections, il faut laver les parties salies avec de l'eau tiède animée d'un peu de gros vin, d'eau-de-vie, d'eau de Cologne ou de vinaigre de toilette, ce qui vaut beaucoup mieux que d'essuyer à sec. De plus on fera tous les jours des lotions sur tout le corps, avec de l'eau tiède pendant les premiers mois de la vie, ensuite avec de l'eau fraîche et enfin avec de l'eau froide, c'est-à-dire à dix ou douze degrés, surtout pendant l'été. Ces lotions doivent être exécutées très-rapidement avec une éponge douce et assez volumineuse, puis on essuie l'enfant avec des linges secs et bien souples, au moyen desquels on fait une friction générale de deux ou trois minutes. Ces lavages, qui ont pour résultat de fortifier le corps, ne doivent pas être abandonnés à des mains mercenaires; ils doivent être faits par la mère elle-même, ou du moins sous ses yeux. Pendant l'hiver on les pratiquera dans une chambre bien chauffée, ou, mieux encore, à la flamme d'un bon feu. Du reste, ainsi qu'on le fait souvent aujourd'hui avec tant d'avantage, ces lotions fraîches devront être continuées au delà de la première enfance.

Outre ces lavages quotidiens, on fera prendre tous les huit jours à l'enfant un bain tiède dans lequel il restera dix ou quinze minutes; il ne faut pas négliger de le soutenir par les aisselles dans la baignoire, tant qu'il n'est pas en état de se tenir seul. Quant aux bains froids si vantés par certaines personnes et pratiqués, dit-on, dans certains pays (p. 140), nous les rejetons comme dangereux à cette période de la vie; ils sont fréquemment suivis de ces affections si graves que nous avons reconnues être la suite du refroidissement (p. 209).

La tête sera nettoyée chaque jour à l'éponge mouillée et à la brosse douce, pour en détacher les pellicules, les petites écailles qui la recouvrent. Quant aux gourmes, elles constituent une véritable maladie qu'il faut faire traiter, et non laisser subsister comme on le fait trop souvent. C'est là d'ailleurs une question tout à fait médicale.

Au bout de quatre ou cinq mois, il faut habituer l'enfant à la propreté en le présentant au bassin à des heures fixes. On arrive ainsi très-facilement à régulariser ses garde-robes, et même ses autres évacuations.

Quand il se forme au siége, aux cuisses, etc., des rougeurs, des excoriations, il faut les laver soigneusement avec de l'eau de son ou de guimauve tiède, les essuyer très-doucement, sans frotter, avec du linge usé, et saupoudrer les parties irritées avec de la poudre d'amidon, de la farine de riz ou de la poudre de lycopode.

De l'alimentation de l'enfant. — Des différents modes d'allaitement.

Cette question est assurément une des plus graves et des plus importantes de l'hygiène; car des premiers soins, de la première alimentation donnés à l'enfant, dépend sa santé future. Nous allons donc étudier ce sujet d'une manière aussi complète que possible.

L'aliment du premier âge, c'est le lait; le lait, avons-nous dit plus haut (p. 158), est un aliment complet, qui renferme tous les éléments nécessaires au développement du nouvel être : il suffit seul à l'entretien de la vie et à la formation de tous les organes.

Quand l'allaitement a lieu par une femme, c'est l'*allaitement naturel*; quand il a lieu au moyen du lait emprunté à un animal, c'est l'*allaitement artificiel*. Enfin ces deux modes sont quelquefois associés; il en résulte l'*allaitement mixte*.

Allaitement naturel [1].

Il y a ici deux choses à examiner: 1° le lait considéré en lui-même comme substance alimentaire; 2° la personne qui le fournit, la mère ou une nourrice.

1° *Le lait de femme* a été composé par la nature en vue du nouvel être qu'il doit nourrir, et, d'après cela, on doit comprendre que l'allaitement naturel l'emporte de beaucoup sur l'allaitement artificiel, comme nous le verrons d'ailleurs en parlant de ce dernier.

En thèse générale, les principes constitutifs du lait sont :

1. VERNOIS et BECQUEREL, *Du lait chez la femme dans l'état de santé et dans l'état de maladie*. Brochure in-8°. Paris, 1853.

de l'eau, du caséum, du beurre, du sucre de lait et des sels; or la proportion de ces principes varie, non-seulement suivant les espèces animales, mais encore suivant les différents individus d'une même espèce, et enfin, dans le même individu, suivant une foule de circonstances diverses, parmi lesquelles il est certain que les sensations jouent un grand rôle; à ce dernier titre on voit que le lait de la femme doit offrir plus de variations que celui des animaux. Voici, du reste, un tableau dans lequel se trouvent notés les différents degrés de richesse des laits de différentes espèces animales sur 1000 parties en poids (Vernois et Becquerel) :

	Eau.	Caséum et mat. extr.	Beurre.	Sucre.	Sels.
Vache......	864,06	55,15	36,12	38,03	6,64
Chèvre......	844,90	55,14	56,87	36,91	6,18
Anesse......	890,12	35,65	18,53	50,46	5,24
Femme.....	889,08	39,24	26,66	43,54	1,38

Le dernier lait, celui de la femme, est donc plus pauvre que les autres en beurre; le lait de l'ânesse seul s'en rapproche à cet égard : c'est ce qui les rend de plus facile digestion. En revanche, tous deux sont très-riches en sucre.

Reprenant maintenant ce qui est relatif au lait de la femme, nous trouvons plusieurs choses à considérer, dont la plupart sont empruntées à l'excellent travail de MM. Vernois et Becquerel sur le lait de la femme en santé et en maladie.

Et d'abord relativement à l'*âge du lait :* le liquide qui est sécrété immédiatement après l'accouchement diffère, par sa composition, du lait ordinaire; il porte même un nom spécial, le *colostrum;* les parties solides, le beurre et les sels en particulier, y sont en plus fortes proportions, le sucre au contraire est en proportions moindres. Ce n'est pas sans raisons que la nature a placé ce lait légèrement purgatif dans le sein de la femme; c'est pour favoriser l'expulsion des matières poisseuses et verdâtres (*meconium*) que l'enfant doit rendre dans les premiers jours qui suivent sa naissance, et dont la rétention détermine des tranchées très-violentes. Puissant argument en faveur de l'allaitement maternel !

Quant à l'âge de la nourrice ; le meilleur lait, le lait normal, se rencontre chez les femmes de 20 à 30 ou 35 ans. Chose fort singulière, les femmes douées d'une forte constitution ont un lait moins bon que les femmes d'une constitution médiocre ou même faible ; du reste, on le savait déjà, le volume des seins n'ajoute rien à la qualité du liquide qu'ils sécrètent ; une circonstance déjà connue aussi, c'est que le lait des femmes brunes vaut mieux que le lait des femmes blondes. Mais, contrairement à l'opinion reçue, l'état de grossesse n'aurait pas, suivant MM. Vernois et Becquerel, les inconvénients qu'on lui a attribués. Seulement, vers la fin de la grossesse, la composition du lait serait modifiée, et la proportion de beurre devenant plus considérable, le liquide perdrait de ses qualités digestives. Ainsi qu'on pouvait le prévoir, le régime alimentaire de la femme a une grande influence sur les qualités de la sécrétion lactée. Une alimentation insuffisante rend le lait plus pauvre en éléments réparateurs ; c'est ce dont il est facile de s'assurer par l'état misérable et chétif que présentent alors les nourrissons. Les émotions morales vives, quelles qu'en soient les sources, ont une action puissante ; le lait devient moins abondant et plus clair. Enfin MM. Vernois et Becquerel ont poursuivi leurs investigations chez les femmes en état de maladie, et, résultat assurément fort inattendu, ils ont reconnu que si, dans ce cas, le lait devient nuisible à l'enfant, c'est par excès de richesse et non parce qu'il est appauvri.

On comprend toute l'importance de ces observations, et pour le choix d'une nourrice, et pour les conditions de l'allaitement.

Conditions de l'allaitement maternel.

L'allaitement maternel est assurément le plus naturel, le plus normal. Tout le monde a lu ces pages immortelles dans lesquelles Rousseau, invoquant les plus doux sentiments et les lois de la nature, rappelle les mères à l'accomplissement du premier de leurs devoirs, l'allaitement de l'enfant qu'elles ont porté. Ces principes sont très-vrais, mais sont-ils toujours applicables? Trop souvent, dans les villes, les mères ne peuvent remplir les fonctions de nourrice; et, dans l'intérêt même de l'enfant, elles doivent y renoncer.

Quelles sont donc les raisons qui s'opposent à l'allaitement maternel? D'abord certains vices de conformation du sein, dont le médecin seul peut apprécier l'importance comme obstacles; une mauvaise santé habituelle, une affection chronique ou constitutionnelle, susceptible de se transmettre par l'hérédité; l'âge trop jeune ou trop avancé; un caractère trop impressionnable; un amour trop ardent des fêtes et des amusements du monde, qui transformerait en un fardeau pénible ce qui doit être un plaisir; ou bien, enfin, des occupations obligatoires, une habitation incompatible avec la santé d'un enfant, etc. Comme le dit judicieusement M. Donné, dans son excellent petit livre intitulé : *Conseils aux mères sur la manière d'élever les enfants nouveau-nés*, la détermination de nourrir doit être spontanée et volontaire; et même il conseille de se défier de l'enthousiasme que témoignent quelques jeunes mères, qui, dans un premier mouvement, se laissent aller à tenter au delà de leurs forces. Du reste, MM. Vernois et Becquerel l'ont prouvé, avec une constitution médiocrement forte et des seins peu volumineux, une femme peut être très-bonne nourrice.

La mère, lorsqu'elle s'est chargée de la tâche si laborieuse et si douce à la fois de nourrir son enfant, doit se soumettre à certaines conditions dont l'observation rigoureuse est de la plus haute importance. Et d'abord, quant au régime, il est reconnu depuis l'antiquité que le régime végétal augmente la quantité du lait et le rend moins irritant pour l'enfant que le régime trop exclusivement animal. L'abondance des boissons détermine aussi une augmentation de la production du lait; l'eau rougie, la bière, les décoctions d'orge, de gruau coupées avec un peu de lait, produisent plus particulièrement cet effet. Les fruits charnus, sucrés, bien mûrs, peuvent être pris sans inconvénient, avec avantage même : quant aux crudités, aux salades, aux substances épicées, salées, de haut goût, etc., elles doivent être proscrites, ou du moins n'entrer dans l'alimentation que comme accessoire fort restreint; il en est de même pour les vins et les liqueurs. La femme qui nourrit devra sortir le plus souvent possible, prendre un exercice modéré, en évitant le refroidissement, et même l'action d'une forte chaleur, qui lui serait très-nuisible. Les vêtements, appropriés d'ailleurs à la saison, doivent être amples, et surtout ne pas gêner les seins qui, se gonflant au moment de la montée du lait, seraient douloureusement comprimés. Cette compression peut devenir une cause d'engorgement. Chez certaines femmes le lait est tellement abondant qu'il s'écoule de lui-même dans l'intervalle des tetées. Il faut alors, pour éviter le refroidissement très-nuisible que le liquide produirait en mouillant les linges qui entourent les seins, adapter au niveau du mamelon une petite bouteille plate en verre, qui reçoit le lait à mesure qu'il s'écoule.

Une précaution bien importante, c'est de veiller sur les impressions morales, qui produisent de si profondes modifications dans la composition du lait. La femme qui nourrit doit éviter soigneusement toute émotion vive. On a vu, à la suite d'un accès de colère, d'une frayeur, d'un violent chagrin, etc., le lait se supprimer, ou bien s'altérer de telle sorte que l'enfant, après en avoir bu, était pris de coliques violentes, de diarrhée, et même de convulsions. Les veilles prolongées, les fatigues corporelles ou intellectuelles appauvrissent le lait, et tout au contraire, le calme de l'esprit, le repos, aidés d'un régime convenable, agissent de la manière la plus favorable sur la qualité et la quantité du lait.

Conditions de l'allaitement par une nourrice.

Si, pour une raison ou pour une autre, la mère ne peut nourrir son enfant, il faut prendre une nourrice. On ne saurait apporter trop de soin dans l'examen des conditions qui rendent une femme propre ou impropre à l'allaitement. Or, cet examen qui, pour être *complet*, doit porter sur l'état actuel, sur la santé antérieure, sur la constitution, le caractère, etc., de la nourrice, ne peut être fait que par un médecin, et celui-ci doit s'éclairer de toutes les lumières que les acquisitions modernes de la chimie, de la microscopie, etc., mettent à sa disposition. Nous n'avons donc point à entrer dans ces détails; ce que nous allons dire n'est applicable qu'aux parents, pour les guider dans le choix préalable de la nourrice, qu'ils devront soumettre à la décision définitive et motivée de l'homme de l'art. Il ne sera question ici que des conditions extérieures pour ainsi dire.

Une bonne nourrice doit être d'une constitution moyenne, âgée de vingt à trente ou trente-cinq ans, et en être à son second enfant au moins. On comprend l'importance de cette condition; car d'une part on est assuré qu'elle sait soigner et, comme on le dit, manier un enfant, et de plus on peut s'enquérir de l'état des nourrissons qu'elle a faits, savoir si son lait était bon, s'il a duré longtemps. Un physique agréable n'est certainement pas de rigueur; il faut, cependant, qu'une nourrice plaise à la mère qui lui confie son enfant. Mais, comme le dit très-bien M. Donné, « je crains un degré de beauté trop prononcé; il est rare qu'une femme très-belle ne s'occupe pas un peu trop d'elle-même, et, dans tous les cas, il est à craindre que les autres ne s'en occupent plus qu'il ne convient. » Enfin le caractère doit être enjoué, l'humeur douce et égale.

Un mot seulement sur le lait. La plupart des femmes qui se présentent comme nourrices sont obligées de sevrer leur enfant pour remplir leurs engagements. Or, elles ne le peuvent guère avant le sixième ou le septième mois. C'est assurément là un inconvénient; car alors le nouveau-né se trouve nourri avec un lait destiné à un enfant de six à sept mois, et nous avons vu que le premier lait, le colostrum, est nécessaire à l'enfant dans les premiers jours de sa naissance (Voy.

p. 218). Toutefois, cet obstacle n'est pas insurmontable; car, à l'aide de quelques précautions dont nous parlerons plus bas, on favorise l'expulsion du méconium. Si le lait était âgé de huit ou dix mois, l'inconvénient serait plus sérieux, et voici pourquoi : la sécrétion du lait ne dure guère plus de deux ans, même dans de bonnes conditions; un lait de dix mois sera donc tari au bout de douze à treize mois, et d'ailleurs, vers la fin, il perd de ses qualités ; il est donc à peu près certain qu'il ne pourra conduire l'enfant jusqu'à l'époque convenable pour le sevrage, comme nous le dirons plus loin. Ainsi, le mieux serait de prendre une femme récemment accouchée, qui aurait perdu son enfant, ou qui consentirait à le mettre elle-même en nourrice, ce qu'elle pourrait faire à très-bon marché.

La nourrice peut rester au domicile des parents ou bien emporter l'enfant chez elle.

Dans le premier cas (*nourriture sur lieu*), la femme est assujettie au régime que lui impose la famille; c'est ce régime qu'il convient de déterminer. Il faut bien se rappeler d'abord que toute transition brusque est nuisible; il ne faudrait donc pas soumettre à une alimentation très-substantielle et laisser dans une oisiveté absolue une femme auparavant mal nourrie et habituée à des travaux pénibles. Le changement doit avoir lieu par degrés; on évitera surtout que la nouvelle vie qu'on lui fait mener ne soit pour elle une source d'ennuis, et qu'elle n'arrive au *regret de son pays*. Ainsi, pendant les premiers temps, on respectera ses habitudes, on lui laissera manger les légumes (choux, navets, pommes de terre), auxquels son estomac était accoutumé, on lui donnera du pain bis si elle le préfère. C'est progressivement, et même seulement si cela paraît nécessaire, qu'on lui donnera une nourriture plus riche, dont le besoin ne se fait d'ailleurs sentir que quand l'enfant, prenant de l'âge, a besoin d'un lait plus réparateur. On l'occupera dans le ménage à divers travaux actifs, on la fera sortir tous les jours, enfin on exigera d'elle la plus grande propreté; un bain de temps en temps est nécessaire. Le reste, comme pour la mère qui nourrit (Voy. p. 220).

Dans le second cas, l'enfant est emporté au domicile de la nourrice; alors la famille est à peu près sans action sur le régime de celle-ci; les recommandations, il faut s'y attendre, ne seront pas suivies, à moins que l'on n'ait dans la localité qu'elle habite une personne, parent ou ami, qui se charge de la surveillance. A part cela, les investigations doivent porter sur trois points principaux, le pays, le domicile et la position de fortune de la nourrice.

La contrée qu'habite la nourrice doit être salubre, bien située, exempte d'eaux stagnantes, présenter en un mot les conditions favorables que nous avons longuement étudiées en parlant du sol; de même pour l'habitation, elle doit être bien exposée, bien aérée, etc. (Voy. *Habitations*). Ces questions si importantes sont malheureusement trop négligées de la plupart des parents, qui confient leurs enfants à des mains mercenaires avec une facilité et une confiance impardonnables. Quant à la position de fortune de la nourrice, il est bien certain que le prix de l'allaitement va l'améliorer, mais on devra toujours préférer les familles un peu aisées à celles qui sont dans la plus profonde misère.

Dans les pays agricoles, la Normandie, par exemple, ou dans les pays vignobles, là où les habitants se livrent à la culture des terres et possèdent quelques bestiaux, une vache ou au moins une chèvre, on remarque que la mortalité des enfants envoyés en nourrice est bien moins considérable que dans les contrées industrielles, où les habitants sont employés dans des fabriques et sont plus pauvres.

Voici à cet égard un tableau fort curieux fourni à M. Béclard par l'administration du bureau des nourrices, et dans lequel les différentes localités, prises dans un rayon de douze à quarante lieues de Paris, sont rangées suivant la mortalité des enfants que l'on y emporte :

Épernay (Marne)................	23,92 °/。
Château-Thierry (Aisne)..........	23,00
Dreux (Eure-et-Loir).............	22,89

Évreux (Eure)	21.83
Montargis (Loiret)	20,81
Nogent-le-Rotrou (Eure-et-Loire)	18,94
Laon (Aisne)	18,92
Joigny (Yonne)	18.37
Sens (Yonne)	15,90
Soissons (Aisne)	15.90
Mortagne (Orne)	14,17
Troyes (Aube)	13.20

Ce tableau méritait assurément d'être mis sous les yeux de nos lecteurs.

Hygiène de l'allaitement naturel par rapport à l'enfant.

La grave question de savoir qui nourrira l'enfant a été résolue : c'est la mère qui a accepté cette fonction. A quel moment doit-elle donner le sein ? aussitôt que ses forces le lui permettront. Elle doit, à cet égard, consulter son accoucheur ; mais, nous pouvons le dire ici, à part certaines circonstances exceptionnelles, c'est au bout de quatre ou cinq heures que l'enfant doit commencer à teter ; la succion qu'il exerce favorise la montée du lait, et empêche le gonflement douloureux du sein qui survient ordinairement vers le troisième ou quatrième jour : la nature a d'ailleurs disposé les choses pour que le nouvel être puisse avoir, dès le moment de sa naissance, l'aliment qui est approprié à ses besoins. Avant de donner le sein pour la première fois, il faut d'abord nettoyer le mamelon avec un peu d'eau tiède, et, comme l'enfant est encore trop faible pour porter et diriger sa bouche sur le mamelon, il faut le placer de telle sorte qu'il puisse prendre le sein et teter sans effort. « En général, en France, dit M. Cazeaux, les femmes s'assoient sur leur lit pour donner à teter, et, quand elles sont obligées de garder longtemps cette position, elles sont souvent très-fatiguées. C'est pour leur éviter cette fatigue que je désire populariser dans notre pays un usage que j'ai vu adopter avec le plus grand succès par quelques Américaines. Pour donner à teter, elles se couchent sur le côté correspondant au sein qu'elles veulent donner, et, plaçant l'enfant le long de leur poitrine, elles laissent tomber le mamelon dans la bouche. Elles peuvent garder longtemps cette position sans en éprouver aucune fatigue. » Quand la femme est assise, elle tient entre ses bras l'enfant placé en travers de sa poitrine, et l'incline du côté de la mamelle qu'elle doit présenter. Quelle que soit la situation que l'on donne à l'enfant, s'il ne manifeste aucune envie de teter, s'il n'ouvre point la bouche à l'approche du mamelon, la femme, comprimant doucement le sein entre ses doigts, fera couler du lait sur sa bouche pour l'exciter, et ensuite elle portera à ses lèvres le mamelon tout dégouttant de lait. Dans le cas où le lait ne sortirait pas facilement par la pression, elle se servirait d'eau sucrée tiède, dont elle imbiberait le mamelon, et en verserait quelques gouttes sur les lèvres du nouveau-né; il faut profiter du moment où il ouvre les lèvres pour y placer le mamelon. Un accoucheur distingué, M. Guillemot, qui a beaucoup insisté sur ces détails, fait observer que la précaution d'introduire le mamelon *tout entier* dans la bouche de l'enfant empêche cet organe de se déformer, de perdre la figure cylindrique qu'il doit avoir, et de se gercer, comme il arrive souvent dans les premiers temps de l'allaitement. Pour rendre la sortie du lait plus facile et la succion moins fatigante pour l'enfant, la femme doit comprimer légèrement son sein et répéter de temps en temps ce mouvement jusqu'à ce que l'enfant soit accoutumé à bien teter. Il faut encore éviter que, pendant que l'enfant tette, son visage ne soit assez fortement appliqué sur le sein pour que ses narines en soient comprimées: car alors, ne pouvant respirer par les fosses nasales, il ouvrirait la bouche et quitterait le sein. Enfin, il est nécessaire de présenter alternativement à chaque tetée l'une et l'autre mamelle, en commençant par celle d'où le lait s'écoule le plus aisément.

Il est certains enfants qui, soit par faiblesse originelle, soit par toute autre raison, semblent ne pas vouloir teter et s'endorment presque aussitôt après leur naissance. Ce sommeil, quand il se prolonge au delà de quatre ou cinq heures, n'est pas naturel. Il ne faut même pas attendre ce terme pour réveiller, l'enfant, et s'il est très-affaibli, qu'il pousse seulement quelques cris faibles, on devra l'exciter par des frictions faites auprès du feu avec une flanelle imbibée d'eau-de-vie camphrée ou d'eau de Cologne, lui instiller dans la bouche du lait de la mère, et enfin lui faire prendre le mamelon comme nous l'avons dit plus haut.

En général, pendant les premiers jours, l'enfant n'exerce guère que cinq ou six succions consécutives, et se repose pour reprendre ensuite le même exercice. Assez souvent il s'endort, comme de fatigue, au sein de sa mère; on doit alors le réveiller et solliciter de nouveau les succions.

Ce n'est pas tout : il convient de s'assurer si l'enfant tette bien et s'il avale le lait qu'il a fait sortir. On constatera d'abord, en lui faisant sucer le bout du doigt, qu'il sort facilement la langue, et qu'il embrasse bien, au moyen de cet organe, le corps cylindrique qu'on lui présente. Retirant brusquement l'enfant du sein pendant qu'il suce, on verra si sa bouche contient du lait et si ce liquide sort assez abondamment du mamelon. On reconnaîtra qu'il avale, aux mouvements d'élévation et d'abaissement du larynx. On voit alors la petite saillie qui est au-devant du cou monter et descendre à chaque mouvement qu'il fait pour avaler, et cela, au moment où ses joues se gonflent, après s'être creusées pendant qu'il attirait le lait par succion. Enfin, le ramollissement de la mamelle, qui se vide à mesure que l'enfant tette, achève de démontrer que l'ingurgitation du liquide se fait convenablement. On comprend aisément toute l'importance de ces détails.

Le premier lait ou *colostrum* que le nouveau-né prend au sein de sa mère lui fait, comme nous l'avons dit, expulser le *méconium* (Voy. p. 219). Mais, quand il doit être allaité par une nourrice, il faut remplacer l'action laxative du *co-*

lostrum par de l'eau miellée tiède, qu'on lui fait avaler à l'aide d'une cuiller. On peut aussi lui faire prendre une petite cuillerée de sirop de chicorée, ou de fleurs de pêcher, étendue d'eau tiède.

Contrairement à beaucoup de personnes, nous pensons que la nourriture de l'enfant doit être réglée dès les premiers temps de la vie, c'est-à-dire dès la fin de la seconde semaine. C'est aussi l'avis de M. Donné. Pendant les douze ou quinze premiers jours, on présentera le sein très-souvent, toutes les heures ou toutes les heures et demie; car, ainsi que nous l'avons fait observer, l'enfant, surtout s'il est délicat, tette très-peu à la fois. Passé ce temps, on donnera le sein seulement toutes les deux heures, pendant le jour : un intervalle de trois heures serait trop considérable. Pendant la nuit, on doit faire en sorte que l'enfant ne tette que deux fois. Au bout de six semaines ou deux mois, on distancera les tettées de quatre en quatre heures. Il est bien entendu qu'il s'agit ici d'un sujet bien portant et se trouvant dans de bonnes conditions. Les exceptions doivent être appréciées par le médecin.

Beaucoup de femmes ont l'habitude de donner le sein à l'enfant chaque fois qu'il crie, et cela dans l'intention de le calmer. Mais il faut bien savoir que, chez lui, le cri n'est pas toujours l'expression de la souffrance; c'est souvent un exercice des organes de la voix, dont il éprouve le besoin, de même qu'il agite ses membres pour exercer ses muscles. Quand il a faim, il éprouve une sorte d'anxiété, il tourne la tête à droite, à gauche, en ouvrant la bouche; il saisit et suce avidement le bout du doigt qu'on lui présente. Notons d'ailleurs en passant qu'il est des enfants criards, et des enfants d'une voracité insatiable.

Souvent les nouveau-nés s'endorment en tetant; c'est là un phénomène de réplétion qu'il faut, en général, respecter. Mais, dans certains cas, c'est un effet de fatigue, et la cause en est dans le peu d'abondance ou dans la pauvreté du lait. Ainsi, pendant l'allaitement, comme dans les premiers temps de la naissance, l'enfant qui dort beaucoup ou qui s'endort en tetant doit être attentivement surveillé; s'il dépérit, c'est qu'il n'est pas suffisamment nourri, et que le lait est trop rare ou trop peu réparateur.

D'autres vomissent peu de temps après avoir quitté le sein; ils rejettent sans effort apparent une certaine quantité du lait qu'ils ont avalé. Très-souvent il n'en résulte aucun inconvénient : l'enfant avait trop pris, il se débarrasse de l'excédant, et il continue de profiter. Mais, assez souvent aussi, ce vomissement est l'indice d'une mauvaise digestion : dans ce cas le lait rejeté est *aigre* et *caillé;* en même temps il y a des coliques, une diarrhée de matières verdâtres mêlées de grumeaux de lait non digéré. Ici encore il faut surveiller l'allaitement. Un lait trop riche en caséum et en beurre peut, suivant les recherches de MM. Vernois et Becquerel, donner lieu à ces accidents; il trouble les digestions, gêne la nutrition et amène le dépérissement de l'enfant; c'est ainsi qu'une nourriture trop abondante chez l'homme (Voy. p. 172) occasionne des désordres du côté des intestins, et par suite des phénomènes analogues à ceux de l'alimentation insuffisante. Quand les accidents dont nous venons de parler se manifestent, il faut espacer davantage les tetées et les rendre plus courtes. Ainsi, nous l'avons déjà dit et nous le répétons encore, un lait trop riche a les mêmes inconvénients qu'un lait trop pauvre, si l'on n'y remédie par la réglementation des repas.

Relativement à la *quantité* de lait que peut et que doit prendre un enfant, on comprend que des chiffres précis sont bien difficiles à établir, en présence des différences individuelles. Cependant M. N. Guillot s'est assuré que, pendant le premier mois, un enfant bien constitué consomme environ un kilogramme de lait par jour, et plus de deux kilogrammes pendant le mois suivant. Par des pesées quotidiennes, il a reconnu que l'accroissement d'un nourrisson qui profite bien est de cinquante grammes par vingt-quatre heures; enfin, qu'un enfant dont le poids diminue chaque jour au lieu de s'accroître est dans des conditions de dépérissement très-fâcheuses et le plus souvent mortelles. Il est donc important, quand on voit qu'un enfant ne se développe pas convenablement, de le peser tous les jours, et, si l'on voit qu'il diminue plutôt que d'augmenter, il faut en toute hâte recourir au médecin, qui aura à déterminer si ce dépérissement est l'effet d'une maladie ou d'une mauvaise alimentation. Dans ce dernier cas, que l'allaitement soit fait par la mère ou par une nourrice, il n'y a pas à hésiter, il faut changer le lait. Ce changement n'a aucun des inconvénients que lui prêtent de ridicules préjugés. Le résultat tout naturel, c'est le changement du mal en bien, et le salut de l'enfant.

De l'allaitement artificiel.

Je ne vois que deux circonstances dans lesquelles il soit permis d'avoir recours au lait de la femelle d'un animal pour nourrir un enfant. C'est, d'abord, dans le cas de misère excessive des parents, avec maladie de la mère ou impérieuse obligation de travail s'opposant à l'allaitement. En second lieu, dans le cas de *maladie spéciale et contagieuse* de l'enfant. En dehors de ces deux circonstances, l'allaitement artificiel doit être proscrit d'une manière absolue. Pour mon compte, quand je suis consulté à cet égard, j'ai coutume de dire aux parents que, s'ils veulent élever leur enfant, ils doivent renoncer à cette dangereuse expérience. Je ne parle pas ici des cas où, par le fait de maladie *temporaire* de la mère, de la nourrice ou de l'enfant, on a recours, aussi *temporairement*, à l'allaitement artificiel.

Quels sont donc les inconvénients de ce mode d'allaitement? 1° On substitue au lait de la femme celui d'une espèce animale, dont la composition n'est point en rapport avec les besoins de l'être humain qui doit s'en nourrir. De là des dérangements intestinaux, une mauvaise nutrition, le dépérissement ou des affections fort graves des voies digestives. 2° L'enfant que l'on nourrit ainsi n'est pas soumis à cette *incubation* qu'il éprouve entre les bras de la femme, qui semble le couver pendant qu'elle l'allaite, et au moyen de laquelle il reçoit cette douce chaleur si nécessaire à sa frêle organisation.

Lorsque, en dépit de ces graves inconvénients, l'allaitement artificiel a été décidé, il reste à déterminer quel est le procédé que l'on emploiera. On peut faire teter directement à l'enfant le lait d'un animal, ou bien le lui faire boire à l'aide d'un vase ou d'une cuiller.

Le premier mode ne peut guère être employé qu'à la campagne. On y a recours assez souvent en Suisse, en Allemagne et dans quelques provinces de la France. La vache, l'ânesse surtout, dont le lait se rapproche le plus du lait de la femme, ne peuvent être ainsi données comme nourrices à l'enfant, à cause de leur indocilité et du volume de leurs trayons. On s'adresse généralement à la chèvre, bien que son lait soit trop riche en caséum et en beurre, surtout pour un nouveau-né. La chèvre, malgré son caractère proverbialement *capricieux* (ce mot vient du latin *capra*, chèvre), se prête admirablement au rôle qu'on lui destine. Il est curieux, dit M. Guillemot, de voir, d'un côté, cet animal dressé à donner à teter courir au berceau de l'enfant sitôt qu'elle l'entend crier, et lui présenter le pis avec adresse, et, de l'autre, l'enfant le saisir et y rester attaché jusqu'à ce que ses besoins aient été satisfaits. La chèvre que l'on choisira doit être blanche, à poils doux et soyeux, sans cornes, grande de taille, à la croupe large, aux mamelles volumineuses, avec des pis assez longs. Il convient qu'elle soit à sa seconde ou troisième portée, qu'elle ait mis bas récemment, et, si faire se peut, qu'elle ait déjà rempli cette même fonction. Dans ce mode d'allaitement, le nouveau-né puise le lait directement dans la mamelle, et cet aliment est introduit dans l'estomac sans avoir été altéré ni dans sa température, ni dans ses qualités balsamiques et volatiles, ni dans la nature des principes qui le constituent. Il n'en est pas de même dans le second mode d'allaitement artificiel.

Dans ce second mode, le lait tiré de la mamelle est reçu

dans un vase, au moyen duquel on le fait prendre à l'enfant. Des différents moyens de faire boire l'enfant, cuiller, petit pot, etc., le meilleur est assurément ce vase imitant la mamelle et qu'on nomme biberon. Les biberons de Charrière et celui de Thiers sont assurément très-bons; mais il en est un beaucoup plus simple, plus économique, et qui est depuis longtemps recommandé par les accoucheurs. C'est une fiole allongée, en verre blanc, dont les dimensions varient suivant l'âge de l'enfant, et dont on garnit le goulot avec une éponge, afin que le lait n'arrive pas trop vite dans la bouche. On prendra une éponge fine, bien nettoyée, que l'on taillera sur la forme du mamelon; on la recouvrira d'une gaze ou d'une mousseline, que l'on assujettira solidement à l'aide d'un gros fil enroulé autour du rebord du goulot, précaution indispensable pour empêcher que l'éponge ne soit entraînée dans la bouche de l'enfant pendant les efforts de succion. Il faut avoir soin aussi que la portion d'éponge qui dépasse le goulot et simule le mamelon soit assez longue pour qu'elle entre seule dans la bouche de l'enfant, et que les lèvres qui l'entourent n'embrassent pas le goulot, lequel froisserait douloureusement les gencives. Le vase, la gaze et l'éponge doivent être soigneusement lavés à l'eau chaude avant chacun des repas de l'enfant, et de plus le linge et l'éponge seront changés chaque jour, de crainte que leur tissu ne s'imprègne de lait altéré.

Après avoir donné à l'enfant, pendant les deux premiers jours, de l'eau sucrée ou miellée pour favoriser l'expulsion du méconium, on commence, le troisième jour, à blanchir cette eau avec du lait. On prend ordinairement du lait de vache, que l'on se procure plus facilement que celui de l'ânesse, et qui est en général assez bien supporté. Il faut, autant que possible, que ce lait soit donné à l'enfant tel qu'il vient d'être tiré du pis de la vache. Le biberon, préalablement chauffé, empêche le refroidissement. Quand le liquide s'est refroidi, il ne faut pas le faire bouillir, mais le réchauffer au bain-marie, ou bien le couper d'eau sucrée chaude, ou bien d'une décoction, chaude également, de gruau ou d'orge. Ce mélange par parties égales est d'ailleurs nécessaire pendant les deux premiers mois, à cause des qualités trop substantielles du lait de vache, celle-ci fût-elle même, comme on dit, *nouvelle à lait*. On augmente peu à peu la proportion du lait, et vers le quatrième mois l'enfant arrive à le prendre pur. Il est bon que le lait provienne toujours de la même vache pendant tout le temps de la nourriture, que l'animal soit jeune, bien vigoureux, nourri surtout de foin, d'herbes fraîches, abreuvé de bonnes eaux, dans lesquelles on délayera de temps en temps une certaine quantité de son.

Dans les premiers temps on donnera souvent le biberon, puis on réglementera les repas comme nous l'avons dit plus haut (p. 228). Pour imiter autant que possible l'allaitement naturel, il faudra, à chaque repas, prendre l'enfant entre les bras et le rapprocher du feu (pendant la mauvaise saison), afin de lui communiquer une chaleur qui lui manque dans son berceau, et qu'il reçoit ordinairement de sa mère (Voy. p. 209).

Quels que soient les soins que l'on apporte, il est bien rare que l'enfant élevé au biberon profite autant que l'enfant élevé au sein ; cela est surtout appréciable dans les villes, où le mauvais air, la difficulté de se procurer de bon lait, rendent les résultats de ce mode d'allaitement presque toujours déplorables. L'enfant que l'on nourrit ainsi doit donc être surveillé très-attentivement; c'est ici que les pesées fréquentes sont nécessaires, et, aussitôt que l'on reconnaît que l'enfant ne profite pas, ou, chose plus grave, qu'il dépérit, il n'y a plus à hésiter, il faut une nourrice : son salut est à ce prix, heureux s'il en est temps encore.

De l'allaitement mixte.

On appelle ainsi l'association de l'allaitement naturel et de l'allaitement artificiel. On y a recours quand le lait de la mère n'est pas assez abondant pour l'enfant. Il est bien rare que cette pénurie se fasse sentir dès les premiers temps, à moins cependant qu'il n'y ait deux jumeaux, ou que l'un des deux seins ne soit malade. C'est alors le lait de vache qui est employé, et, comme nous venons de le dire, à l'aide du biberon, coupé pendant les premiers mois, pur vers le quatrième, etc. C'est surtout pendant la nuit, et pour laisser reposer la mère, que l'on donne le biberon à l'enfant.

Ce mode l'emporte de beaucoup sur l'allaitement artificiel, et même quelques accoucheurs distingués le préfèrent à l'allaitement au domicile de la nourrice. Peut-être n'ont-ils pas tort ; les soins maternels compensent assurément le défaut d'uniformité dans la nourriture. Cependant, si, dans cet allaitement, l'enfant ne se développait pas convenablement, il n'y aurait encore ici d'autre ressource que celle d'une nourrice bien fournie de lait.

Voici, du reste, un tableau qui indique la mortalité dans les trois modes d'allaitement. Ces résultats ont été recueillis dans les établissements publics, où les soins sont égaux. Il s'agit de la première année :

Lyon, allaitement naturel.......	23 °/°
Paris, mixte..................	53 °/°
Reims, artificiel..............	63 °/°

C'est pour le coup qu'il est permis de dire que les chiffres ont leur éloquence.

Alimentation auxiliaire.

Il est rare que, vers le sixième ou septième mois, on ne soit pas obligé de recourir à une alimentation auxiliaire. Le lait de la femme ne suffit plus, surtout si la mère est délicate et si l'enfant est vigoureux. On ajoutera alors au régime de petits potages à la fécule, au tapioca, accommodés au lait. On donnera d'abord un seul de ces potages par jour ; puis, vers le huitième ou neuvième mois, on en donnera deux ; on pourra, à cette époque, substituer la farine aux fécules et faire des bouillies, puis substituer le bouillon au lait, d'abord le bouillon de poulet, puis le bouillon de bœuf. C'est ainsi qu'augmentant progressivement la force de la nourriture de l'enfant, on arrive à l'époque du sevrage.

Voici la formule d'un aliment très-léger, facile à préparer et économique, qui peut être employé à titre d'auxiliaire dans le cas d'insuffisance de l'allaitement. On prend un pain bien cuit, bien fermenté, que l'on fait sécher au four, puis on le réduit en une poudre très-fine. Cette poudre, mêlée avec de l'eau, forme une crème assez semblable à la crème de riz; on la sucre et on l'aromatise avec un peu d'eau de fleurs d'oranger, ou bien avec une petite pincée de poudre d'anis. La poudre de pain doit être conservée dans un endroit sec, pour être employée au fur et à mesure des besoins.

Première dentition et sevrage.

L'époque du sevrage est subordonnée au travail de la dentition; c'est ce qui a été très-bien établi par M. le professeur Trousseau, dans des recherches sur la marche de l'évolution dentaire, que nous allons résumer en quelques mots.

Les premières dents ou dents de lait, qui doivent tomber vers la septième année, pour faire place aux dents persistantes, sortent ordinairement par groupes successifs, avec des intervalles de repos. Du reste, cette marche est sujette à de nombreuses exceptions.

Du septième au huitième mois, on voit sortir les deux incisives placées au milieu de la mâchoire inférieure. Cette éruption, la plus facile de toutes, dure de huit à dix ou douze jours.

Entre le dixième et le douzième mois, sortent les quatre incisives supérieures.

Du dix-septième au dix-huitième mois, après un assez long repos, par conséquent, apparaît le troisième groupe : il se compose des quatre premières molaires et des deux incisives inférieures latérales.

A l'âge de deux ans environ, les quatre canines sortent à leur tour.

Enfin, c'est seulement vers le trentième mois qu'apparaît le cinquième groupe, complétant les vingt-deux dents dont se compose la première dentition; il est formé des quatre dernières molaires.

C'est donc seulement à deux ans et demi, ou même à trois ans, que la première dentition est terminée.

Il est certain que les auteurs anciens ont beaucoup exagéré les dangers de cette dentition, à laquelle ils ont, pour ainsi dire, rattaché toutes les maladies de la première enfance; mais il ne faudrait pas tomber dans l'excès opposé, ne voir dans le travail d'évolution des dents de lait qu'un phénomène tout à fait normal, et regarder comme de simples coïncidences les accidents qui le compliquent si souvent, surtout chez les enfants délicats et impressionnables.

Ce travail détermine nécessairement un mouvement d'irritation et de congestion vers les mâchoires; les gencives rougissent, se gonflent, s'enflamment même, et cette inflammation peut se propager à toute la bouche. De là ces *stomatites* (inflammations de la bouche), ce muguet, si communs dans l'enfance. Le désordre peut aller plus loin, et alors on verra survenir des dérangements intestinaux, des diarrhées de matières verdâtres, de la fièvre, de la toux, enfin, à un degré plus élevé, des accidents cérébraux, des convulsions partielles ou générales, quelquefois mortelles.

Les douleurs qu'occasionne l'éruption dentaire s'annoncent par les cris de l'enfant, la salivation, la sensation de plaisir qu'il témoigne quand on lui frotte les gencives avec le doigt; ou bien, quand l'irritation est plus vive, par la chaleur, la rougeur de la cavité buccale, et la sensibilité douloureuse des gencives, qui ne supportent plus la moindre pression. On voit souvent alors diverses éruptions à la face (feux de dents), de la fièvre, une soif plus ou moins vive, de la diarrhée, etc. Nous insistons sur ces divers symptômes, car ils doivent donner l'éveil aux parents et les engager à solliciter les avis d'un médecin.

Sans entrer dans la question médicale proprement dite, car c'est souvent alors un véritable traitement qu'il faut instituer, nous dirons que, quand se manifestent les premiers symptômes de la dentition, on devra éviter que la tête de l'enfant ne soit trop couverte: on fera en sorte qu'aucun lien ne gêne la libre circulation du sang; on entretiendra la liberté du ventre avec de petits lavements d'eau de guimauve; on donnera très-fréquemment, deux ou trois fois par semaine, des bains d'eau tiède dans lesquels on laissera l'enfant de dix à quinze ou vingt minutes, suivant l'âge.

Pendant les époques d'éruption, l'enfant refuse ordinairement toute boisson, tout aliment. C'est alors que l'allaitement naturel devient une précieuse ressource pour calmer ses souffrances et lui procurer quelques instants de soulagement et de sommeil, qu'il ne trouve quelquefois qu'au sein de sa mère ou de sa nourrice.

Le besoin qu'éprouve l'enfant de comprimer, de frotter ses gencives, tant qu'elles ne sont pas trop irritées, l'engage à porter dans sa bouche et à mordiller tous les corps cylindriques qu'il peut saisir, et souvent même ses doigts : de là l'invention des hochets en ivoire ou en corail; mais ces corps sont trop durs, et les enfants les rejettent dans les moments de crise. Il vaut mieux leur donner des racines de guimauve ou de réglisse, qu'on leur pend au cou à l'aide d'un cordon.

A la rigueur, le sevrage ne devrait avoir lieu que quand la première dentition est terminée; mais, comme elle peut se prolonger jusqu'à la troisième année, on n'attend pas jusque-là, on profite des intervalles qui séparent la sortie des différents groupes. Suivant M. Trousseau, le moment le plus favorable serait après la sortie des canines, c'est-à-dire du dix-huitième au vingt-quatrième mois, et seulement dix à douze jours après l'éruption complète. En effet, la sortie de ce groupe est la plus laborieuse de toutes; les canines ne peuvent se faire jour qu'en écartant les autres dents déjà apparues, et l'évolution des dernières dents ne se fait que très-longtemps après. Beaucoup de personnes trouveront sans doute cette époque bien reculée ; mais il faut savoir que la longue durée de l'allaitement est très-avantageuse pour la vigueur et la santé futures de l'enfant, qui, d'ailleurs, mange déjà depuis longtemps. Enfin, lorsqu'on a le choix de la saison, il vaut mieux profiter du beau temps.

On commencera par sevrer de nuit, puis, au bout de très-peu de temps, on sèvrera de jour; on peut même cesser l'allaitement en même temps de nuit et de jour. Il est quelquefois nécessaire d'éloigner l'enfant de sa mère ou de sa nourrice ; car c'est là, pour une mère surtout, un moment d'épreuve bien pénible. Quand la mère ne peut ou ne veut pas se séparer de son enfant, on le dégoûtera du sein en barbouillant le mamelon avec une substance d'une couleur noirâtre, de la suie, par exemple, ou, ce qui vaut mieux, avec une substance d'une odeur et d'une saveur très-désagréable, de l'extrait de coloquinte ou de gentiane, de la moutarde, etc.

Pendant cette première période, l'intelligence, d'abord à l'état d'enveloppement, se manifeste et se développe peu à peu. Tout entier d'abord aux perceptions physiques de plaisir ou de douleur, l'enfant commence, dans le courant du second mois, à apprécier les sensations qui lui viennent de l'extérieur; il regarde, il voit, il reconnaît sa mère, il lui sourit; bientôt il entend la voix qui l'appelle, il se tourne du côté où elle se fait entendre; puis il veut connaître les objets placés en dehors de lui, il saisit tout ce qui est à sa portée, l'examine, le porte à sa bouche; les propriétés tactiles des corps se révèlent à lui sous tous leurs modes. Plus tard, des sons inarticulés viennent préluder à la parole et établissent déjà un commencement de communication entre la mère et lui. Il balbutie quelques syllabes des mots qu'il entend le plus souvent répéter, et prononce enfin quelques mots. Il n'est point de notre rôle de tracer la conduite à tenir envers les enfants au point de vue intellectuel; disons seulement qu'il faut profiter de leur penchant à l'imitation pour leur faire exécuter les choses qui peuvent leur être bonnes et utiles, ne point abuser de leurs facultés naissantes, ne point leur inspirer de ces terreurs ridicules pour des êtres imaginaires, etc.

II. De la seconde enfance, depuis la fin de la première dentition jusqu'au commencement de la seconde.

Le sevrage une fois accompli, l'enfant doit être amené par degrés aux conditions ordinaires de la vie commune, avec quelques modifications que nous allons examiner rapidement.

Le *régime alimentaire* doit être *mixte*. Quelques personnes, mues par des idées éminemment erronées, écartent la viande du régime des jeunes enfants. Nous avons démontré plus haut, que les aliments de nature animale sont nécessaires à l'homme (Voy. p. 152 et 179); ajoutons ici qu'ils le sont surtout pendant la période d'accroissement, à la condition toutefois de proscrire les viandes salées, les ragoûts épicés, la charcuterie, et en même temps les substances excitantes, telles que les liqueurs, les vins alcoolisés, le café à l'eau, le thé, etc. Les heures de repas doivent être bien réglées, mais il ne faut pas oublier que, chez les enfants, le travail de la nutrition, si actif dans cette période, rend les besoins plus nombreux et plus pressants, et que, dans la journée, quatre ou cinq repas sont nécessaires, dont deux seulement substantiels, les autres légers.

Quelques enfants sont tourmentés d'indigestions fréquentes. Ceci exige des soins particuliers, une surveillance attentive et un choix d'aliments qui soient en rapport avec les besoins de l'économie et la susceptibilité des organes : il faudra, suivant les cas, rendre l'alimentation plus légère ou plus réparatrice. Mais, on le comprend, les indications qui se présentent ici ne peuvent être appréciées et saisies que par un médecin.

Une bonne alimentation ne suffit pas pour assurer la santé des enfants : la respiration d'un *air pur* est tout aussi nécessaire. J'ai vu des enfants habitant les quartiers centraux de

Paris, et appartenant à des parents aisés, rester pâles, étiolés, chétifs, malgré une excellente nourriture. Ces mêmes enfants, envoyés à la campagne chez des parents moins fortunés et se nourrissant moins bien, devenaient cependant frais, vigoureux, bien portants. D'après les recherches de notre ancien maître, le docteur Baudelocque, la respiration d'un air vicié, dans des logements bas, étroits, humides, privés d'air et de lumière, ou dans des chambres occupées par plusieurs personnes, et enfin la mauvaise habitude que contractent beaucoup d'enfants de dormir la tête dans leurs couvertures, où ils respirent leurs propres émanations, sont, après l'hérédité, les causes les plus ordinaires de la scrofule. Indiquer ces dangers, c'est faire connaître en même temps les moyens de les éviter (Voy. *Habitation*).

La question des *vêtements* n'est pas non plus sans importance. S'il est vrai qu'il ne faut pas trop couvrir les enfants, de peur de les rendre trop impressionnables aux moindres vicissitudes atmosphériques, on doit craindre aussi de tomber dans l'excès opposé, comme on le fait aujourd'hui. La mode est venue d'habiller les enfants à l'anglaise, le cou, les bras, les jambes nus. Or, on sait combien les enfants sont susceptibles de contracter des angines, quelquefois fort graves, quelquefois couenneuses (croup), des inflammations du poumon, surtout dans un climat aussi variable que le nôtre. Il convient donc de vêtir les enfants en conséquence : les pieds seront toujours tenus secs et chauds; la poitrine sera bien couverte; le cou, dans la mauvaise saison, sera enveloppé d'une cravate légère; la tête doit être le moins chargée possible; pendant l'été, on ne laissera pas sortir l'enfant, à l'ardeur du soleil, sans un chapeau ou une casquette de paille. Le meilleur moyen d'accoutumer les enfants à braver l'action du froid et même de la chaleur, c'est de continuer l'usage quotidien des lotions fraîches sur toute la surface du corps. Cela vaut mieux que de les promener dans les jardins publics, ridiculement déguisés en Écossais.

Pendant cette période, l'intelligence s'ouvre tout à fait, et le champ des connaissances s'agrandit dans une proportion véritablement immense. Il ne faut pas oublier qu'à cette époque le cerveau de l'enfant est très-impressionnable, très-disposé aux inflammations, et que ces petits prodiges dont on a si déplorablement exploité les facultés succombent trop souvent à des affections cérébrales!... Jusqu'à l'âge de 7 ou 8 ans, il faut surtout favoriser le développement du corps, par des exercices, des promenades, etc., veiller très-attentivement sur les habitudes des enfants, les faire coucher de bonne heure, lever de bonne heure également; une surveillance de tous les instants, et qui les suivra *jusque dans leur sommeil*, doit être exercée par les parents.

III. De la troisième enfance, depuis le commencement de la troisième dentition jusqu'à la puberté[1].

Cette troisième période de l'enfance s'étend depuis l'âge de 7 ans jusqu'à celui de 15 ans, c'est-à-dire depuis le commencement de la seconde dentition jusqu'à la grande révolution de la puberté.

Vers la septième année, les dents de lait commencent à s'ébranler, elles tombent, et font place aux dents persistantes que l'homme doit, ou plutôt, hélas! devrait conserver pendant le reste de sa vie. Cette éruption est loin d'être aussi grave que la première; cependant quelques enfants éprouvent à cette époque divers malaises que l'on peut rattacher au travail de la dentition.

Les incisives supérieures et inférieures, sorties les premières, sont aussi les premières à tomber, et à 9 ans elles sont remplacées; vers la dixième année apparaissent les petites molaires; quant aux grosses dents, dites dents de sagesse, dont l'éruption, quelquefois accompagnée de douleurs fort vives, complète les 32 dents qui composent le râtelier de

1. PAVET DE COUTEILLE, *Hygiène des colléges et des maisons d'éducation*, 1 vol. in-8°. Paris 1827; SIMON (de Metz), *Traité d'hygiène appliquée à l'éducation de la jeunesse*, 1 vol. in-8°. Paris, 1827.

l'adulte, elles ne sortent guère qu'à l'âge de 20 ou 25 ans, ou même 30 ans.

La période qui nous occupe est celle de l'éducation; c'est alors qu'il convient de songer sérieusement au développement de l'intelligence, sans négliger celui du corps. On commence ordinairement l'éducation vers l'âge de 8 ou 9 ans, et, particulièrement pour les garçons, c'est alors que l'on prend la détermination de les placer dans des pensionnats ou dans des colléges. Beaucoup de parents craignent que le régime de ces maisons ne nuise à la santé d'enfants faibles et délicats. Mais cette faiblesse est souvent elle-même le résultat du mauvais régime auquel les jeunes sujets ont été soumis chez leurs parents : l'irrégularité dans les heures des repas, les excès dans l'alimentation, l'habitation dans un local mal aéré ou encombré, la mauvaise habitude des veilles prolongées, du lever trop tardif, et enfin, il faut bien le dire, une exagération de précautions et de soins, tels que vêtements trop chauds, défaut d'exercice au grand air, etc. Or, ces mauvaises conditions se trouvent immédiatement corrigées dans la vie de pension. Combien d'enfants à organisation débile, chétive même, ont repris en peu de temps vigueur et santé sous l'influence du régime régulier des colléges! Dans les cas d'affection organiques ou de dispositions héréditaires à certaines maladies, le médecin doit être consulté. Du reste, on doit surtout choisir les maisons d'éducation situées à la campagne ou dans les quartiers excentriques des villes.

On peut résumer ainsi les conseils hygiéniques qui conviennent à cette période.

Alors, plus qu'à toute autre époque de la vie, il faut veiller à ce que le *coucher* soit ferme, résistant : un sommier élastique, un seul matelas, des draps de toile, deux couvertures de laine en hiver, une seule en été, le drap seul dans les grandes chaleurs, un oreiller de crin ou de balle d'avoine, telles sont les pièces qui doivent le composer; un bonnet de coton pendant les froids, un béguin en toile dans les chaleurs, si même l'enfant n'est habitué à dormir nu-tête, sont les coiffures de nuit qu'il faut adopter.

Les vêtements seront convenablement chauds pendant l'hiver, et légers pendant la belle saison; comme pour les enfants à la période précédente, il faut surtout empêcher le froid et l'humidité aux pieds, et couvrir suffisamment la poitrine et le ventre. La substitution de la tunique à l'habit dans l'uniforme des pensionnaire doit être regardée comme fort avantageuse; la tête sera couverte d'une casquette en drap ou d'un képi pendant l'hiver, et d'une casquette en paille ou en étoffe légère pendant l'été. Du reste, on peut s'en référer à ce que nous avons dit à l'article vêtements.

Dans son excellent *Rapport au ministre de l'instruction publique sur le régime alimentaire des lycées*, M. le professeur Bérard fait observer fort judicieusement que la nourriture des enfants n'est pas employée seulement à l'entretien, mais encore à l'accroissement du corps. Il insiste pour que la proportion de viande soit élevée à un certain chiffre : de 45 à 50 grammes par repas pour les élèves du petit collége (de 7 à 10 ou 11 ans); de 55 à 60 grammes pour le moyen collége (élèves de 10 à 13 ou 14 ans), et enfin à 65 ou 70 grammes pour les élèves du grand collége (de 14 à 18 ans). Ce qui fait précisément le double pour la journée, puisqu'il y a deux repas principaux. Rappelons que les punitions infligées à l'enfant ne doivent jamais porter sur la nourriture.

Les exercices du corps sont, à cette époque de la vie, d'une grande importance, et, comme nous le verrons à l'article spécial que nous consacrerons à la gymnastique, ils ont, comme l'alimentation, fait l'objet d'un décret ministériel qui les impose aux maisons d'éducation appartenant au gouvernement. Nous ne pouvons qu'approuver hautement une pareille détermination; car, ainsi que l'a proclamé Montaigne dans son énergique langage : *Ce n'est pas assez de lui roidir l'âme* (à l'enfant), *il lui faut aussi roidir les muscles.* Disons encore ici que les punitions ne doivent pas non plus porter sur la privation des exercices pendant les récréations.

HYGIÈNE DE LA VIEILLESSE[1].

Vers la soixantième année, et sans que la science ait pu trouver l'explication de ces remarquables phénomènes, de grandes modifications commencent à s'accomplir dans la structure matérielle des organes et, par suite, dans le jeu de leurs fonctions. Les tissus tendent à se dessécher, à se racornir ; la graisse, le tissu cellulaire, sorte de coussinet élastique qui double nos organes, se fondent et disparaissent peu à peu ; aussi voit-on beaucoup plus de vieillards maigres que de gras. La peau suit le retrait des organes; mais, désormais privée d'élasticité, elle revient sur elle-même en se *ridant*. Les vaisseaux tendent à s'encroûter de concrétions calcaires, et de tubes flexibles à devenir des tubes rigides; les os deviennent plus secs, plus cassants : aussi les fractures se produisent-elles alors avec une grande facilité et se consolident-elles très-difficilement. Les sens deviennent plus obtus : la vue s'affaiblit, l'ouïe se perd; les facultés s'éteignent peu à peu, et le vieillard, isolé de plus en plus du monde extérieur, se concentre davantage en lui-même. Borné au petit nombre de sensations qui lui restent, au premier rang desquelles se placent celles du goût, il devient égoïste et gourmand. Mais la puissance digestive ne répond plus aux désirs et aux appétences du goût; l'absence des dents nuit à la mastication; les intestins sont affaiblis comme les autres organes ; les digestions sont donc laborieuses et la nutrition est moins active. La circulation se ralentit, la respiration est plus courte, la voix cassée, chevrotante. Enfin les muscles perdent de leur ressort, la vigueur diminue, les mouvements sont devenus difficiles, la marche pénible, etc.

D'après ce simple exposé, on doit comprendre de quels

1. Réveillé-Parise, *Traité de la vieillesse hygiénique, médical et philosophique*, 1 vol. in-8°. Paris, 1853. C'est l'œuvre d'un vieillard, homme d'esprit et de science, l'un des représentants les plus distingués de la littérature médicale contemporaine.

soins doit être entouré le vieillard, et de quelles précautions il doit user pour prolonger sans souffrances, sans accidents, les dernières années que lui accorde la nature. Le premier précepte que nous donnerons est bien simple en apparence ; mais sera-t-il écouté ? *Il faut savoir vieillir*, dirons-nous, et surtout *savoir que l'on vieillit ;* c'est-à-dire accepter courageusement cette dernière phase de l'existence et ne pas se faire illusion sur l'instant où elle commence. Le nouveau-né, faible et dépendante créature, reçoit passivement tous les soins que l'expérience enseigne à ceux qui l'ont précédé dans la vie ; le vieillard, lui, a pour se diriger, car il ne dépend que de lui-même, l'expérience qu'il a dû acquérir.

Les organes ont perdu de leur activité, de leur puissance ; il faut donc en modérer l'action, user encore, mais avec réserve, et surtout ne pas abuser, s'arrêtant chaque fois que les forces font défaut.

Bien que la température générale du corps soit peu abaissée dans la vieillesse, la peau et les membres offrent une certaine tendance au refroidissement, et en outre, la respiration ralentie n'entretient plus une combustion aussi active : les sources de la chaleur naturelle semblent se tarir. Le vieillard, comme l'enfant, se refroidit avec facilité et se réchauffe difficilement. Le froid, mais surtout le froid humide, les brusques changements de température, exercent sur lui la plus pernicieuse influence, et deviennent la cause de ces catarrhes, de ces fluxions de poitrine si graves à un certain âge. Des relevés statistiques très-exacts, dus à M. Quételet, de Bruxelles, établissent que la mortalité la plus grande, chez les vieillards, est d'abord au printemps, à l'époque des alternatives si rapides de température qui succèdent aux froids rigoureux de l'hiver ; puis en automne, temps où la température est également très-variable. C'est donc à ces deux époques que les personnes âgées doivent redoubler de soins et de précautions, afin de lutter avec avantage contre d'aussi fâcheuses influences. Les moyens que nous avons à conseiller sont de deux sortes :

d'abord des moyens physiques, tels que la chaleur dans les habitations, l'épaisseur des vêtements, etc.; ensuite, des moyens physiologiques qui agissent en ravivant les principes de la chaleur naturelle. Ces derniers sont assurément bien préférables; car ils ont pour objet de stimuler la vitalité.

Pendant l'hiver, l'appartement occupé par un vieillard doit être autant que possible maintenu à une température constante, mais qui ne doit pas dépasser 16 ou 18° centigrades; une chaleur trop forte favorise, en effet, les congestions cérébrales. Ajoutons que l'aération ne doit pas être négligée. Rien de meilleur que l'action vivifiante du soleil; aussi voit-on les vieillards la rechercher en quelque sorte instinctivement. Disons, toutefois, qu'ils ne doivent pas s'y exposer imprudemment la tête découverte.

La coiffure doit être légère pendant les chaleurs, afin de combattre la tendance aux congestions, déjà tant de fois signalée; elle sera munie de larges bords, ou d'une visière suffisamment grande pour abriter le visage et les yeux contre un soleil trop ardent. Elle sera chaude en hiver, sans cependant surcharger ni comprimer la tête. Quand le crâne est dégarni de cheveux, faut-il adopter ou rejeter l'emploi d'une perruque? Nous ne rappellerons pas ici l'histoire, fort curieuse d'ailleurs, des perruques, qui ont été d'un usage général à certaines époques, et même dans l'antiquité. Il s'agit seulement ici de ces perruques *simples*, simulant la chevelure naturelle, telles qu'on les fait aujourd'hui. La première chose, c'est de consulter les dispositions individuelles. Certaines personnes perdent entièrement leur chevelure sans devenir pour cela plus impressionnables au froid; mais celles qui sont très-sujettes à s'enrhumer, à contracter des névralgies, des douleurs de tête, des maux d'yeux, etc., peuvent et doivent revêtir leur tête d'une perruque ou d'un toupet, suivant l'étendue de la dénudation.

Les vêtements seront chauds et amples, car le cours du sang ne doit être gêné par aucune constriction circulaire. Des jarretières trop serrées amèneraient le gonflement variqueux des veines des jambes, des enflures, des ulcérations. Une ceinture trop étroite comprime les organes de la digestion, entrave la circulation, favorise les affections organiques du cœur, la stase du sang dans les poumons, etc. Est-il besoin de dire qu'une cravate trop serrée expose à l'apoplexie? Du reste, pour les vêtements, on devra consulter aussi les individualités. Le vieillard gras et replet, au visage coloré, n'a pas besoin de vêtements aussi chauds, aussi épais, que le vieillard sec et maigre.

Quoi qu'en aient dit quelques auteurs (p. 115), nous persistons à penser que l'usage de la flanelle peut être fort avantageux pour certains vieillards très-impressionnables, mais à la condition que cet emploi aura été indiqué ou approuvé par un médecin. Enfin la chaussure sera chaude, sèche et souple. Pour les temps d'humidité, l'usage des doubles semelles, ou des souliers-pardessus en caoutchouc, est particulièrement nécessaire.

Les soins de propreté sont de la plus haute importance, et pourtant certains vieillards, par je ne sais quel sentiment de paresse, d'insouciance, se laissent tomber dans la plus affreuse malpropreté. Ainsi ils devront prendre de temps en temps, une ou deux fois par mois au plus, des bains tièdes, mais peu prolongés, à cause de l'affaiblissement, de l'amollissement qui peut en résulter. Les bains chauds, mais surtout les bains de vapeur, favorisent les congestions; ils sont donc très-dangereux et ils doivent être rejetés. La plupart des auteurs qui ont écrit sur le sujet qui nous occupe actuellement rejettent aussi les bains froids. Si l'on veut parler de bains froids prolongés, on a parfaitement raison : ils occasionnent un refroidissement contre lequel la réaction peut être fort difficile à obtenir ; mais il n'en est pas de même des procédés de l'hydrothérapie, dont M. Fleury vante avec raison l'utilité chez certains vieillards débiles ou épuisés. C'est encore au médecin à spécifier les cas où ces procédés conviennent, et à indiquer ceux de ces procédés qu'il faut employer. Quant aux frictions sèches, qui stimulent la peau, activent la circulation, favorisent l'afflux du sang vers les parties extérieures sans refroidissement préalable, nous les approuvons sans réserve, comme une pratique qui devrait être mise quotidiennement en usage.

L'exercice est indispensable aux vieillards; ils doivent cependant éviter la fatigue, les secousses brusques, etc. Mais la marche, la promenade au grand air, plus particulièrement après les repas, produisent les effets les plus avantageux sur la digestion et la circulation. On sait avec quelle promptitude le vieillard obligé de garder le lit perd ses forces; comme l'a fait observer Réveillé-Parise, la détérioration des organes marche alors avec une grande rapidité.

Les digestions sont devenues difficiles, laborieuses, avons-nous dit; il faut donc que le vieillard mâche très-soigneusement et très-complétement les aliments solides dont il se nourrit. Quand les dents sont tombées, l'usage d'un râtelier de fausses dents bien fait et permettant la mastication n'est point une affaire de coquetterie, mais de nécessité. Rappelons à cet égard une expression empruntée à un médecin célèbre, Bosquillon : « Bien *mâcher* et bien *marcher*, disait-il, voilà les deux secrets pour vivre longtemps. » On évitera de surcharger l'estomac d'une grande masse d'aliments. Nous l'avons dit, la sensualité est très-développée chez beaucoup de vieillards; de là des indigestions très-fréquentes, et bien dangereuses par les désordres qu'elles occasionnent dans les voies digestives et les perturbations qu'elles déterminent du côté du cerveau. Enfin la liberté du ventre doit être entretenue sans que l'on favorise le relâchement, et par suite les diarrhées, par des purgatifs imprudemment répétés, comme le font certaines personnes qui ont la manie de se droguer incessamment.

Les aliments doivent être légers et réparateurs : potages gras, consommés, viandes grillées ou rôties, œufs, légumes de bonne qualité; il faut exclure les farineux, les substances acides, visqueuses, grasses, salées et lourdes. Les personnes privées de leurs dents, et qui n'en ont point d'artificielles, devront surtout se nourrir d'aliments de consistance molle, prendre leurs viandes hachées ou coupées et déchiquetées fort menu. La tempérance est une loi à tout âge; mais cette règle est surtout applicable à la vieillesse : car, si l'alimentation doit être réparatrice, elle doit l'être sous un petit volume. Comme le fait observer M. Levy, les personnes âgées ne sauraient trop réduire la *quantité* de leur nourriture; et, en effet, les exemples de longévité s'appliquent à des individus qui ont su observer une sobriété exemplaire. L'usage modéré d'un vin vieux et généreux, mais surtout du vin de Bordeaux, ne saurait être trop recommandé; j'en dirai autant de l'usage modéré aussi du thé et du café, ce poison lent qui tua Voltaire à l'âge de quatre-vingt-cinq ans.

Les émotions vives, les fatigues intellectuelles, les veilles prolongées devront être évitées avec soin. Ainsi le vieillard reprendra en quelque sorte la vie de l'enfance, vers laquelle l'homme est ramené par le déclin des ans.

Quant aux plaisirs des sens, qui énervent et épuisent si rapidement, il arrive un moment où ils doivent être tout à fait interdits. Le vieillard descend une pente, nous le rappelions à l'instant; il lui faut donc enrayer d'abord, et dételer ensuite, comme le conseillait si plaisamment et si vainement Senac à Louis XV; et, puisque nous en sommes aux citations, terminons, nous ne saurions mieux faire, par une maxime de l'illustre La Rochefoucauld. *La vieillesse est un tyran qui défend, sur peine de la vie, tous les plaisirs de la jeunesse* (max. 484).

II.

HYGIÈNE DES SEXES.

Les caractères particuliers que la différence des sexes imprime à la constitution sont surtout appréciables pendant les périodes moyennes de la vie, c'est-à-dire depuis l'âge de 10 ou 12 ans jusqu'à 60. Mais en deçà et au delà de ces deux époques, les deux sexes se rapprochant beaucoup quant aux conditions physiologiques, leur hygiène doit être à peu près la même. Les considérations émises dans la première partie de ce livre étant surtout applicables, avons-nous dit, à la jeunesse et à l'âge adulte, et plus particulièrement aux hommes, nous allons, en quelques mots, faire connaître les particularités hygiéniques que commande l'organisation de la femme. Si nous ne sommes pas plus explicite sur beaucoup de points, c'est que les fonctions spéciales à la femme, celles qui se montrent périodiquement à partir de la puberté, l'état de grossesse, l'allaitement, etc., sont sur la limite de la maladie; que leurs modifications, leurs altérations, exigent de toute nécessité l'intervention du médecin; qu'à lui seul il appartient de faire connaître les moyens propres à remédier aux désordres qu'il observe, et qui varient à l'infini, suivant une foule de circonstances que nous ne pouvons faire connaître ici.

Nous n'avons point à revenir sur ce que nous avons dit des vêtements de la femme (Voy. p. 122-131); un mot seulement sur l'alimentation.

La femme est douée d'une puissance digestive inférieure à celle de l'homme. Dans l'immense majorité des cas, elle n'est point assujettie à des travaux qui exigent un grand déploiement de forces; sa vie se passe au milieu d'occupations sédentaires : elle n'a donc pas besoin d'une nourriture aussi réparatrice et aussi abondante que celle de l'homme; et d'ailleurs, sauf de rares exceptions, ses goûts la portent à la sobriété. Mais faut-il, à l'exemple de certains auteurs, astreindre la femme à un régime débilitant, à l'usage des légumes verts, des viandes blanches?... Non assurément : ce régime, en affaiblissant le système musculaire, favorise le développement des affections nerveuses, auxquelles les femmes sont naturellement si exposées. L'alimentation doit donc être mixte, et plus particulièrement composée de viandes rôties ou grillées, de substances féculentes et sucrées. Pour boisson, de préférence à tout autre liquide, le vin étendu d'eau ; la bière détermine chez beaucoup de femmes des incommodités qui doivent en faire rejeter l'emploi. L'usage du thé et du café peut avoir d'assez grands inconvénients chez les femmes d'une constitution éminemment nerveuse ; rappelons-nous du reste que le thé est, pour beaucoup de personnes, un excitant plus énergique que le café.

Les femmes doivent, à certaines *époques*, prendre diverses précautions fort assujettissantes, sans doute, mais desquelles dépend leur santé et quelquefois leur vie. Il s'agit d'éviter les refroidissements brusques, surtout des extrémités ; ainsi il faut bien se garder de se plonger les mains et les avant-bras dans de l'eau froide, ne pas sortir par un temps humide avec une chaussure trop légère et trop facilement perméable ; ne pas se découvrir la poitrine ni les épaules, et par conséquent résister aux attraits des bals et des soirées, dont les suites sont souvent si graves. Les parties inférieures du tronc seront, on le comprend, plus chaudement couvertes que de coutume.

N'oublions pas de dire que les émotions morales vives, de quelque nature qu'elles soient, mais plutôt de peine que de plaisir, que les secousses très-fortes, les exercices violents, peuvent être alors fort nuisibles.

Certaines femmes sont obligées, pendant ce temps, d'avoir recours à quelques infusions chaudes : c'est au médecin à déterminer la boisson qui convient ; à lui aussi de décider ce qu'il faut faire dans toutes les perturbations, telles que diminution, augmentation, avance ou retard, qui peuvent survenir ; et, enfin, de diriger la santé à cette époque critique que l'on appelle *âge de retour*, et à la suite de laquelle la santé de la femme redevient plus semblable à celle de l'homme.

On a exagéré jusqu'à la minutie les précautions nécessaires pendant la grossesse. Disons cependant que les exercices violents, la danse, l'équitation, le transport dans des voitures très-cahotées ou mal suspendues, peuvent être très-nuisibles. Mais, au total, la femme ne doit pas trop s'éloigner de ses habitudes, aussi bien pour l'alimentation que pour tout le reste. Les bains tièdes entiers, contrairement à l'opinion de beaucoup de personnes, sont très-avantageux surtout dans les derniers temps ; quant aux bains de pieds chauds, ils pourraient être nuisibles, du moins pendant les premiers mois : on aura donc recours pour la propreté à des lotions tièdes fréquemment répétées. Nous avons dit plus haut (Voy. p. 131) la conduite que la femme doit tenir relativement à l'usage du corset. De même que pendant les époques, il faut éviter les émotions vives, les perturbations morales, etc. Faut-il céder à ces caprices bizarres, à ces fantaisies quelquefois si anormales, que l'on nomme vulgairement des *envies?* oui, sans doute, toutes les fois que ces envies ne peuvent être nuisibles ni pour la femme ni pour d'autres personnes. Ainsi beaucoup de femmes peuvent, dans cet état, boire impunément plusieurs verres de vin pur, plusieurs petits verres d'eau-de-vie ou de toute autre liqueur. Il y a là, par le fait de la grossesse, une sorte d'immunité vraiment fort remarquable. Quant à la crainte de voir l'enfant marqué de l'objet que la femme aurait vainement désiré, c'est là une pure chimère, que nous avons vue, avec regret, soutenue par quelques hommes instruits.

Pour tous les accidents de la grossesse, vomissements, salivation trop abondante, dérangements du corps, dilatation variqueuse des veines, etc., il faut invoquer les conseils de la science.

Nous avons assez longuement parlé de l'hygiène de la femme qui nourrit (Voy. p. 220) pour n'avoir pas à y revenir.

III.

HYGIÈNE DES TEMPÉRAMENTS.

On appelle *tempérament* un état particulier de l'économie, acquis ou inné, qui détermine le mode de santé propre à chaque individu.

On admet en général quatre tempéraments : le *sanguin*, le *lymphatique*, le *nerveux* et le *bilieux*. Quant à ce dernier, son existence est aujourd'hui fortement controversée, et la plupart des auteurs le regardent comme le résultat d'une prédominance tout à fait accidentelle, quelquefois morbide, de l'appareil biliaire, qui s'ajoute assez souvent au tempérament nerveux. Telle est aussi notre manière de voir. Il faut admettre encore que les trois premières formes, les seules bien franchement accusées, se réunissent quelquefois deux à deux, et enfin qu'il existe un assez grand nombre de cas dans lesquels le tempérament doit être regardé comme *indécis*.

1° *Du tempérament sanguin*. La peau est colorée de tons chauds, le visage est animé, l'œil brillant, expressif; les cheveux sont le plus ordinairement châtains ou noirs ; le cœur, les artères battent avec force ; la poitrine est large, la respiration profonde, régulière ; l'appétit est vif, les digestions s'exécutent facilement, l'embonpoint est modéré, les forces musculaires sont très-développées, les sensations vives, l'intelligence ouverte, l'imagination très-active, les passions ardentes. Tels sont les caractères de ce tempérament, qu'il faut regarder comme le type de la vigueur et de la santé, et qui est plus commun chez l'homme que chez la femme. Dès lors, tous les efforts de l'hygiéniste doivent tendre à lui conserver ses caractères propres, et à modifier les autres tempéraments pour les ramener à celui-ci. Le tempérament sanguin, sous l'influence d'habitudes sédentaires, d'une nourriture trop substantielle, passe facilement à la *pléthore*, état caractérisé par la richesse trop grande et la surabondance du sang, avec disposition très-grande aux inflammations et aux congestions actives. Il faut donc une alimentation mixte modérément réparatrice; éviter les boissons excitantes, mais surtout les boissons alcooliques, et le séjour dans des endroits trop chauds et mal aérés; rechercher les exercices du corps, les promenades au grand air, etc.

Nous ne saurions, en terminant, nous élever avec trop d'énergie contre les saignées préventives que beaucoup de personnes sanguines sont dans la détestable habitude de se faire pratiquer tous les ans, dont le besoin devient de plus en plus rapproché, et dont l'omission peut alors avoir de si graves dangers. C'est au régime modifié et rendu rafraîchissant par les conseils d'un médecin éclairé qu'il faut surtout avoir recours pour arrêter le développement de la pléthore.

2° *Du tempérament lymphatique.* C'est en quelque sorte l'inverse du précédent. Peau fine et blanche, teinte pâle ou rosée de la face, cheveux blonds ou rouges et peu abondants; yeux bleus, quelquefois légèrement bordés de rouge; traits du visage souvent gros et empâtés, lèvres et gencives pâles, dents d'un émail bleuâtre, demi-transparent, et se cariant avec facilité. Le système osseux est ordinairement mal conformé, l'ensemble de la charpente du corps est dépourvu d'harmonie et de régularité; l'embonpoint est habituellement très-développé, mais les chairs manquent de fermeté; les fonctions sont languissantes; l'imagination, l'intelligence paresseuses, etc.

Ce tempérament est donc caractérisé par un abaissement dans le degré de l'énergie vitale; aussi les circonstances qui favorisent son développement sont-elles plus particulièrement des causes débilitantes, un mauvais régime, l'habitation dans une localité basse, humide, soustraite à l'action vivifiante du soleil. Rien de plus commun que de rencontrer ce tempérament chez des enfants issus de parents mariés trop jeunes, ou au contraire trop âgés, dans de mauvaises conditions de santé ou convalescents de maladies graves; enfin il est très-souvent héréditaire, ou bien le résultat d'alliances continuées pendant plusieurs générations entre les membres d'une même famille.

Les sujets lymphatiques sont exposés à une foule de maladies, mais surtout aux affections catarrhales, aux diarrhées, aux troubles divers de la digestion, aux maladies dartreuses, à la scrofule, etc.

L'hygiène doit avoir pour but de transformer le tempérament lymphatique en tempérament sanguin; mais, il faut bien le dire, les médecins éprouvent ordinairement beaucoup de résistance de la part des parents, qui refusent de soumettre à un traitement long et assez dispendieux des enfants dont l'embonpoint et la coloration rosée semblent attester la parfaite santé.

Quels sont donc les moyens qu'il convient de mettre en usage? Nous les indiquons ici d'après M. le docteur Fleury, que sa position spéciale met à même de voir et de traiter chaque jour des sujets placés dans ces conditions : « Une alimentation animale abondante, le séjour à la campagne; une exposition prolongée à un air pur, vif et sec; l'insolation; le repos de l'intelligence, des passions, sont les premières conditions à remplir; il faut proscrire rigoureusement les veilles, les fatigues de toutes sortes, le contact d'un air confiné, vicié, tel qu'on le rencontre dans les grandes réunions d'hommes, dans les appartements mal éclairés, trop hermétiquement clos, non suffisamment aérés; il faut mettre les sujets à l'abri de la funeste influence exercée par une température habituellement trop élevée, soit qu'elle résulte de vêtements trop épais, soit qu'elle résulte du chauffage, et surtout de l'usage des calorifères; il n'est guère, en effet, de cause plus puissante d'atonie et de débilitation....

« Mais les moyens que nous venons d'indiquer ne sont pas suffisants, et ils restent presque toujours stériles, si on ne leur adjoint pas des modificateurs exerçant une action énergique sur la circulation. L'exercice musculaire, l'escrime, la chasse, et surtout la gymnastique méthodique, doivent toujours être mis en œuvre; enfin j'ai montré que les douches froides excitantes ont une action encore plus prompte et plus efficace, et que l'on peut, par leur usage continué pendant une ou deux années, développer un tempérament sanguin chez des enfants présentant tous les caractères du type le plus opposé. »

3° *Du tempérament nerveux.* En dépit de certaines dénégations vraiment incroyables dans la bouche d'hommes de science, le tempérament nerveux existe bien réellement, et j'ajouterai qu'il est très-commun, surtout parmi les femmes, dans les grandes villes et dans le Midi.

Les personnes nerveuses, comme on les appelle, sont en général maigres; leur peau est d'un blanc mat ou légèrement bistrée; les mouvements sont brusques; la physionomie expressive, changeante; l'intelligence, l'imagination, les passions, vives, ardentes, emportées, mais d'une mobilité, d'une versatilité extrêmes. Les fonctions participent à cette variabilité, aujourd'hui s'exécutant avec une remarquable énergie, demain troublées ou languissantes. Les sens sont doués d'une exquise délicatesse, mais d'une susceptibilité très-grande; ils sont même souvent douloureusement impressionnés par leurs excitants naturels. (Voy. *Hygiène des sens.*)

Ainsi, pour le caractère comme pour les fonctions de l'économie, le tempérament nerveux se caractérise par sa mobilité, le passage rapide et souvent sans raison de l'exaltation à l'affaissement.

Les circonstances qui rendent ce tempérament si commun dans les grandes villes sont plus particulièrement, outre l'hérédité, les excitations trop précoces de l'intelligence, le défaut d'exercice, l'usage des stimulants du système nerveux, tels que le thé et le café, substitués à une alimentation saine et substantielle, l'abus prématuré des plaisirs de l'esprit et des sens, les veilles prolongées, etc.

Les personnes qui sont douées du tempérament nerveux doivent être entourées de grandes précautions, afin d'atténuer, autant que possible, les impressions trop vives que leur font éprouver les influences morales et les agents venus de l'extérieur. Ainsi il faudra leur interdire la lecture des ouvrages qui peignent des sentiments exaltés et certains spectacles ; la musique est pour ces personnes tantôt un calmant dont on peut tirer un parti très-avantageux, tantôt, au contraire, un excitant dont il faut craindre les effets. On devra imposer de bonne heure silence aux passions. Il serait dangereux d'abuser chez les enfants nerveux de ces facultés précoces dont les parents sont si fiers, et dont l'exploitation imprudente est si souvent suivie d'amers regrets. On devra, au contraire, favoriser le développement du système musculaire par une gymnastiques habilement graduée, par des exercices soutenus, par des promenades au grand air, par l'habitation à la campagne au milieu d'un air pur. L'usage d'un régime mixte suffisamment réparateur, d'où seront proscrits tous les stimulants, et surtout le thé et le café; les bains répétés; l'usage rationnellement combiné des divers procédés hydrothérapiques, etc., etc. : tels sont les moyens dont la raison et l'expérience ont démontré l'utilité. On comprend que beaucoup de ces moyens ne peuvent être employés que d'après les indications d'un médecin, mais il nous fallait les indiquer au moins d'une manière sommaire.

IV.

HYGIÈNE DES CONSTITUTIONS. — REMARQUES SUR LES IDIOSYNCRASIES.—DE L'OBÉSITÉ ET DE LA MAIGREUR.

De la constitution et de l'idiosyncrasie.

Nous devons expliquer ici quelques termes souvent employés par les médecins et qui ont besoin d'être définis; je veux parler des mots *constitution* et *idiosyncrasie*.

La *constitution*, c'est cet ensemble des conditions de structure qui crée pour chaque être une individualité propre. Ainsi, sous ce rapport, la constitution serait quelque chose de plus général que le tempérament, qui se détermine par la prédominance d'un système organique, le sanguin, le nerveux, etc. Royer-Collard disait donc avec raison que la constitution est le fond de la nature individuelle, tandis que le tempérament en est la forme plus ou moins durable; les différences que présente la constitution sont plus particulièrement basées sur son degré de force ou de faiblesse. Faut-il juger de cette force ou de cette faiblesse sur l'apparence extérieure de l'individu ? Non assurément. Ces hommes à charpente vigoureuse, ces athlètes si robustes, ces colosses vivants, ne présentent pas toujours aux influences destructives de la vie la même force de résistance que ces êtres grêles et chétifs dont l'existence semble ne tenir qu'à un fil. Voltaire, Fontenelle et tant d'autres n'ont-ils pas vécu jusqu'à un âge très-avancé, malgré leur apparence débile? C'est que la constitution était bonne ; cependant, il faut bien le dire, en général les hommes d'une bonne constitution présentent tous les attributs de la vigueur et de la santé : les chairs sont fermes, l'embonpoint médiocre, la poitrine est large, les fonctions s'exécutent avec facilité et énergie.

Bien que chacun apporte en naissant sa constitution propre, cette constitution peut cependant être modifiée par diverses circonstances. Ainsi, un enfant né très-robuste verra sa constitution se détériorer au milieu de mauvaises conditions hygiéniques d'habitation, de nourriture, etc. Ce changement aura même lieu à un âge plus avancé. La misère, les chagrins, les fatigues ont détruit les plus belles santés, les structures les plus solides. Mais, hâtons-nous de le dire, par une heureuse réciprocité, des soins hygiéniques bien entendus et savamment combinés peuvent rendre robuste et solide une constitution originellement faible et délicate.

Maintenant, qu'est-ce que l'*idiosyncrasie ?* C'est encore une individualité, mais plus restreinte que celle qui s'exprime par le tempérament; c'est la prédominance de tel ou tel appareil organique, d'où résulte la disposition du sujet à être affecté de telle maladie plutôt que de telle autre. Ainsi tantôt c'est le système cérébral qui l'emporte, tantôt le système digestif, ailleurs le système biliaire, etc. C'est au médecin à apprécier ces différences, à traiter d'une manière appropriée les maladies qui en sont la conséquence, et à les prévenir par des soins particuliers. On comprend qu'ici le fait d'individualité se trouve tellement spécialisé, qu'il est impossible de tracer des règles générales. Il faut des moyens différents pour chaque individu.

De la maigreur et de l'obésité.

Parmi les conditions matérielles de l'économie vivante, il en est deux qui méritent de nous arrêter encore un moment : ce sont l'*obésité* et la *maigreur*.

1° *La maigreur* n'indique nullement une faiblesse de constitution; les personnes maigres sont, au contraire, généralement très-fortes, très-énergiques, et les avantages de la longévité leur semblent plutôt dévolus qu'aux personnes très-grasses. Il est bien entendu que par maigreur nous n'entendons pas parler de cette émaciation, de cette réduction squelettique qui est l'indice d'une lésion profonde survenue dans l'organisation par suite d'une maladie, de misères, de chagrins prolongés, d'excès de tout genre, etc. Maintenue dans de certaines limites, la maigreur est donc non-seulement compatible avec la santé, mais elle est souvent le cachet d'une bonne constitution.

La maigreur, ou plutôt l'amaigrissement produit par l'une des causes que nous venons de signaler, se guérit par le repos du corps et de l'esprit, une habitation saine, une nourriture substantielle et plus particulièrement composée de substances grasses et féculentes.

2° *L'obésité*, *polysarcie* ou embonpoint exagéré, consiste dans l'accumulation de la graisse dans les différentes parties du corps, mais surtout dans le tissu cellulaire qui double la peau et recouvre les muscles.

On connaît l'aspect repoussant des individus obèses ; il n'est personne qui n'en ait rencontré quelques-uns dans les promenades, ou qui n'en ait vu, à l'époque des foires et des fêtes de village, un spécimen exceptionnel dans la baraque d'un saltimbanque.

Le poids de ces tristes phénomènes est quelquefois énorme ; on a cité des exemples d'individus pesant 200, 300, 400 et jusqu'à 425 kilogr. Dupuytren a vu une femme qui mesurait plus de 1m,70 de circonférence au niveau du nombril. Chez les sujets obèses, la marche est pénible, le moindre exercice s'accompagne d'essoufflement, toutes les fonctions corporelles et intellectuelles sont languissantes, à l'exception pourtant de la digestion, qui est souvent, mais non toujours, très-active.

On comprend qu'il ne faut pas confondre l'obésité ou polysarcie, avec l'embonpoint normal, bien qu'assez considérable dans certains cas, qui survient chez beaucoup de personnes des deux sexes, mais surtout chez les femmes, vers l'âge de trente-cinq à quarante ans.

On attribue l'obésité à l'abus des substances féculentes, à l'usage de la bière, au défaut d'exercice, à l'habitude de rester au lit trop longtemps, etc. Peut-être cette somnolence, cette apathie que l'on reproche aux personnes obèses sont-elles autant l'effet que la cause de leur infirmité.

Quand un individu prend un embonpoint exagéré, que doit-il faire ? D'abord modifier son alimentation de manière qu'il se produise le moins de graisse possible. Ainsi on éloignera du régime les féculents et les substances grasses ; on n'accordera que des aliments azotés, et dans la proportion strictement nécessaire pour l'entretien de la vie. En second lieu, il faut faire résorber la graisse accumulée, et favoriser la combustion dans le poumon. On y arrive en activant la respiration et la circulation. On aura donc recours à des exercices rendus de plus en plus actifs et énergiques, tels que de longues promenades, la gymnastique ; on conseillera le séjour à la campagne, dans un air vif et sec. On exigera des travaux intellectuels, qui mettent forcément en jeu la mémoire et l'imagination. On abrégera la durée du sommeil, qui aura lieu sur un lit ferme, résistant et ne provoquant pas à la paresse. Enfin les procédés de l'hydrothérapie et de l'entraînement suivant la méthode anglaise[1] pourront être ici d'un grand secours.

V.

HYGIÈNE DES SENS ET DU SENS DE LA VUE EN PARTICULIER.

Les sens, tout le monde le sait, sont destinés à mettre l'homme en rapport avec les objets extérieurs; ils nous font connaître les différentes qualités des corps : couleurs, formes, dimensions, rugosité ou poli des surfaces, température, sonorité, odeurs, saveurs. Telles sont les fonctions de la vue, du toucher, de l'ouïe, de l'odorat et du goût. Nous n'avons rien de particulier à dire des quatre derniers sens, sinon que leur puissance de perception s'affaiblit et se perd quand ils sont soumis à des excitations trop vives de la part de leur modificateur naturel : que le toucher s'émousse au contact des corps trop durs, trop irréguliers, trop chauds; que l'ouïe s'endurcit et se perd sous l'influence de bruits trop violents ou trop répétés; que les odeurs trop vives, les saveurs trop fortes, trop pénétrantes, finissent par détruire l'odorat et le goût. Nous n'avons point à rappeler ici l'importance de la vue et sa supériorité sur les autres sens : chacun en sait à cet égard autant que les plus grands physiologistes, et la perte de la vue est regardée comme l'un des plus grands malheurs qui puissent arriver. L'hygiène de ce

1. Voyez l'appendice qui termine ce volume.

sens est donc importante à bien connaître, et nous croyons devoir y consacrer un article spécial.

Hygiène de la vue[1].

Il ne faut pas confondre, comme on le fait généralement, la portée (longueur) de la vue avec sa force. La portée de la vue est chose très-variable suivant les individus : les uns ne voient qu'à une très-courte distance, ce sont les *myopes;* les autres voient mal de près, mais distinguent bien nettement à des distances plus ou moins considérables, ce sont les *presbytes*. Entre ces deux formes extrêmes se placent les vues moyennes ou ordinaires. La myopie est beaucoup plus commune dans les villes, très-probablement en raison de la nature des travaux, qui fixent la vue, à de faibles distances, sur des objets d'un petit volume. Chez l'homme de la nature, au contraire, chez le cultivateur, chez le sauvage, la presbytie est la condition la plus ordinaire. Doit-on regarder la myopie comme le caractère d'une mauvaise vue? Non certainement : le myope a la vue courte, voilà tout ; mais le plus ordinairement ses yeux sont excellents, c'est-à-dire qu'il peut les exercer longtemps sans fatigue, à une faible lumière et sur des objets très-déliés. Les yeux mauvais ou délicats ne peuvent se fixer pendant longtemps sur des corps d'un petit volume, soit à une lumière vive, soit à une lumière trop faible, sans éprouver de la douleur, du larmoiement, de la fatigue.

Quelles sont les influences qui agissent d'une manière nuisible sur l'organe de la vision? Nous indiquerons d'abord les gaz irritants, tels que le chlore, l'ammoniaque, comme on s'en aperçoit aisément dans les lieux d'aisances mal tenus, où ce dernier gaz, s'exhalant en abondance, occasionne des picotements douloureux dans l'œil; les poussières, surtout les poussières sablonneuses, qui voltigent dans l'air ou

1. RÉVEILLÉ-PARISE, *Hygiène oculaire*, br. in-12, de 134 pages, qui renferme tout ce qu'il y a d'important à connaître sur ce sujet.

qui sont enlevées du sol et entraînées par les vents. Quelques lotions d'eau fraîche calment l'irritation causée par les gaz ou par les corps pulvérulents et aident à la sortie de ces derniers. Un air chaud et sec irrite l'œil; mais les temps froids et humides exercent une action plus nuisible : ils produisent des ophthalmies catarrhales. On connaît les dangers de ces courants d'air appelés *vents coulis*. Dans ces cas, le précepte hygiénique est banal, c'est de ne pas s'exposer aux influences mauvaises, surtout quand la tête n'est pas convenablement couverte.

Rien de plus pernicieux que l'action d'une lumière trop intense, aussi bien l'action directe des rayons d'un soleil ardent que la lumière artificielle trop vive, celle de l'électricité ou du gaz par exemple, surtout quand on s'y expose brusquement au sortir de l'obscurité. Des amauroses (gouttes sereines), des cataractes, en un mot la perte de la vue, peuvent en être le résultat. Il faut en dire autant de la contemplation longtemps prolongée d'objets fortement éclairés ou lumineux par eux-mêmes, comme les feux de forge; d'objets d'une blancheur éclatante, comme l'est la neige, comme le sont certains terrains sablonneux, etc. La lumière artificielle, même modérée, est, en général, plus fatigante pour la vue que la lumière naturelle; que sera-ce s'il s'y joint un travail continu sur des objets de petite dimension ou très-brillants, comme il arrive pour les joailliers, les bijoutiers, les horlogers, les graveurs, les couturières, les micrographes, les gens de lettres, les savants plongés dans la lecture d'ouvrages imprimés en caractères fins ou gothiques, ou de manuscrits difficiles à déchiffrer? L'affaiblissement de la vue, différents désordres de la vision, les mouches volantes, l'amaurose, la cataracte, sont malheureusement la conséquence bien fréquente de ces différents genres de travaux, moins nuisibles d'ailleurs quand on les exerce à la clarté du jour. Une lumière faible, vacillante, douteuse, fatigue excessivement; on connaît les dangers qu'il y a à lire ou à travailler à des objets délicats à la pâle clarté de la lune. Enfin, rien de plus nuisible pour la vue que les excès de tout genre, mais surtout que les excès qui énervent et épuisent.

M. Réveillé-Parise donne comme règles d'hygiène fort importantes les préceptes suivants, que nous allons reproduire en les abrégeant :

1° Il faut étudier soigneusement la force de ses yeux; c'est là une étude que chacun doit faire sur soi-même, afin de pouvoir apprécier et déterminer sûrement la somme de travail, le degré de tension dont il se sent susceptible, et qu'il ne faut jamais dépasser.

2° Les vues délicates et faibles doivent avoir de fréquents intervalles de repos, dont le nombre et la durée sont en rapport avec le degré de faiblesse de la vue; il faut alors détourner les yeux de l'objet sur lequel ils étaient fixés, les diriger vers quelque objet teint d'une couleur douce et agréable, le vert, par exemple, ou mieux encore les fermer pendant quelques instants; à l'aide de ces précautions, on peut continuer pendant un temps assez long, et sans fatigue, des travaux très-délicats et très-minutieux.

3° Varier autant que possible les occupations : ce précepte rentre dans le précédent.

4° *Soins du matin et du soir.* Graduer le matin le passage de l'obscurité à la lumière, passer sur le bord des paupières un peu de salive, laver ensuite les yeux à grande eau, faire tomber le fluide en nappe sur ces organes au moyen d'une éponge, les exposer quelque temps à l'air libre avant de se mettre au travail. Le soir, se garder de considérer des objets fins dans un lieu sombre; ne jamais passer brusquement d'une lumière artificielle et vive à une profonde obscurité; écrire plutôt que de se livrer à la lecture; ne jamais lire que des caractères faciles et bien formés, et jamais de caractères microscopiques, si dangereux pour la vue; faire en sorte que la chambre à coucher ne soit ni trop éclairée ni trop obscure : tels sont les moyens que l'on ne doit pas négliger, si l'on veut jouir d'une vue inaltérable.

En général, les lotions à l'eau fraîche valent mieux que

les lotions à l'eau tiède; cependant, comme certaines personnes ne peuvent les supporter, elles auront recours à l'eau tiède, mais elles feront bien d'abaisser peu à peu la température du liquide : elles pourront arriver ainsi, par transitions graduées, à se servir de l'eau fraîche. Cette eau peut être animée de quelques gouttes d'eau-de-vie ou d'un alcoolat quelconque (voy. *Cosmétiques*, p. 131).

5° On évitera de travailler à un jour trop vif, surtout à des objets très-déliés; c'est ici que les temps de repos sont nécessaires.

6° Il faut veiller sur les attitudes pendant le travail: pencher trop fortement le corps en avant, gêne la circulation, favorise les congestions vers le cerveau, et provoque différentes maladies des organes de la vue.

7° Par la même raison, on ne doit pas se livrer à des occuptions minutieuses, le col, la poitrine ou les bras étant serrés dans des vêtements trop étroits : le travail au moment de la digestion est également très-nuisible.

8° Il faut travailler à une lumière douce et fixe: la lumière d'une bonne lampe, tamisée à travers un globe dépoli, est excellente.

Pour les enfants, il faut exercer la vue de loin et à loisir, et dans un air vif et pur; on ne poussera jamais l'application de la vue jusqu'à la fatigue. On ne devra pas hésiter à faire cesser tout travail, même pendant plusieurs années; « c'est un prêt dont les intérêts centuplent avec le temps. »

Quant aux vieillards, dit encore M. Réveillé-Parise, ils recueilleront ce qu'ils auront semé : il leur faut aussi observer rigoureusement les préceptes posés plus haut.

Vient ici la question des *lunettes*, question toute médicale et que nous ne devons pas résoudre dans ce livre, soumise comme elle est à une foule de circonstances diverses et tout à fait individuelles. Disons seulement que, pour la myopie et la presbytie, on prend généralement des numéros trop forts; et que, pour les vues tendres et délicates, les verres teintés d'un bleu gris valent mieux que les verres verts ou d'un bleu vif.

VI.

HYGIÈNE DE LA VOIX ET DU CHANT [1].

L'exercice des organes de la voix comprend : la conversation, la lecture à haute voix, la déclamation et le chant. La conversation et la lecture à haute voix n'exigent pas les mêmes efforts, la même animation que les deux derniers modes d'expression ; aussi faut-il les regarder comme des actes hygiéniques qui favorisent l'ampliation du poumon, le développement de la poitrine, et qui, à la suite du repas, aident à la digestion. C'est en un mot, une sorte de gymnastique modérée des organes vocaux, dont l'effet est très-salutaire. Nous n'avons pas à y insister.

Il n'en est pas de même pour la déclamation et pour le chant : par déclamation, nous entendons l'exercice soutenu de la voix avec animation dans le débit, que cet exercice s'applique au plaidoyer de l'avocat, au sermon du prédicateur, à la leçon du professeur ou à l'art théâtral ; et en parlant du chant, nous entendons le chant soutenu et dramatique. Il est bien évident que ces exercices s'accompagnent de mouvements plus ou moins énergiques et d'un travail intellectuel qui exigent des soins particuliers.

En général, le chant expressif et la déclamation sont facilités par la mimique des membres supérieurs, dont les mouvements, coordonnés suivant le sens des idées à exprimer, viennent en aide aux mouvements respiratoires et à l'émission de la voix.

1. M. Segond, *Hygiène du chanteur*, un vol. in-12. Habile chanteur lui-même, M. le docteur Second a pu mettre dans ce livre tout ce que son expérience médicale et ses connaissances spéciales ont pu lui apprendre. Notre chapitre sur l'hygiène de la voix est un extrait abrégé de l'ouvrage que nous mentionnons.

Plus le poumon fonctionne avec activité, plus il consomme de carbone (voy. p. 150); il faut donc que l'alimentation répare cet excédant de consommation : ainsi les oiseaux, chez lesquels la respiration est très-accélérée, ne peuvent rester longtemps privés d'aliments ; il en est de même pour les individus qui exercent beaucoup leurs poumons, avocats, prédicateurs, professeurs, chanteurs, etc. ; il se fait chez eux une grande dépense de carbone ; il leur faut donc une nourriture abondante et réparatrice. Les aliments devront se composer de viande de boucherie et de substances féculentes ; le vin est ici une chose de première nécessité. Le vin, comme on le sait, renferme une forte proportion de carbone, il est donc indispensable, avec modération, faut-il le dire, aux personnes qui exercent beaucoup leur voix ; les vins du Midi seront préférés ; le thé, et surtout le café, sont encore très-avantageux. Mais à côté de l'usage, il y a l'abus, plus nuisible que le défaut ; l'abus des spiritueux, on le sait, brise la voix, la rend sourde et rauque.

L'exercice de la voix irrite, congestionne les bronches, le larynx et l'arrière-gorge, et si l'on s'expose, dans cet état, à l'action du froid et surtout du froid humide, il en résultera un état inflammatoire catarrhal de ces mêmes parties ; de là la fréquence des enrouements, des angines, des laryngites, des bronchites, chez les chanteurs, les acteurs, les avocats, etc. Ces personnes doivent donc éviter soigneusement les influences que je viens de signaler, ou bien prendre avant de s'y exposer un verre d'eau sucrée animée de quelques cuillerées d'un vin généreux.

Il faut éviter encore, mais ceci s'adresse surtout aux chanteurs, les conversations animées, les mouvements trop violents, la marche précipitée, les rires bruyants, etc. C'est pour les chanteurs aussi qu'est important le précepte de ne pas se serrer la poitrine ; toute constriction un peu forte gêne le développement du poumon, qui, ne pouvant recevoir l quantité d'air dont il a besoin pour l'émission de la voix, précipite et multiplie ses mouvements. De là une fatigue très-prompte et très-grande ; c'est ce qui se voit chez les cantatrices assez imprudentes pour se serrer fortement la taille. Les cravates qui étreignent le col sont encore très-dangereuses ; elles peuvent déterminer des congestions cérébrales : le chanteur, le déclamateur doivent avoir le cou libre.

Quant aux vêtements eux-mêmes, ils doivent être amples et chauds. Les personnes très-susceptibles, ou qui résident dans un climat à vicissitudes atmosphériques très-variables et dans lequel prédomine le froid humide, pourront porter de la flanelle. C'est surtout pour les chanteurs qu'il est important de mettre en usage les moyens qui peuvent fortifier et endurcir la constitution.

On ne doit pas se livrer au chant ou à la déclamation immédiatement après un repas copieux, parce qu'alors l'estomac distendu gêne les mouvements d'ampliation de la poitrine et que la fatigue qui résulte de ces obstacles trouble le travail digestif ; il faut attendre deux heures au moins. On ne doit pas non plus manger immédiatement après un exercice violent et prolongé de la voix, mais attendre que l'état d'excitation générale et que le mouvement de congestion vers les organes vocaux soient dissipés : la digestion ne s'en accomplit que mieux.

La fatigue qui résulte de ces exercices demande, pour que la réparation soit complète, non-seulement une nourriture substantielle, mais un sommeil calme et prolongé, huit heures environ ; par la même raison, on proscrira tout ce qui énerve et épuise, les veilles prolongées, l'abus des plaisirs, les émotions vives, etc. C'est à ce prix que l'on peut conserver intact ce merveilleux instrument, la voix, interprète des passions et des sentiments de l'homme.

VII.

HYGIÈNE DE L'INTELLIGENCE.

Le philosophe s'empare de l'intelligence en tant que pensante, pour la diriger selon les principes de la logique et de la morale. Cependant, par les rapports qui la rattachent nécessairement aux organes, par les influences réciproques qu'elle exerce sur eux et qu'ils exercent sur elle, l'intelligence touche au domaine de l'hygiéniste par des points assez nombreux pour qu'il ait à compter avec elle ; et d'ailleurs, à part toute doctrine, n'est-il pas certain que le cerveau, organe matériel, est le siége des facultés de l'âme[1]?

Examinons donc les actions réciproques dont nous venons de parler.

La circulation, qui conduit partout le sang destiné, avec l'influx nerveux, à entretenir l'activité vitale dans les différentes parties du corps, agit d'une manière très-marquée sur le cerveau et par conséquent sur les phénomènes qui en dépendent ; que le sang cesse d'arriver au cerveau, les facultés s'émoussent, puis s'éteignent : il y a perte de connaissance. L'afflux est-il modéré, les facultés s'exercent au contraire dans la plénitude de leur libre développement ; que le sang arrive en trop grande abondance, il y a sentiment de pesanteur, obtusion, torpeur, somnolence.

La digestion exerce aussi sur l'intelligence une action bien manifeste et bien connue : une alimentation trop abon-

1. Il faut bien savoir que les médecins, quand ils parlent de l'âme, ne mettent pas en cause le principe immatériel et immortel, mais seulement l'intelligence en tant que liée à l'organe qui en est le siége, c'est-à-dire au cerveau ; saine quand le cerveau est sain, altérée quand il est lui-même altéré.

dante, trop succulente, amène l'alourdissement de la pensée ; on sait à quel degré d'abrutissement peuvent tomber le glouton et l'ivrogne. Une alimentation mixte et modérée laisse au cerveau toute sa liberté, toute son énergie; l'abstinence exalte les facultés, porte au délire et à l'extase : témoin certains anachorètes.

Les *sens* sont de puissants modificateurs des facultés cérébrales.

Des odeurs suaves, une musique harmonieuse, nous jettent dans une molle langueur, nous portent aux idées tendres et voluptueuses. Des accords plus mâles, les sons des instruments de guerre, excitent les passions violentes. Que de sensations diverses et opposées fait naître en nous l'aspect d'une campagne douce et riante, ou bien au contraire d'une nature sauvage avec ses rochers sombres et menaçants, ses torrents impétueux, ses précipices sans fond !...

Les influences extérieures de climat et de localité agissent aussi sur le caractère de l'homme, quoique d'une manière moins énergique qu'on ne l'avait prétendu. Nous avons reconnu plus haut que les hommes du Midi ont les passions beaucoup plus fougueuses que les hommes du Nord, les sensations plus vives et plus facilement excitables (voy. p. 34). Enfin les alternatives du jour et de la nuit produisent sur les dispositions de l'esprit des effets trop marqués pour que nous ayons besoin d'y insister (voy. p. 4).

Ainsi que nous l'avons annoncé, le cerveau réagit, lui aussi, sur les fonctions, et les influence à son tour : tantôt, par le fait d'une émotion vive, les battements du cœur sont accélérés et la circulation est troublée de manière à amener des congestions vers le cerveau lui-même, qui reçoit ainsi le contre-coup de l'impulsion qu'il a donnée ; tantôt, au contraire, le cœur cesse de battre, il y a syncope. N'en est-il pas de même pour la digestion, que dérangent les violentes perturbations de l'âme ? L'appétit n'est-il pas habituellement sous la dépendance des préoccupations de l'esprit ? Ne sait-on pas que la terreur paralyse les mouvements, coupe la parole ? Les passions tristes longtemps prolongées, la jalousie, les regrets qui suivent la perte d'une personne aimée ou d'une position brillante, amènent le dépérissement et même la mort. Enfin, ce qu'il y a de plus remarquable, c'est que les fonctions cérébrales réagissent sur le cerveau lui-même ; ainsi, un chagrin brusque et violent peut occasionner un accès de délire, et les chagrins prolongés une véritable aliénation mentale.

Si telle est l'action de l'intelligence sur l'économie et sur elle-même, n'en résulte-t-il pas des conséquences hygiéniques relativement à l'exercice des facultés cérébrales ? Mais il nous faut d'abord séparer les passions des travaux intellectuels.

Hygiène des passions.

Le mot *passion* exprime dans notre langue l'exaltation, l'exagération des sentiments naturels, tels que l'amour, la haine, l'envie, l'ambition, etc. Que peut ici l'hygiène ? ce que peut la morale, ce que peuvent les conseils, c'est-à-dire, hélas ! bien peu de chose. Cependant elle peut fournir quelques procédés qui, dans le cas où la passion ne sera pas portée trop loin, seront de quelque utilité.

Ainsi, l'usage calmant des bains, les exercices dont nous parlerons bientôt, qui, en fatiguant le corps, détournent l'esprit de la pensée qui le domine, les voyages, l'action de certaines eaux, l'emploi de divers moyens déjà proposés à propos des tempéraments, peuvent, dans une certaine mesure, venir en aide à la morale et à la religion. Il ne faut donc voir dans l'hygiène qu'un auxiliaire, et rien de plus. Mais son rôle devient plus actif et plus efficace quand la passion apaisée laisse le corps dans l'état d'affaissement et d'épuisement qui suit les secousses violentes ou longtemps prolongées ; trop heureux encore quand ce n'est pas à des moyens médicaux qu'il faut alors avoir recours ! Combien de fois, en effet, des maladies du cerveau, du cœur, du foie, de l'estomac, des intestins, etc., ne sont-elles pas la suite de ces violents états de l'âme, qui pendant longtemps ont troublé les fonctions des organes que nous venons de nommer?

Dans l'un comme dans l'autre cas, on comprend que l'infinie variété des conséquences que peuvent avoir les passions sur l'organisme ne nous permet pas de donner des règles générales toujours applicables; il faut de toute nécessité les conseils d'un médecin éclairé, qui saisisse les particularités, les nuances des désordres auxquels sa science doit mettre un terme. C'est ici qu'un médecin ami est bien précieux.

Hygiène des hommes adonnés aux travaux intellectuels[1].

Il s'agit maintenant de l'intelligence en action, c'est-à-dire des travaux intellectuels. L'homme livré à ces travaux ne doit pas être assujetti à la même manière de vivre que l'homme livré aux occupations qui exigent un certain déploiement de force et qui s'exécutent au grand air.

L'inaction dans un lieu fermé détermine divers désordres dans les voies digestives : l'appétit se détériore, les aliments passent mal, il y a de la constipation; par le fait de la position assise longtemps continuée, le sang se porte et stagne dans les parties inférieures du corps; de là des hémorrhoïdes, des affections de la vessie (catarrhe, pierre, etc.); les yeux longtemps fixés sur des caractères fins, comme ceux de certains livres, ou mal conformés, comme ceux de certains manuscrits, et le plus souvent à la lumière artificielle, se fatiguent, s'irritent (voy. p. 263); il peut même en résulter la perte de la vue, comme notre savant historien Aug. Thierry en offre le douloureux exemple. Chez les écrivains de profession, on voit quelquefois certains désordres de la main droite, con-

1. Réveillé-Parise, *Physiologie et hygiène des hommes livrés aux travaux de l'esprit*, 4e édit., 1843, 2 vol. in-8°.

sistant soit dans un tremblement des trois premiers doigts, soit dans une rigidité et une sorte de paralysie de ces mêmes doigts (crampe des écrivains). Quant au travail intellectuel lui-même, il provoque l'afflux du sang vers le cerveau, d'où un sentiment de fatigue, de la pesanteur et même de la douleur à la tête. Après des travaux prolongés, il y a souvent des étourdissements, des vertiges, des accidents de congestion cérébrale et même d'apoplexie. L'apoplexie est, on le sait, le genre de mort le plus ordinaire des savants. Après une forte contention de l'esprit, plus particulièrement sur des sujets abstraits, on voit quelquefois survenir de véritables hallucinations; c'est là ce qui explique ces visions bizarres dont certains esprits contemplatifs ont été tourmentés après de longues méditations; c'est ce qui est arrivé souvent chez les solitaires, chez les religieux des différents cultes. Enfin les désordres cérébraux peuvent être portés au point de constituer la folie. Les relevés des médecins spéciaux prouvent que les travaux exagérés de l'esprit jouent un rôle très-important comme cause de l'aliénation mentale. D'après tout ce qui précède, on comprend ces bizarreries de caractère et ces dispositions à l'hypocondrie, si communes chez les artistes et les gens de lettres.

On voit que ces différentes influences réunies doivent déterminer des troubles très-grands dans la santé générale; de là la pâleur, la maigreur et la mauvaise santé habituelle des gens de lettres. Ces graves et fâcheuses conséquences s'observent surtout quand les facultés intellectuelles ont été développées de trop bonne heure : c'est ainsi que l'on voit si souvent périr dans la fleur de l'âge ces talents prématurés, ces génies précoces qui semblent une anomalie dans l'ordre régulier de la nature, et qui succombent comme écrasés sous le poids de leur savoir. Pic de la Mirandole, Baratier et tant d'autres en sont la preuve.

Pour compenser les inconvénients attachés aux habitudes trop sédentaires qu'exigent leurs études, les gens de lettres doivent choisir leur habitation à la campagne, ou tout au moins dans les quartiers bien aérés des villes. Le cabinet de travail doit être situé aux étages supérieurs, vaste, largement aéré, et modérément chauffé en hiver. Outre la table ou le bureau ordinaire devant lequel on est assis, il est bon d'avoir une table élevée dite à la Tronchin, sur laquelle on peut travailler debout; ce changement d'attitude est très-important. On interrompra de temps en temps ses occupations pour marcher dans la chambre, en faisant de larges et profondes inspirations. Ces mouvements n'entravent nullement le cours des idées ; ils le facilitent, au contraire. Quant aux heures de travail, chacun suit à cet égard ses habitudes; cependant il faut observer que le matin est plus favorable, et cela sous tous les rapports : on travaille à la lumière du jour, on se lève de bonne heure, ce qui exige le coucher de bonne heure également; car un sommeil réparateur de sept à huit heures est indispensable, et l'on évite ainsi le danger des veilles prolongées.

Le régime est encore une chose fort importante. Il doit être sobre, léger et mixte (voy. p. 167). L'usage presque exclusif des viandes fortes, du vin pur et surtout des alcooliques, doit être sévèrement interdit. Les excitants légers, le thé, le café, trouvent ici leur emploi parfaitement indiqué. Toutefois, il faut bien se préserver de l'abus, dont nous avons signalé les dangers. Enfin une chose fort importante, c'est de ne pas se livrer au travail immédiatement après les repas; il faut attendre au moins une heure. C'est dans ces moments de répit, j'ai presque dit de récréation, que conviennent les moyens dont nous allons parler.

Les promenades, surtout au grand air, à la campagne, ou bien en bateau, la rame à la main; certains exercices réglés : l'escrime, la natation (avant le repas), l'équitation, suivant la localité dans laquelle on se trouve, sont choses de première nécessité. L'homme de cabinet doit se procurer de temps en temps quelques distractions agréables, conversations enjouées, musique, spectacle, etc.; aux jeux qui fixent l'attention et qui reproduisent la station assise, tels que les cartes, les échecs, les dames, on préférera le billard, qui s'accompagne d'un certain exercice.

Enfin, si le corps est fatigué et le système nerveux surexcité, il faut interrompre tout travail, se livrer à des occupations manuelles, le jardinage, par exemple; quelquefois même il faut avoir recours aux voyages, à l'action de certaines eaux minérales; mais le choix de ces moyens doit être laissé au médecin.

Enfin, n'oublions pas de noter que les excès de tout genre sont éminemment dangereux ; et pour terminer, nous dirons avec un hygiéniste distingué (Et. Tourtelle), que son style mythologique fera aisément reconnaître pour un écrivain du siècle dernier : « Minerve fréquente rarement les jardins d'Idalie. »

VIII.

HYGIÈNE DES ATTITUDES ET DES MOUVEMENTS.

Les mouvements des différentes parties du corps sont déterminés par les muscles, organes spéciaux, de forme ordinairement allongée, composés d'une substance fibreuse susceptible de se contracter et qui constitue la chair. Ces muscles s'attachent par leurs extrémités d'un os à un autre, et, quand ils se contractent, ils font nécessairement mouvoir les différentes pièces du système osseux les unes sur les autres, comme autant de leviers. De là la possibilité de la marche, ou locomotion, des gestes, des mouvements de toutes sortes, si nombreux et si variés, que peuvent exécuter les membres, mais surtout ceux dont les leviers sont très-multipliés, les mains par exemple. C'est à l'aide de ces déplacements, de ces mouvements, que l'homme se met en rapport avec les objets extérieurs et les différents êtres organisés.

Quand les muscles de certaines parties, ceux du tronc et des membres inférieurs, par exemple, se contractent de manière à se faire équilibre, ils maintiennent le corps dans la station debout et dans les différentes positions ou attitudes que l'on peut prendre, tant qu'elles ne sont pas contraires aux lois de l'équilibre.

Enfin, il faut noter les mouvements communiqués ; le corps étant parfaitement en repos ou maintenu en attitude, le déplacement est déterminé par le fait d'une puissance extérieure. C'est ce qui arrive dans les promenades en voiture ou en bateau, dans le jeu de l'escarpolette, dans l'équitation.

Ainsi trois ordres de mouvements : les stations ou attitudes, les déplacements ou mouvements actifs, et les mouvements communiqués.

I. Hygiène des attitudes ou stations. — De leur influence sur la production des difformités.

Les principales attitudes sont : la station debout, la station à genoux, la station assise.

1° Dans la *station debout*, le corps se tient droit et en équilibre par la station des différentes parties du corps les unes sur les autres ; il y a donc un effort assez considérable pour maintenir cette position, surtout de la part des muscles de la partie postérieure du corps, qui luttent contre la pesanteur des viscères situés vers la partie antérieure et tendant à faire tomber le corps en avant. Aussi, quand cette station se prolonge, en résulte-t-il de la fatigue à la nuque, dans le dos, dans les reins, à la partie postérieure des cuisses et dans les mollets ; aussi fatigue-t-elle plus vite les personnes à gros ventre, les femmes enceintes, etc. Du reste, chez ces personnes, l'usage d'une ceinture hypogastrique soulage beaucoup en soutenant le ventre.

Dans la station debout, il est rare que l'on s'appuie également sur les deux membres inférieurs : on *pèse* le plus souvent tantôt sur un membre, tantôt sur l'autre; de là des inclinaisons du tronc, qui *se hanche*, comme disent les artistes, tantôt d'un côté, tantôt de l'autre. C'est là une cause assez fréquente de déviations de la taille pour les jeunes filles délicates, ou chez lesquelles l'usage prématuré du corset a affaibli les muscles redresseurs du tronc. Et déjà l'on peut comprendre pourquoi ces déviations sont plus rares chez les garçons, doués d'un système musculaire plus énergiquement constitué, et dont aucun appareil constricteur n'a entravé le développement.

Par le fait de cette attitude longtemps prolongée, le sang stagne dans les parties inférieures du corps; de là une foule d'incommodités qui attaquent les personnes obligées par leur profession de se tenir habituellement debout (varices, ulcérations, inflammations érysipélateuses et phlegmoneuses à la moindre contusion, etc.). Chez les personnes qui ont des dispositions aux varices, aux engorgements des membres inférieurs, et qui sont forcées de se tenir habituellement dans la station verticale, l'usage des bas lacés ou en caoutchouc est tout naturellement indiqué.

2° La *station à genoux* est très-difficile à supporter longtemps; car la surface arrondie que présentent les genoux n'est point disposée pour offrir au corps une base convenable : dès lors le tronc ne tarde pas à s'incliner en avant ou en arrière, et il faut que les mains trouvent en avant un point d'appui comme un prie-Dieu, ou bien que le siége vienne se reposer sur les talons, situation également très-incommode. La station à genoux est donc, comme on l'a fait observer, une véritable attitude de pénitent, qui devient promptement douloureuse et fatigue beaucoup les muscles; aussi faut-il la regarder comme une des plus stupides punitions que les pédagogues, si féconds en inventions de ce genre, aient imposées aux élèves.

Dans la station à genoux, comme les viscères du ventre

tendent à se porter en avant, il en résulte le relâchement de la partie antérieure de cette cavité, et une disposition aux hernies; c'est ce que l'on avait observé chez les moines.

3° La *station assise* a lieu de deux manières : ou bien le dos est appuyé, et alors on est soutenu sans faire effort ; ou bien le dos est libre, comme quand on est sur un tabouret, et il faut que les muscles maintiennent le tronc dans la rectitude. Cette position ne tarde pas à devenir fatigante et l'on voit les enfants un peu délicats, les jeunes filles surtout, chercher bientôt un point d'appui sur la table placée devant eux et y prendre des attitudes plus ou moins vicieuses, qui engendrent des difformités de la taille. Le torse mal soutenu s'abandonne à son poids, la colonne vertébrale s'incline de côté, une des épaules s'abaisse, l'autre devient saillante, et la taille se dévie, le plus ordinairement dans la région dorsale. Les sujets du sexe masculin doivent à la supériorité de leur vigueur musculaire d'échapper en plus grand nombre à cette cause si commune de déviation. Les parents ne sauraient donc veiller avec une attention trop soutenue aux attitudes que prennent les jeunes filles pendant leur travail. On s'assurera qu'elles sont bien assises, c'est-à-dire que les hanches sont parfaitement de niveau sur le siége, que les épaules sont bien sur une même ligne horizontale, et l'épine dorsale parfaitement droite. Il sera bon de donner des siéges à dossier, des chaises en un mot, qui permettront de soutenir le tronc par intervalles. Le siége ne sera pas trop élevé ; il faut que les pieds portent à terre ou sur un tabouret ; la table ne doit pas être trop haute, car alors il en résulterait une élévation des épaules, qui, pendant que l'on écrit ou que l'on dessine, doivent tomber parfaitement de niveau. Enfin, chose de la plus haute importance, cette attitude assise ne doit pas être maintenue trop longtemps, surtout chez les enfants débiles; deux heures d'assiduité sont un temps plus que suffisant : on interrompra donc de temps en temps le travail pour faire prendre un peu d'exercice.

Les siéges de travail doivent être à dossier, avons-nous

dit; mais en général, et ceci s'applique plus particulièrement aux adultes livrés à des occupations sédentaires, les siéges ne doivent pas être trop mous, nous en avons dit les raisons (voy. p. 88). Les siéges trop bas maintiennent les genoux fléchis, ce qui gène la circulation dans les jambes et dans les pieds. Trop élevés, ils laissent les jambes pendantes, autre inconvénient qui favorise la stagnation du sang et dispose aux varices. Comme on le fait du reste très-judicieusement, les siéges de cabinet de travail doivent être à dossier venant aux épaules, couverts en cuir et rembourrés de crin, c'est-à-dire frais et élastiques.

II. Hygiène des mouvements actifs.

Il s'agit ici des exercices actifs, c'est-à-dire de ceux dans lesquels l'homme se meut volontairement en totalité ou en partie. Ces mouvements sont donc généraux, et le plus grand nombre des muscles du corps y participent, à l'avantage de toute l'économie; ou bien ils sont partiels, en d'autres termes bornés à une partie, les jambes, les bras, les mains, les doigts, et alors les effets sont partiels.

1° Les *exercices généraux* portent, avons-nous dit, leur action sur toute l'économie, et, quand ils sont violents, la circulation est activée, le cœur bat avec force, la respiration est accélérée et rendue plus énergique; une plus grande quantité d'oxygène est absorbée, et une plus grande quantité d'acide carbonique est exhalée; de cette combustion plus considérable, résulte une augmentation de la chaleur du corps qui peut être portée jusqu'à la transpiration la plus abondante. Cette surexcitation générale, quand elle est fréquente, produit la facilité des digestions et un accroissement de la nutrition des différents organes, mais surtout des muscles mis en jeu, qui prennent un développement en rapport avec la fréquence et la force des exercices. Certes ce sont là des résultats éminemment salutaires.

On doit comprendre cependant que ces exercices, trop

fréquemment renouvelés et portés jusqu'à la fatigue, doivent, en dépassant le but, déterminer une surexcitation qui épuise le principe vital et amène le dépérissement; en effet, au delà d'un certain degré, les moyens réparateurs ne sont plus au niveau de la dépense. Les exercices modérés stimulent doucement les fonctions, sans fatigue; et d'ailleurs on peut aller par degrés successifs.

2° Les *exercices locaux* déterminent l'accroissement de volume des muscles qui y prennent part; c'est ainsi que les jambes des danseurs, que les bras des boulangers, des forgerons, prennent ces dimensions que tout le monde a remarquées : de plus, ils développent dans les parties qui en sont le siége une facilité et une précision dans l'exécution des différents mouvements dévolus à ces parties, qui constituent l'adresse et l'agilité; c'est encore ainsi que les mains du jongleur, du violon, du pianiste, etc., prennent cette mobilité, cette sûreté qui nous étonnent. Mais il ne faut pas que ces exercices soient portés jusqu'à la fatigue, car alors l'incapacité succède à l'activité, comme on le voit chez les écrivains de profession (voy. p. 272).

Une chose bien importante, c'est de développer également les muscles des deux côtés du corps; il faudrait, dès le premier âge, habituer les enfants à se servir alternativement de leurs deux mains, au lieu de les reprendre comme on ne manque pas de le faire quand ils veulent faire usage de leur main gauche. Et pourtant cette main, dont le nom sert à qualifier tout ce qui est inhabile et sans grâce, ne nous a pas été donnée par la nature pour être un appendice en quelque sorte inutile.

Les mouvements qui exigent un grand déploiement de force donnent lieu à ce qu'on appelle les *efforts*. Ces efforts ne sont pas sans danger; ils amènent souvent des ruptures de muscles ou d'organes internes, des hernies dont le synonyme vulgaire (effort) annonce assez la cause qui donne le plus souvent naissance à ces lésions.

Si les exercices sont utiles et n'offrent d'inconvénients que quand ils sont exagérés ou pris inopportunément, on prévoit que l'*absence complète de mouvements* doit porter une atteinte préjudiciable à la santé. Par l'effet d'un repos prolongé, toutes les fonctions languissent, à l'exception de l'intelligence et de l'action nerveuse, qui se trouvent exaltées aux dépens des fonctions de la vie de nutrition : la graisse est cependant assez souvent alors sécrétée en abondance; mais dans d'autres cas les désordres de la digestion occasionnent une maigreur prononcée. Le repos partiel fait perdre aux parties leur force et leur adresse.

Les exercices actifs sont : la marche, le saut, la course, la chasse, la danse, l'escrime, la natation, la lutte, certains jeux (la balle, le ballon, le volant, le billard, etc.), et enfin certains exercices simples ou composés, réglés et coordonnés, ayant un but exclusivement hygiénique, le développement du système musculaire et le renforcement de la constitution : c'est la gymnastique.

De la marche.

La marche est le plus simple et le plus naturel de tous les exercices; un grand nombre de muscles y prennent part et sont alternativement contractés et relâchés; aussi la fatigue n'est-elle pas très-grande, ni surtout très-prompte, à moins que le terrain ne soit très-inégal ou ne forme un plan ascendant. Dans ce dernier cas, le tronc est courbé en avant, il faut faire effort pour soulever à chaque pas le poids du corps; il y a donc accélération de la circulation et de la respiration, et cela d'autant plus que le plan est plus incliné et la marche plus rapide. Quand on descend, il faut au contraire retenir le corps, qui, pour ne pas être entraîné en avant, se rejette dans le sens opposé; il en résulte de la fatigue dans les muscles de toute la partie postérieure.

La marche a tous les avantages des exercices modérés; elle convient aux personnes faibles, sédentaires, aux convalescents; elle peut avoir lieu immédiatement après le repas, surtout au grand air et dans un endroit salubre.

Du saut.

Le saut se produit quand, les articulations du tronc et des membres inférieurs ayant été préalablement fléchies, l'individu, ramassé sur lui-même, se détend brusquement comme un ressort. Alors le corps est chassé en haut, les pieds quittent le sol pour s'élever à une hauteur plus ou moins considérable, suivant le poids du corps, la force de l'impulsion, etc. Au moment où le corps retombe, il y aurait une secousse assez forte, capable d'occasionner un ébranlement très-dangereux dans le cerveau, dans la moelle épinière et dans les autres viscères, si l'on n'avait soin, en touchant le sol, d'amortir le choc en fléchissant de nouveau les articulations, de manière à retomber comme on était parti.

Le saut a lieu dans différentes situations, à pieds joints, sur un seul pied; dans différentes directions, obliquement, verticalement, d'un plan élevé sur un autre situé plus bas, ou réciproquement, etc. On peut aussi, dans quelques cas, s'aider de ses mains, que l'on applique sur l'objet par-dessus lequel ou sur lequel on veut sauter. On peut enfin, pour franchir de grands intervalles, prendre son point d'appui sur le bout d'une perche dont l'extrémité opposée repose elle-même sur le sol. Ici les membres supérieurs participent au mouvement, qui, de la sorte, devient plus général.

Le saut, exigeant un certain déploiement de forces, doit nécessairement fatiguer assez promptement; mais il développe au plus haut point les muscles qui y prennent part, et donne une grande agilité; il convient donc très-bien aux jeunes gens délicats, lymphatiques, à ceux-là surtout qui ont les membres inférieurs grêles et peu développés. Notons que cet exercice, en raison des secousses qui l'accompagnent, ne doit jamais être pris immédiatement après le repas.

De la course.

La course participe de la marche et du saut. Presque tous les muscles sont en action, et d'une manière très-énergique;

aussi produit-elle sur les fonctions les effets assignés plus haut aux exercices violents. Les personnes obèses, ou bien à constitution très-délicate, à poitrine étroite, ne pourront donc pas s'y livrer, encore moins les individus affectés de maladies des poumons ou du cœur. Une course rapide et prolongée amène de l'essoufflement, des battements de cœur précipités, une douleur vive dans la région de la rate, et il peut en résulter une inflammation de poitrine, un crachement de sang : enfin, il arrive un moment où la suffocation amène la mort. Ainsi mourut, sans doute, le soldat qui vint, tout courant, annoncer à Athènes la victoire de Marathon, ou celui qui apporta aux généraux grecs le feu sacré de Delphes avant la bataille de Platée (Plutarque, *Vie d'Aristide*).

Modérée et renfermée dans de certaines limites, la course est très-avantageuse pour la santé ; elle favorise le développement de la puissance musculaire. La meilleure manière de faire servir cet exercice au profit de l'économie, c'est d'employer le pas gymnastique. C'est surtout pour la course qu'il est important d'aller par gradation. On finit par obtenir une grande vitesse et la possibilité de soutenir cette vitesse pendant très-longtemps. On sait quelle est à cet égard la prodigieuse agilité de certains peuples sauvages ; on sait ce dont étaient capables les coureurs de l'antiquité et en particulier les coureurs publics nommés *hémérodromes ;* on sait enfin ce que l'entraînement produit chez les coureurs anglais. L'exercice dont nous parlons est indiqué toutes les fois qu'il s'agit de fortifier sa constitution ; les efforts qu'il exige, les secousses qu'il occasionne, s'opposent à ce qu'on s'y livre après le repas.

De la chasse.

La chasse réunit les différents exercices que nous venons de passer en revue, et cela sans ordre, sans règle ; il est bien entendu que nous parlons de la chasse à pied, et non des grandes chasses à courre. Outre les mouvements auxquels il faut se livrer, marche, course, sauts pour franchir des fossés, etc., la respiration du grand air, les cris d'appel qui développent la poitrine, et la satisfaction qui accompagne le succès et fait oublier la fatigue, rendent la chasse un exercice des plus salutaires. Mais en même temps il expose aux intempéries des saisons et exige un grand déploiement de forces; il suppose donc préalablement une certaine vigueur et un état convenable de santé. Cependant j'ai vu des hommes de cabinet, d'une bonne constitution d'ailleurs, mais affaiblis par les veilles, les travaux intellectuels, se livrer avec ardeur à la chasse et, dès les premiers jours, égaler en activité les chasseurs de profession.

Cet exercice, très-salutaire pour les personnes étiolées par le séjour des villes et par les habitudes sédentaires, pour les sujets à tempérament lymphatique, est surtout un moyen puissant de distraction pour les hypocondriaques, les individus que tourmentent les passions tristes, etc. Mais il ne convient évidemment pas aux sujets atteints de maladies organiques du poumon ou du cœur. L'abus est également dangereux; il amène l'épuisement, la maigreur. Ajouterons-nous que certaines précautions sont indispensables pour éviter le refroidissement, comme de se vêtir convenablement, de changer quand on est mouillé, etc.?

De la danse.

La danse est en quelque sorte un exercice naturel à l'homme. On connaît l'antiquité des traditions qui s'y rattachent. On sait que les voyageurs l'ont rencontrée chez les peuples les plus sauvages; et, chose remarquable, c'est que, chez les anciens comme chez les sauvages, les danses sont fréquemment liées à certaines cérémonies du culte ou du pouvoir.

La danse comprend les trois exercices primordiaux : la marche, le saut et la course, mais à temps réglés, à mouvements cadencés. Il y aura donc, dans l'effet produit, quelque chose de plus que l'action fortifiante résultant d'un exercice actif; il y aura l'harmonie des mouvements, d'où la grâce dans les attitudes et dans les gestes. Mais, quand nous parlons de la danse, il ne s'agit pas évidemment de cette marche traînante où tout consiste dans l'adresse à faire quelques pas au milieu d'une cohue sans être trop heurté et sans avoir les pieds écrasés, et qui constitue le bal dans nos salons; encore moins voulons-nous parler de cette gesticulation extravagante adoptée dans certains bals publics, et qui a pour résultat de donner à la démarche un dégingandé, un laisser aller de mauvais ton trop communs aujourd'hui parmi les jeunes gens.

La danse telle qu'on la pratiquait il y a une trentaine d'années, les additions nouvelles, polkas, etc., sont d'excellents exercices, mais pris en plein air, comme dans les fêtes de campagne, et non dans des salons où l'on respire un air méphitique et étouffant (voy. p. 89); en plein jour et non pendant la nuit, temps pendant lequel le corps a besoin de repos. Elle doit avoir lieu avant ou plusieurs heures après le repas. Ainsi pratiquée, la danse serait très-utile, pour les femmes particulièrement; elle contre-balancerait les mauvais effets de leurs habitudes sédentaires, auxquelles elle ajoute dans les conditions fâcheuses que nous venons de signaler; enfin, elle favoriserait le jeu régulier de leurs fonctions spéciales. Mais grâce aux heures, aux localités, aux costumes imposés par l'usage, le bal est devenu une des influences les plus pernicieuses pour la santé.

Le mouvement de rotation de la valse n'est pas bien supporté par tout le monde; c'est d'ailleurs une danse dont, pour une foule de raisons, on peut aisément se passer.

De l'escrime.

L'escrime met un grand nombre de muscles en action; elle exige un certain déploiement de forces, et une grande rapidité, une grande sûreté dans les mouvements, particulièrement dans les mouvements de l'avant-bras et du poignet;

elle favorise le développement de la poitrine, et donne aux attitudes cette assurance, cette fierté qui sont la grâce de l'homme.

Cependant, comme les muscles des deux côtés du corps ne sont pas également exercés, le côté droit, qui est le plus en jeu, se développe en excès par rapport au côté gauche; il est donc doublement utile, et pour rétablir la symétrie et pour donner plus d'adresse, de pratiquer l'escrime des deux mains ; on y gagne de devenir ambidextre.

L'escrime veut un coup d'œil sûr, une détermination prompte; elle s'accompagne de ruses, de feintes; elle n'est donc pas sans action sur l'intelligence; il y a lutte, émulation qui masque la fatigue, etc. Elle convient parfaitement aux personnes lymphatiques ou sanguines, qui tendent à l'obésité, aux individus voués à des travaux sédentaires, etc.

De la natation.

Quoi qu'on en ait dit, la natation ne peut s'exercer qu'à l'aide de mouvements réguliers qui exigent un apprentissage : on ne se soutient sur l'eau que par un ensemble de mouvements coordonnés et qui se passent dans les membres supérieurs et inférieurs alternativement fléchis et étendus. Il y a du reste diverses attitudes, différents mouvements dans les trois principaux modes de natation, la *brasse*, la *coupe* et la *planche*. La coupe, qui donne la progression la plus rapide, est aussi le mode le plus fatigant.

La natation développe la force musculaire d'une manière très-remarquable, et favorise l'ampliation de la poitrine, qui se gonfle et se dilate pour fournir des points d'appui plus solides aux muscles des épaules et du cou, et pour rendre le corps plus léger. Il s'y joint, en outre, les effets si avantageux des bains froids ou frais (voy. p. 138 et 141).

La natation est indiquée dans les circonstances déjà mentionnées à propos des bains, mais surtout pour les jeunes filles chlorotiques et les jeunes gens épuisés par les abus si communs à l'époque de la puberté. Quant aux précautions à prendre, nous devons encore renvoyer à ce que nous avons dit en parlant des bains.

De la lutte.

« Cet exercice, dit M. Londe, pratiqué entre deux individus dont le but est de se terrasser, réunit, à lui seul, les mouvements de préhension, de répulsion, de constriction, etc. Les lutteurs, en effet, se saisissent corps à corps, se serrent de leurs bras entrelacés, s'ébranlent par de fortes secousses, se raccourcissent, se soulèvent de terre, se plient en avant, en arrière et sur les côtés. Dans ces divers mouvements, les muscles du tronc et des membres sont dans une contraction forte et continue. » Ajoutons que les profondes inspirations nécessaires pour ces efforts dilatent la poitrine, accélèrent la circulation, etc. C'est donc un exercice violent dans toute l'acception du mot; il fortifie puissamment et pourrait être utile pour des sujets lymphatiques ou des enfants épuisés par de mauvaises habitudes. Mais il est à craindre que l'émulation ne dégénère en colère et la lutte en une rixe véritable. Certains exercices gymnastiques sont tout aussi avantageux que la lutte pour le développement de la force, et n'ont pas l'inconvénient de rendre le caractère violent et querelleur.

De quelques jeux qui exigent des mouvements actifs.

La plupart des jeux en usage chez les écoliers, les *barres* et autres jeux à courir ou à sauter, ne peuvent être que fortement recommandés; il en est de même du *ballon*, de la *balle*, qui exercent à la fois les membres supérieurs et inférieurs, donnent de l'adresse et de l'agilité; le *volant*, qui est un diminutif de la balle, est un délassement très-utile pour les personnes sédentaires, et en particulier pour les femmes. En jouant au volant, comme en jouant à la balle, il faut se servir alternativement des deux mains.

Le *billard* est un exercice aussi, mais très-modéré. On marche autour du billard, les efforts sont peu énergiques, mais ils demandent de la sûreté, de la précision. On s'incline, on se redresse, on varie les poses et les attitudes de mille manières. Il y a là des calculs pour lesquels il faut de la promptitude dans la détermination, et de la justesse dans le coup d'œil pour l'exécution; la conversation vient encore ajouter à l'animation de ce jeu, si approprié aux convalescents, aux personnes habituellement sédentaires, etc. Mais, comme le dit très-bien M. Lévy, cet exercice doit être pris dans un local vaste, bien aéré, et que n'empoisonne point un mélange d'émanations animales et de vapeur de tabac.

Le *palet*, les *quilles*, le *jeu de Siam*, les *boules*, agissent dans le même sens que le jeu de billard; ce sont là de bonnes et innocentes distractions qui exercent sans fatiguer.

De la gymnastique[1].

La gymnastique est, à proprement parler, l'art des exercices du corps. Dans un temps où la force physique donnait une véritable supériorité dans les combats, la gymnastique était cultivée avec ardeur. Son nom (*gumnos*, mot grec qui signifie *nu*) vient de l'habitude où étaient les anciens de se dépouiller de leurs vêtements pour s'y livrer avec plus de facilité. En Grèce, mais surtout à Sparte, les exercices faisaient partie de l'éducation de la jeunesse; les Romains s'y livraient avec ardeur dans le champ de Mars.

Il y avait, dans l'antiquité, trois sortes de gymnastique : 1° La *gymnastique militaire*, composée d'exercices spéciaux, tels que lancer le javelot, tirer de l'arc, etc. C'est la plus ancienne des trois. Les guerriers s'y préparaient aux combats dont elle offrait l'image; elle entrait dans l'éducation des citoyens chez les peuples de l'antiquité (Perses, Grecs, Romains); dans le moyen âge, les aspirants à la chevalerie

1. Voy. les ouvrages de MM. Londe, Amoros, Clias, Laisné, Heiser, etc.

devaient faire preuve de leur habileté dans le maniement des armes et dans certains exercices ; enfin les voyageurs, et Cook en particulier, ont trouvé cette gymnastique établie jusque parmi les peuplades sauvages de la mer du Sud.

2° La *gymnastique athlétique.* Ici l'art apparaît. Les athlètes qui figuraient dans les jeux publics en faisaient leur profession et se soumettaient à une éducation spéciale que rappelle, de nos jours, l'entraînement des boxeurs anglais. Ces exercices consistaient surtout dans la course, le saut, la lutte, le pugilat, etc. On ne s'occupait que de développer la puissance musculaire, laissant de côté l'intelligence ; aussi Platon et Galien nous peignent-ils les athlètes comme des hommes grossiers et stupides. Hercule, le type de la vigueur physique, l'athlète modèle, le père de la gymnastique, est représenté par les sculpteurs avec un corps à musculature énorme et une très-petite tête ; les poëtes comiques anciens font de sa gloutonnerie et de sa balourdise l'objet de leurs sarcasmes (Voy. Aristophane, *les Grenouilles*).

3° Vient enfin la *gymnastique médicale*, créée par Hérodicus, médecin presque contemporain d'Hippocrate (450 ans avant J. C.), et qui appliqua au rétablissement de la santé les divers exercices usités dans la gymnastique militaire ou athlétique, modifiés suivant les circonstances. Hérodicus en avait exagéré l'application ; mais les avantages en ont été signalés par les plus grands médecins de l'antiquité, Hippocrate, Dioclès, Celse, et par Galien lui-même, qui se vengeait sur les athlètes de la mésaventure qui lui arriva dans un gymnase, le jour où il se luxa l'épaule.

La gymnastique, longtemps négligée, a fait depuis quelque temps de remarquables progrès, d'abord en Allemagne et en Suède, dans la seconde moitié du siècle dernier, puis chez nous, où depuis une trentaine d'années elle a été introduite et enseignée avec ardeur par le colonel Amoros, ensuite par M. Clias, et enfin par MM. Triat et Laisné, à Paris ; Heiser, à Strasbourg, etc. Un arrêté récent de M. le ministre de l'Instruction publique, rendu après un remarquable rapport de M. le professeur Bérard sur la question, vient de déclarer la gymnastique obligatoire dans les colléges. C'est là une mesure d'utilité publique à laquelle nous ne pouvons qu'applaudir, en regrettant qu'elle ne puisse s'étendre à toutes les maisons d'éducation.

Si les avantages physiques que donnent les exercices gymnastiques peuvent être plus particulièrement profitables à une classe de citoyens, c'est assurément aux ouvriers; il serait donc bien important de joindre à l'enseignement primaire un certain nombre d'exercices gymnastiques simples et faciles, qui auraient pour objet de développer la vigueur des bras, l'adresse et l'agilité dans les mouvements.

Loin de nous la pensée de faire des élèves qui fréquentent les colléges, les pensions et les écoles, des clowns et des athlètes; mais l'expérience a trop hautement démontré les avantages que l'on peut tirer des exercices gymnastiques bien dirigés, pour que nous n'insistions pas de toutes nos forces sur la nécessité de faire jouir toutes les classes des bénéfices qu'ils procurent.

Voici en peu de mots quels sont ces exercices; ils se rapportent : 1° aux membres supérieurs; 2° aux membres inférieurs; 3° à la totalité du corps.

I. *Exercices des membres supérieurs.* Ils ont lieu les mains étant libres, ou armées d'un bâton, ou chargées de poids.

1° Les mains étant libres, les bras sont étendus horizontalement au niveau des épaules, portés en arrière, en avant; portés et arrondis au-dessus de la tête; fléchis, étendus obliquement, etc., d'une manière simultanée ou successive; 2° Les mains, armées d'une canne, sont portées en avant, en arrière, au-dessus de la tête, etc.; 3° Chargées chacune de deux boules en fer réunies par une poignée (haltères), ou d'une petite massue (mil) dont le poids est proportionné à la force de l'élève, les bras prennent différentes attitudes pareilles ou dissemblables pour chaque membre, et analogues à celles que l'on exécute les mains étant libres.

Viennent ensuite les exercices du trapèze, qui s'exécutent au moyen d'un bâton soutenu horizontalement en l'air par ses deux extrémités à l'aide de deux cordes verticales. Alors 1° les deux mains saisissent le bâton, les deux pieds traînent sur le sol, et un aide fait avancer à lui le bâton; 2° les deux mains saisissent le bâton, les pieds quittent le sol, et le corps ainsi suspendu se balance comme au jeu de l'escarpolette; 3° les mains, ayant fortement saisi le bâton, soulèvent le corps, qui monte entre les deux cordes verticales, se courbe en avant et reste ainsi soutenu presque horizontalement par les bras tendus en bas; 4° le dos est tourné vers le bâton, et les bras tendus en arrière saisissent les deux bouts du bâton, tandis que les jambes se fléchissent en arrière, et que les pieds, quittant le sol et remontant à la hauteur des mains, viennent se placer entre elles en appuyant par les cous-de-pied sur le bâton. Des exercices analogues ont lieu au moyen d'anneaux suspendus à des cordes verticales et que l'on empoigne fortement, ou bien au moyen de barres transversales, etc. Une corde tendue horizontalement ou une échelle placée dans la même situation peuvent servir de même à la suspension par les mains, qui, se portant successivement le long de la corde ou d'échelon en échelon, font exécuter au corps un mouvement de progression, les pieds ne posant pas sur le sol.

Exercices du grand portique. Ces exercices se pratiquent: 1° A l'aide de cordes verticales, à nœuds ou sans nœuds, flottantes par le bout inférieur ou tendues et fixées par leurs deux extrémités. Chaque main empoigne alternativement la corde à des hauteurs successivement croissantes, il en résulte l'ascension du corps. 2° Au moyen d'échelles de dimensions diverses et fixées dans leur situation ordinaire, c'est-à-dire oblique. L'élève se place au revers de l'échelle, et chaque main saisit alternativement l'échelon supérieur. Cet exercice peut encore s'exécuter au moyen de barres verticales traversées par des échelons, ou même le long d'un mur creusé de trous à diverses hauteurs et dans lesquels on place les mains l'une après l'autre.

On appelle *grand portique* une poutre horizontale soutenue à ses deux extrémités par deux poutres verticales, et à laquelle sont adossées les échelles ou suspendus les cordes ou les mâts qui servent aux exercices précédents.

Enfin on peut encore utilement exercer les membres supérieurs à l'aide de roues à tourner; de poids à tirer, à soulever; de dynamomètres, etc.

II. *Exercices des membres inférieurs.* Ils sont également assez nombreux. Ce sont : 1° des attitudes analogues aux positions de la danse; des marches diverses; des évolutions d'ensemble réglées par un rhythme musical; 2° des piaffements ou sautillements sur place; 3° des danses diverses à mouvements plus ou moins étendus; 4° des courses à temps réglés, exécutées sur un terrain horizontal, ou bien ascendant ou descendant, uni ou irrégulier, ferme ou mou. Pendant les courses, les mains peuvent être libres ou chargées de poids; on peut aussi porter des fardeaux sur les épaules ou sur le dos; 5° des sauts divers, verticaux ou obliques du sol sur le sol, d'un plan plus ou moins élevé sur le sol ou réciproquement, en se servant ou non d'une perche, et les mains étant libres ou chargées de poids.

III. *Exercices généraux.* Ils sont nécessairement plus compliqués et se prêtent moins à une description sommaire. Ces exercices sont éminemment salutaires et fortifiants, mais ils exigent une certaine force, et plusieurs nécessitent l'emploi préalable et continué pendant plus ou moins longtemps des exercices précédents. On peut y ranger : les luttes diverses, le pugilat, l'escrime, la natation, la voltige sur le trapèze ou sur un cheval; l'action de grimper aux mâts avec les mains et les genoux ou avec les mains et les pieds; le jet du disque, du javelot, de la boule et de la balle, etc.[1].

III. Mouvements communiqués.

Ici l'homme abdique plus ou moins son activité pour obéir aux impulsions qui lui viennent du dehors. Tantôt il

1. A cette énumération bien imparfaite, bien incomplète, nous croyons devoir joindre l'indication des exercices rendus obligatoires dans les lycées par le récent arrêté de M. le ministre de l'Instruction publique :

PREMIÈRE SÉRIE. — EXERCICES PRÉPARATOIRES.

Formation des pelotons. — Alignements. — Demi-tour à droite. — Marche de front. — Marche de flanc. — Conversion de pied ferme, en marche. — Changements de direction. — Ouvrir et resserrer les intervalles.

IIe SÉRIE. — MOUVEMENTS PARTIELS ET ASSOUPLISSEMENTS.

§ 1er. *Mouvements partiels et assouplissements des membres supérieurs.*

Élever et abaisser les bras sans flexion. — Mouvements des bras avec flexion. — Circomduction latérale des bras. — Mouvement horizontal des avant-bras. — Étendre les bras latéralement. — Étendre les bras verticalement. — Lancer alternativement les poings en avant.

§ 2. *Mouvements partiels et assouplissements des membres inférieurs.*

Fléchir la jambe. — Fléchir simultanément la cuisse et la jambe. — Fléchir sur les membres inférieurs. — Cadence modérée. — Cadence accélérée. — Cadence de course. — Flexions simultanées des jambes. — Flexion simultanée des cuisses et des jambes.

§ 3. *Mouvements de la tête et du tronc.*

Fléchir la tête en avant. — Mouvement d'extension de la tête. — Mouvement de rotation de la tête. — Fléchir le corps en avant. — Opérer l'extension du corps.

IIIe SÉRIE. — MARCHES, COURSES, SAUTS, EXERCICES PYRRHIQUES.

Marche au pas gymnastique. — Marcher sur la pointe des pieds. — Marcher sur les talons. — Fléchir sur les extrémités inférieures et marcher dans cette position. — Courir dans les chaînes gymnastiques. — Sautillement sur une jambe ou sur les deux jambes. — Saut de pied

reste entièrement passif, et son appareil musculaire tout entier est en repos, comme lorsqu'il est mollement étendu et

ferme en largeur et en hauteur. — Saut avec élan. — Saut en profondeur. — Saut à la perche. — Exercices pyrrhiques.

IVe SÉRIE. — Équilibres.

Se tenir sur une jambe, l'autre ployée en avant. — Se tenir sur une jambe, l'autre ployée en arrière. — Se pencher en avant, sur un pied. — Se pencher en arrière, sur un pied. — Se pencher à droite ou à gauche, sur un pied. — Poser les genoux à terre et se relever.

Ve SÉRIE. — Exercices avec les haltères et les mils.

1° Avec les haltères : Élever alternativement les haltères en avant, jusqu'à la hauteur des épaules. — Élever simultanément les haltères en avant, jusqu'à la hauteur des épaules. — Élever alternativement les haltères vers la droite et vers la gauche, jusqu'à la hauteur des épaules. — Élever simultanément les haltères vers la droite et vers la gauche, jusqu'à la hauteur des épaules. — Élever alternativement les haltères verticalement au-dessus des épaules. — Élever simultanément les haltères verticalement au-dessus des épaules. — Élever alternativament les haltères à hauteur des épaules et tendre les bras devant soi, en les dirigeant en haut. — Élever simultanément les haltères devant soi à hauteur des épaules et tendre les bras devant soi, en les dirigeant en haut. — Mouvement alternatif de circomduction autour de la tête, en commençant le mouvement par devant. — Mouvement alternatif de circomduction autour de la tête, en commençant le mouvement par derrière. — Tenir les haltères à bras tendu le plus horizontalement possible. — Élever alternativement les haltères avec les pieds, en pliant les jambes. — Élever alternativement les haltères avec les pieds, les jambes restant tendues en avant.

2° Avec les mils : Porter le mil à l'épaule. — Porter le mil en arrière. — Renverser le mil en arrière. — Porter le mil en avant. — Porter le mil en dehors, à droite. — Porter le mil en dedans, à gauche. — Porter le mil horizontalement en avant et le passer par-dessus la tête. — Élever le mil verticalement et le passer derrière la tête. — Abaisser le mil et le passer autour du corps. — Passer le mil en cercle par la gauche (ou par la droite). — Poser le mil à terre. — Porter le mil à bras tendu.

VIe SÉRIE. — Exercices avec les machines.

§ 1er. *Exercices par suspension.*

Suspension par les deux mains (ou par une main), etc. — Élever la tête au-dessus de la barre. — Suspension par le pli des bras. — Sus-

adossé dans une voiture ou dans une litière; tantôt il faut qu'il se maintienne dans une certaine position (Voy. *Station*)

pension par les pieds et les mains. — Suspension par le pli du bras et de la jambe. — Passer de l'état de suspension à une position de repos ou d'équilibre au-dessus des barres. — Rétablissement sur la jambe. — Rétablissement par renversement. — Rétablissement sur les avant-bras. — Rétablissement sur les poignets. — Progression latérale vers la droite (ou vers la gauche). — Progression par le flanc droit (ou gauche). — Progression par brasses.

§ 2. *Exercices des poutres.*

Passage sur la poutre. — Passer à cheval, en avant. — Passer à cheval, en arrière. — S'asseoir sur la poutre et se mouvoir de côté. — S'enlever sur les poignets, face à la poutre, et se mouvoir de côté. — Étant à cheval, se mouvoir sur les mains en avant ou en arrière. — Suspension avec mouvement de progression au-dessous de la poutre. — Se mouvoir à l'aide des pieds et des mains, étant suspendu à la poutre. — Se suspendre, face à la poutre, et se mouvoir de côté. — Se suspendre à la poutre en la saisissant avec une main de chaque côté, et se mouvoir en avant (ou en arrière). — Établissement et rétablissement sur la poutre. — Descendre de la poutre. — Etant à cheval, passer la jambe droite par-dessus la poutre et descendre.

§ 3. *Exercices du portique et de ses agrès.*

1° Échelles de bois : Monter et descendre par devant. — Monter à l'aide des pieds et des mains, faisant face à l'échelle. — Monter à l'aide des pieds et des mains, en tournant le dos à l'échelle. — Monter à l'aide des pieds seulement. — Monter par les montants, à l'aide des pieds seulement. — Monter par les montants, à l'aide des mains et des jambes. — Descendre à l'aide des pieds et des mains, faisant face à l'échelle. — Descendre à l'aide des pieds et des mains, en tournant le dos à l'échelle. — Descendre en se laissant glisser le long des montants. — Monter et descendre par derrière. — Monter à l'aide des pieds et des mains. — Monter aux échelons, en plaçant les mains l'une après l'autre sur un échelon différent. — Monter aux échelons par saccades. — Monter en saisissant un échelon d'une main et un montant de l'autre. — Monter par les deux montants. — Monter par les deux montants, par saccades. — Monter en saisissant tour à tour, par saccades, les montants et les échelons. — Descendre à l'aide des pieds et des mains. — Descendre les échelons en plaçant les mains l'une après l'autre sur le même échelon. — Descendre les échelons en plaçant les mains sur un échelon différent. — Descendre les échelons par saccades. — Descendre en saisissant un échelon d'une main et un montant de l'autre. — Deset exécute quelques mouvements, comme dans l'équitation dans les promenades en bateau avec le travail de la rame : dans ces cas il y a activité dans certaines parties, passivité dans d'autres; l'exercice est mixte.

Exercices passifs.

Les exercices passifs, comme celui qui consiste à se faire traîner en voiture, n'agissent sur l'économie que par les se-

cendre par les deux montants. — Descendre par les deux montants par saccades. — Descendre en saisissant tour à tour, par saccades, les montants et les échelons. — Passer du devant de l'échelle par derrière et réciproquement.

2° Cordages simples et mixtes : Monter par une échelle de cordes à l'aide des pieds et des mains et descendre. — Monter à l'aide des pieds et des mains par devant une échelle de cordes inclinée et descendre. — Monter à l'aide des pieds et des mains par derrière une échelle de cordes inclinée et descendre. — Monter par une corde à consoles et descendre. — Monter par une corde à nœuds et descendre. — Monter par une corde lisse, à l'aide des mains seulement, et descendre. — Monter à deux cordes, à l'aide des mains seulement, et descendre. Relever la corde pour s'y donner un point d'appui, soit sous la cuisse, soit sous le pied. — Monter à l'échelle de bois rasé et descendre.

3° Exercices des perches : Monter à la perche à l'aide des pieds et des mains et descendre.—Monter à la perche, à l'aide des mains seulement, et descendre. — Monter par une perche et descendre par l'autre. — Monter par deux perches et descendre. — Monter par deux perches, par saccades, et descendre. — Monter par-dessous une perche inclinée et descendre. — Monter par-dessus une perche inclinée et descendre.

4° Escalade du portique par émulation.

§ 4. *Exercices des mâts verticaux.*

Se lancer en avant au moyen de la corde. — Se lancer en avant et revenir au point de départ.

§ 5. *Exercices de voltige sur les poutres, les barres et le trapèze.*

1° Voltige sur la poutre : Se mettre à cheval sur la poutre. — Faire face en arrière, étant à cheval sur la poutre. — Étant à cheval sur la poutre, sauter à terre. — Franchir la poutre.

2° Voltige sur les barres parallèles : Suspension sur les mains. — Se porter en avant ou en arrière par un mouvement alternatif des mains. — Se porter en avant ou en arrière, par saccades. — Descendre le corps et le remonter par la flexion et l'extension des bras. — Balancer les

cousses douces ou rudes qu'elles lui impriment. Ces secousses, quand elles sont modérées, sont favorables aux viscères intestinaux, elles favorisent la nutrition, mais l'appareil musculaire, les organes de la circulation et de la respiration n'ont aucun profit à en tirer.

Les promenades dans une voiture bien suspendue seront très-avantageuses aux personnes tombées dans un grand état de faiblesse, soit par suite de maladie, soit par toute

jambes en avant et en arrière. — Suspension par les mains et les pieds. — Porter les jambes en avant sur la barre droite, ensuite sur la barre gauche. — Porter les jambes en arrière sur la barre droite, ensuite sur la barre gauche. — Soutenir le corps sur les poignets, dans une position horizontale, les jambes en arrière. — Se lancer à terre, en avant, vers la droite (ou vers la gauche). — Se lancer à terre, en arrière, vers la droite (ou vers la gauche). — Franchir les barres en trois temps, en s'élançant en avant, à droite (ou à gauche). — Franchir les barres en quatre temps, en s'élançant en arrière (à droite ou à gauche). — Franchir les barres en deux temps. — Se suspendre par les mains et se porter en avant et en arrière. — S'établir sur les barres, le corps suspendu sur les mains. — Se suspendre par les mains et les pieds, le dos vers la terre. — S'établir debout sur les barres. — Étant debout sur les barres, s'y suspendre par les mains et les pieds, la face vers la terre.

3° Voltige sur le trapèze : Saisir la base du trapèze et élever le corps en faisant effort des poignets. — Saisir la base du trapèze, se balancer et se lancer le plus loin possible. — S'établir sur la base du trapèze en s'y appuyant sur le ventre, et descendre. — S'établir sur la base du trapèze, s'y asseoir et descendre. — Saisir la base du trapèze, s'y suspendre en accrochant les pieds aux montants du trapèze et descendre. — Monter par les montants du trapèze et descendre. — S'établir sur la base du trapèze et se tenir dessus, puis au-dessous, dans une position horizontale.

§ 6. *Exercices de la course volante.*

§ 7. *Exercices des poignées brachiales.*

§ 8. *Exercices de la balançoire brachiale.*

VIIe SÉRIE. — Escrime. — Tir a l'arc. — Lancer la barre.

VIIIe SÉRIE. — Natation. — Exercices hors de l'eau. — Exercices dans l'eau.

IXe SÉRIE. (Exercice facultatif). — Équitation.

Paris, le 13 mars 1854. H. Fortoul.

autre cause, ou dont le système nerveux a été violemment surexcité. Outre l'avantage de respirer un bon air sans fatigue, la digestion et la nutrition sont activées, ce qui favorise le retour des forces et permet des exercices plus actifs, qui conduisent au rétablissement complet de la santé.

N'oublions pas de dire que la voiture ne doit point être fermée hermétiquement, car alors on respirerait bientôt un air vicié; disons enfin que la voiture ne convient point aux personnes obèses et pléthoriques. Les voitures mal suspendues déterminent des secousses très-pénibles, des douleurs à la tête, des nausées, etc

La promenade en bateau, sur une eau tranquille, courante ou stagnante, mais profonde, c'est-à-dire exempte d'émanations nuisibles, et sans que l'on prenne part au travail de la rame, convient dans les mêmes circonstances que la promenade en voiture et par les mêmes raisons.

Le jeu de l'escarpolette et de la balançoire, quand on est assis et appuyé dans un fauteuil, agit doucement, sans fatigue; mais certaines personnes ne peuvent s'y livrer sans éprouver des accidents analogues à ceux du mal de mer, étourdissements, nausées, etc.

Exercices mixtes.

Le corps, dans ces exercices, ne se laisse pas aller automatiquement aux mouvements qui lui sont communiqués, mais il réagit dans une certaine mesure, soit pour se tenir dans la station debout ou surtout assise, comme on le fait en général dans une voiture ou dans un bateau, soit par certains mouvements qui doivent contribuer à la progression, comme dans l'équitation et dans l'action de ramer, ou pour donner l'impulsion à une escarpolette sur laquelle on se place debout en tenant les cordes des deux mains.

Dans l'équitation, il faut se maintenir sur le cheval et

se prêter à ses mouvements tout en les dirigeant. Il y a donc activité, surtout de la part des muscles redresseurs de la colonne vertébrale et des muscles des cuisses, particulièrement dans le monter à l'anglaise; la poitrine se dilate, l'appétit s'aiguise et les digestions se font très-bien.

L'exercice dont il s'agit doit être pris entre les repas, après un certain intervalle, à moins que l'on ne veuille aller au pas ou au petit galop, allure réellement très-douce. Le trot est rude et fatigant.

L'équitation est très-avantageuse pour les personnes livrées à des travaux de cabinet, ou à d'autres occupations sédentaires, pour les convalescents, les personnes âgées, les femmes dont les fonctions spéciales sont languissantes, les individus tourmentés de névroses, etc.

La maigreur, la mauvaise santé des postillons toujours en selle, montrent les dangers de l'abus, auxquels se joignent les veilles prolongées, l'influence des intempéries, les excès alcooliques.

L'action de ramer en bateau développe les forces musculaires des bras, favorise l'ampliation de la poitrine; c'est donc là un excellent exercice.

Quant à la navigation, que certains auteurs rangent parmi ces exercices, elle profite surtout par l'action de l'atmosphère maritime; mais le mal de mer fatigue horriblement les novices, et même il est des personnes qui ne peuvent jamais s'habituer au roulis et au tangage du vaisseau.

Les meilleurs moyens de lutter contre le mal de mer sont: 1° de se tenir couché le plus près possible du centre du bâtiment, là où les oscillations sont le moins marquées, puisque l'on est sur l'axe autour duquel elles s'accomplissent; 2° de comprimer le ventre et surtout le creux de l'estomac avec une large ceinture convenablement serrée; 3° de boire, pour éviter que l'estomac ne se contracte à vide, ce qui est très-douloureux, et de boire de l'eau fraîche de préférence à toute autre chose.

Principes généraux applicables aux différentes sortes d'exercices.

Il est nécessaire de résumer et de formuler d'une manière succincte les principes généraux applicables aux différentes sortes d'exercices que nous venons de passer en revue.

I. Il faut s'exercer au grand air, ou, pendant la mauvaise saison, dans de vastes pièces bien aérées ;

II. Les exercices violents ne conviennent ni immédiatement après, ni immédiatement avant les repas ;

III. Pour les exercices violents, il faut des vêtements légers et qui n'exercent aucune constriction, sauf la constriction modérée et salutaire exercée par une large ceinture qui embrasse et soutient le ventre ;

IV. A la suite des exercices violents, il faut éviter les refroidissements, changer de linge, prendre des vêtements plus épais, etc. ;

V. Dans le cours des exercices il faut éviter la prédominance d'une partie sur les autres, et répartir également les actions musculaires ;

VI. Proportionner les exercices aux dépenses que peut faire l'économie pour le développement de la puissance musculaire, c'est-à-dire ne pas les pousser jusqu'à la fatigue, qui entraînerait le dépérissement des autres organes ;

VII. Procéder par gradation ;

VIII. Faire varier les exercices : 1° suivant les tempéraments : actifs pour les lymphatiques et les sanguins, modérés et mixtes pour les nerveux ; les sujets pléthoriques doivent éviter les efforts ; 2° suivant les âges : il est utile de commencer de bonne heure ; du reste, on peut dire que les exercices sont nécessaires à l'homme pendant toute sa vie ; modérés chez les vieillards ; 3° de même pour les sexes : il est évident que l'on ne fera pas faire aux jeunes filles ni aux femmes les mêmes exercices qu'aux jeunes garçons et qu'aux hommes.

APPENDICE.

UN MOT SUR L'ENTRAÎNEMENT PAR LA MÉTHODE ANGLAISE.

Qu'est-ce donc que cet entraînement employé par les Anglais pour dresser des coureurs, des boxeurs, etc. ? C'est un ensemble de moyens destinés à modifier l'organisme de telle sorte que l'on obtienne à volonté, soit l'amaigrissement du corps avec développement de la puissance respiratoire, comme pour les jockeys et les coureurs; soit le développement de la puissance musculaire, comme pour les boxeurs. Assurément de pareilles prétentions paraissent au-dessus de la puissance humaine, et cependant l'expérience a jugé cette question. « Pour régler le développement des appareils organiques, pour tempérer l'un par l'autre, l'hygiène a des ressources dont ne peuvent se faire une idée les personnes qui sont restées complétement étrangères à la science de la vie. Créer de la matière organisée, fût-ce celle d'un simple polype ou d'une moisissure, est et sera à tout jamais au-dessus de la puissance de l'homme. Mais qu'on donne à l'homme une créature vivante, il la modifie, il la pétrit à son gré. Pour subvenir à ses besoins naturels, pour satisfaire à ses appétits factices, il a transformé en quelque sorte les animaux qu'il s'est soumis. Chez ceux-ci, qu'il destine à sa table, il a amoindri le poids relatif du squelette, diminué la tête, raccourci les membres et démesurément amplifié les masses charnues et succulentes que la digestion élaborera. Chez ceux-là, dont il utilise la vitesse, il a élevé la taille, effilé les membres, élargi la poitrine et desséché les muscles. Ce pouvoir de modifier les êtres vivants, il le fait sentir à ses semblables; et tandis que, soumis à certaines pratiques, tel homme acquiert les forces athlétiques et l'énergie musculaire qui assurent le triomphe dans ces luttes si chères à l'Angleterre, cet autre, obéissant à des règles différentes, se verra méthodiquement réduit au poids qu'il ne pourrait dépasser sans renoncer à la profession qui le fait vivre. » (Bérard, *Rapport sur l'enseignement de la gymnastique dans les colléges.*)

On arrive à réduire le poids du corps chez les coureurs et les jockeys à l'aide des purgatifs, des sueurs provoquées, des exercices violents et d'une alimentation insuffisante, etc. Mais ces divers procédés agissent en même temps d'une manière très-fâcheuse sur la constitution, et il est reconnu que la plupart des coureurs et des jockeys meurent jeunes. Il n'en est pas de même pour les boxeurs, et l'exposé succinct des procédés de l'entraînement auquel on les soumet va le faire facilement comprendre.

Après avoir été convenablement préparé pendant quelque temps par des transpirations suivies d'immersions dans l'eau froide, des purgations, des frictions, etc., on suit le régime ci-après :

Lever à cinq heures du matin en été, au petit jour en hiver; immédiatement après, trois ou quatre heures d'exercices; course, saut, équitation, marche. A huit heures, déjeuner avec du bœuf ou du mouton rôti ou bouilli, du pain rassis ou du biscuit; pour boisson, du porter ou du vin de Porto coupé avec de l'eau, un verre ou deux seulement. Entre le déjeuner et le dîner, exercices semblables à ceux du matin, ou bien divers exercices destinés à développer la force des bras (Voy. plus haut la *Gymnastique*). Dîner à deux heures avec du mouton ou du bœuf rôti ou grillé (toute autre viande blanche ou de gibier est interdite); boisson comme au déjeuner. Après le dîner, de nouveau promenade, course, équitation, et toujours de manière à transpirer. A huit heures du soir, deux heures avant le coucher, un léger souper avec un peu de viande froide. Enfin sept heures de sommeil dans un lit dur et sans rideaux.

L'entraînement a lieu à la campagne; les liqueurs, les ragoûts, les assaisonnements, les légumes, sauf un peu de pommes de terre, sont sévèrement rejetés du régime; le tabac est proscrit comme énervant.

Or, est-il possible de réunir plus de conditions favorables au développement de la vigueur? Aussi les effets de l'entraînement ainsi pratiqué sont-ils des plus remarquables. En peu de temps, c'est-à-dire au bout de deux ou trois mois, l'embonpoint factice a disparu pour faire place à l'accroissement de l'appareil musculaire, devenu ferme, résistant, élastique; le ventre s'efface, la poitrine est saillante, la respiration ample et profonde, la peau lisse et tendue; les contusions déterminent des effets à peine marqués; les sens acquièrent plus de délicatesse, etc. (Royer-Collard, *Mémoires de l'Académie de médecine*, t. X, an 1842.)

Assurément ces résultats sont assez remarquables pour que l'on imite ces procédés, avec moins de rigueur assurément, chez les sujets lymphatiques ou débilités par une cause quelconque. C'est rentrer dans la gymnastique médicale, si justement appréciée par les anciens.

FIN.

TABLE DES MATIÈRES.

INTRODUCTION.

PREMIÈRE PARTIE.

INFLUENCE DES AGENTS EXTÉRIEURS.

PREMIÈRE SECTION.

INFLUENCE DES AGENTS PHYSIQUES ET CHIMIQUES DE LA NATURE.

SECONDE SECTION.

DES MOYENS EXTÉRIEURS DESTINÉS A COMBATTRE LES INFLUENCES DES AGENTS PHYSIQUES ET CHIMIQUES DE LA NATURE.

TROISIÈME SECTION.

DES SUBSTANCES DESTINÉES A RÉPARER LES ORGANES.

DEUXIÈME PARTIE.

INFLUENCES INDIVIDUELLES.

FIN DE LA TABLE.

Ch. Lahure, imprimeur du Sénat et de la Cour de Cassation
(ancienne maison Crapelet), rue de Vaugirard, 9.

Librairie de L. HACHETTE et Cie, rue Pierre-Sarrazin, n° 14, à Paris.

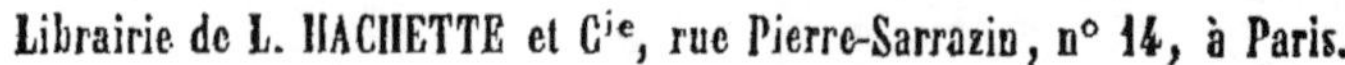

BIBLIOTHÈQUE DES CHEMINS DE FER.

500 VOLUMES IN-16

à 50 centimes, 1 franc, 2 francs et 3 francs.

Il n'est personne qui ne connaisse aujourd'hui la valeur littéraire et l'élégante exécution de la *Bibliothèque des chemins de fer*. Sur les cinq cents volumes annoncés, deux cents ont paru et un grand nombre ont été déjà réimprimés.

Cette collection a donc fait ses preuves. Il n'est plus nécessaire d'en indiquer le plan et l'esprit; il suffit de rappeler qu'elle offre à chaque voyageur, selon son âge, ses goûts, sa profession, un ensemble d'ouvrages amusants, curieux, utiles et toujours moraux. Mais il est important de signaler à l'attention des lecteurs deux améliorations considérables qui viennent d'être apportées à cette publication.

L'importance de la vente a permis aux éditeurs d'opérer dans les prix une très-forte réduction. Le catalogue ci-après constate qu'un grand nombre de ces prix ont été réduits de 25, 30 et même 50 pour cent. Plus de cent volumes sont aujourd'hui cotés à 50 centimes ou à 1 franc. La *Bibliothèque des chemins de fer* ne sera donc pas moins recherchée pour l'extrême modicité des prix que pour l'excellence de la rédaction, la bonne exécution et la haute moralité des livres qui la composent.

Indépendamment de cette réduction de prix, et pour donner satisfaction aux personnes qui préfèrent, à une impression en gros caractères et d'une lecture très-facile, la grande abondance de matière, les éditeurs viennent d'ajouter à leur *Bibliothèque* une huitième série qui ne comprendra que des éditions compactes, dont les prix atteindront aux dernières limites du bon marché.

La *Bibliothèque* se divisera donc à l'avenir en huit séries, savoir :

1. GUIDES DES VOYAGEURS.

Cette série comprend : 1° des *Guides-itinéraires* pour toutes les lignes de chemins de fer; 2° des *Guides-cicerone* à l'usage des voyageurs en France et dans les pays étrangers ; 3° des *Guides-interprètes*, ou dialogues en langue française et en langue étrangère, etc.

Jusqu'à ce jour, le seul mérite des ouvrages de ce genre était l'exactitude : on y trouvait des renseignements, mais la lecture en était insoutenable. Ceux que nous offrons au public, rédigés sans exception par des littérateurs distingués, et illustrés de nombreuses gravures, ne se bornent pas à donner aux voyageurs de sèches indications. La critique, l'histoire, les légendes, la description des mœurs et des paysages y tiennent la place qui leur est due; et, pour être amusants, spirituels et pittoresques, ces guides ne sont ni moins exacts ni moins utiles.

Le *Guide de Paris*, illustré de 300 gravures, rédigé par nos littérateurs les plus distingués, est une des œuvres de ce genre les plus remarquables qui aient été publiées jusqu'à ce jour.

2. HISTOIRE ET VOYAGES.

Les noms de *Guizot*, de *Lamartine*, de *Michelet*, de *Saint-Simon*, disent assez toute l'importance que les éditeurs ont donnée aux ouvrages consacrés à l'histoire. La réunion de ces ouvrages formera comme une galerie de tableaux où les grands hommes et les principaux événements des temps modernes seront représentés par les plus célèbres écrivains sous leur aspect le plus dramatique.

Les Voyages fourniront un grand nombre de volumes.

On sait quel accueil le public et la presse ont fait au *Voyage d'une femme au Spitzberg*, par Mme L. d'Aunet, à la *Grèce contemporaine*, par M. E. About, aux *Mœurs et coutumes de l'Algérie*, par le général E. Daumas, à *la Russie contemporaine*, par M. L. Le Duc, à la *Turquie actuelle*, par M. Ubicini; ces divers ouvrages ne sont que les parties d'une même œuvre, destinée à faire connaître le climat, les mœurs, le gouvernement de tous les pays importants du globe.

3. LITTÉRATURE FRANÇAISE.

Chateaubriand, Balzac, Lamartine, Frédéric Soulié, Théophile Gautier, Champfleury, Ed. About, tels sont les principaux noms qu'offre déjà cette série. Bien d'autres noms aimés du public vont y prendre place.

4. LITTÉRATURES ÉTRANGÈRES.

Les littératures anglaise, américaine, allemande, espagnole, russe et danoise ont déjà fourni un certain nombre de romans, de contes et de récits dont plusieurs n'avaient point encore été traduits. Dickens, Auerbach, Gogol, Pouschkine, Tourgheniel s'y trouvent à côté d'Apulée et de Cervantès.

5. AGRICULTURE ET INDUSTRIE.

Cette série est consacrée à de petits livres, destinés à propager les bonnes méthodes de culture, les découvertes et les innovations. Les *Substances alimentaires*, la *Maladie des végétaux*, de M. Payen, le *Matériel agricole*, de M. Jourdier, et l'*Apiculture*, de M. de Frarière, le *Jardinage*, de M. Ysabeau, font partie de cette série qui formera, pour toutes les campagnes, une indispensable collection. *La pisciculture, le drainage*, *l'art vétérinaire* seront prochainement publiés.

6. LIVRES ILLUSTRÉS POUR LES ENFANTS.

Les enfants ont leurs livres: livres amusants où ils trouvent beaucoup d'images. Ces images leur plairont d'autant plus qu'elles seront toutes, à l'avenir, dues au crayon de Bertall, notre spirituel dessinateur. Il n'est pas inutile de tenir ces petits voyageurs tranquillement occupés.

7. OUVRAGES DIVERS.

Certains ouvrages ne peuvent se classer dans les séries qui précèdent; ainsi dans quelle catégorie placer un livre sur la *Chasse*, un livre sur la *Pêche*, un livre sur la *Cuisine*, un livre sur le *Turf?* Sous le titre d'*Ouvrages divers*, les livres dont le sujet ne rentrera dans aucune des séries précédentes, sont rangés dans cette septième série, qui, par l'extrême variété qu'elle présente, n'est pas la moins intéressante.

8. ÉDITIONS COMPACTES ET ÉCONOMIQUES.

Dans cette huitième série seront compris des ouvrages de toute nature, appartenant, par le sujet qui y sera traité, aux diverses séries précédentes, mais réunis pour leur uniformité matérielle et exécutés de manière à contenir, dans un seul volume d'un prix extrêmement modique, des œuvres d'une étendue considérable.

Cependant, bien que compactes et économiques, ces éditions seront encore imprimées avec le plus grand soin sur très-beau papier et en caractères fort lisibles; aussi sont-elles destinées à devenir très-populaires.

Les volumes qui composent la Bibliothèque des chemins de fer se trouvent à la librairie des éditeurs, rue Pierre-Sarrazin, n° 14, chez les principaux libraires de Paris et de l'Étranger et dans les gares importantes des chemins de fer.

CATALOGUE DE LA BIBLIOTHÈQUE DES CHEMINS DE FER.

1. GUIDE DES VOYAGEURS.

(Couleur rouge.)

A 50 CENTIMES.

De Paris à Corbeil.
Enghien (*E. Guinot*).
Le Parc de Versailles (*F. Bernard*).
Petit itinéraire de Paris à Nantes.
Petit itinéraire de Paris à Rouen.
Petit itinéraire de Paris au Havre.
Promenade au château de Compiègne (*E. Guinot*).

A 1 FRANC.

De Paris à Orléans (*Moléri*).
De Strasbourg à Bâle (*Moléri*).
Dieppe et ses environs (*Eugène Chapus*).
D'Orléans à Tours (*A. Achard*).
D'Orléans au Centre (*A. Achard*).
Fontainebleau (*F. Bernard*).
Le Château et le Parc de Versailles (*F. Bernard*).
Les Ports militaires de la France (*Neuville*).
Mantes et ses environs (*Moutié*).
Vichy et ses environs (*Louis Piesse*).

A 2 FRANCS.

Belgique (*Félix Mornand*).
De Lyon à la Méditerranée (*F. Bernard*).
De Paris à Bordeaux (*A. Achard, de Peyssonnel*).
De Paris à Bruxelles (*Félix Mornand*).
De Paris à Dieppe (*Eugène Chapus*).
De Paris à Lyon (*F. Bernard*).
De Paris à Nantes (*F. Bernard*).
De Paris à Strasbourg (*Moléri*).
De Paris au centre de la France (*A. Achard*).
De Paris au Havre (*E. Chapus*).
De Paris au Mans (*Moutié*).
Guide du Voyageur à Londres.
Les Bords du Rhin (*F. Bernard*).
L'interprète anglais-français (*Fleming*).
L'interprète français-anglais (*Fleming*).

A 3 FRANCS.

L'interprète allemand-français (*de Suckau*)
Paris illustré (2 volumes en un).

2. HISTOIRE ET VOYAGES.

(Couleur verte.)

A 50 CENTIMES.

Assassinat du maréchal d'Ancre.
Gutenberg (*de Lamartine*).
Héloïse et Abélard (*de Lamartine*).
Histoire du siége d'Orléans (*J. Quicherat*).
La Conjuration de Cinq-Mars.
La Conspiration de Walstein.
La Jacquerie.
Légende de Charles le Bon.
La Mine d'ivoire.
La Saint-Barthélemy.
La Vie et la Mort de Socrate.
Pitcairn ou la Nouvelle île fortunée.

A 1 FRANC.

Aventures du baron de Trenck (*P. Boiteau*).
Campagne d'Italie (*Giguet*).
Charlemagne et sa cour (*Hauréau*).
Christophe Colomb (*de Lamartine*).
Deux ans à la Bastille (*de Staal*).
Edouard III (revu par M. *Guizot*).
Fénelon (*de Lamartine*).
Guillaume le Conquérant (revu par M. *Guizot*).
Henriette d'Angleterre (*Mme de La Fayette*).
Jeanne d'Arc (*Michelet*).
Le Cid Campéador (*de Monseignat*)
Les Convicts en Australie (*P. Merruau*).
Les Emigrés français en Amérique.
Les Iles d'Aland (*Léouzon Le Duc*).
Louis XI et Charles le Téméraire (*Michelet*).
Mazarin (*H. Corne*).
Nelson (*de Lamartine*).
Pie IX (*de Saint-Hermel*).
Richelieu (*H. Corne*).
St Dominique (*E. Caro*).
St François d'Assise (*F. Morin*)
Voyage de Forbin à Siam.
Voyage en Afrique (*Levaillant*).
Voyage en Californie (*E. Auger*)

A 2 FRANCS.

Alfred le Grand (*Guillaume Guizot*).
Aventures de R. Fortune en Chine.
François Ier et sa cour (*Hauréau*).
La Grande Charte d'Angleterre (*C. Rousset*).
La Nouvelle-Calédonie (*Ch. Brainne*)
Law, son Système et son époque (*A. Cochut*).
Le Régent et la cour de France (*St-Simon*).
Louis XIV et sa cour (*St-Simon*)
Madame de Maintenon (*G. Héquet*).
Mœurs et Coutumes de l'Algérie (général *Daumas*).
Origine des Etats-Unis (*P. Lorain*).
Scènes de la Vie maritime (*B. Hall*).
Souvenirs de Napoléon Ier (*de Las Cases*)
Un chapitre de la Révolution (*de Monseignat*).
Voyage dans les glaces du pôle (*Hervé et de Lanoye*).

A 3 FRANCS.

La Grèce contemporaine (*Ed. About*).
La Russie contemporaine (*L. Le Duc*).
Voyage d'une femme au Spitzberg (*Léonie d'Aunet*).
La Turquie actuelle (*Ubicini*).

3. LITTÉRATURE FRANÇAISE.

(Couleur cuir.)

A 50 CENTIMES.

La Bourse (*de Balzac*).
La Métromanie (*Piron*).
L'Avocat Patelin (*Brueys*)
Le Joueur (*Regnard*).
Le Philosophe sans le savoir (*Sedaine*).
Scènes de la vie politique (*de Balzac*)
Zadig (*Voltaire*).

A 1 FRANC.

Contes excentriques (*Ed. Neuil*).
Ernestine, Caliste, Ourika (*de Charrière*, etc.).
Geneviève (*de Lamartine*).
Graziella (*de Lamartine*).
La Colonie rocheloise (*l'abbé Prevost*).
L'Amour dans le mariage (*F. Guizot*).
Le Lion amoureux (*Fr. Soulié*).
Les Arlequinades (*Florian*).
Les Oies de Noël (*Champfleury*).
Militona (*Théophile Gautier*).
Palombe (*J. B. Camus*).
Paul et Virginie (*B. de Saint-Pierre*).
Pierrette (*de Balzac*).
Théâtre choisi de *Lesage*.

A 2 FRANCS.

Eugénie Grandet (*de Balzac*)
Théâtre choisi de *Beaumarchais*.
Tolla (*Ed. About*).
Ursule Mirouët (*de Balzac*).

A 3 FRANCS.

Atala, René, les Natchez (*de Chateaubriand*).
Les Martyrs et le dernier Abencérage (*id.*).
Le Génie du Christianisme (*id.*).
Nouvelles genevoises (*Töpffer*).
Rosa et Gertrude (*id.*).

4. LITTÉRATURES ÉTRANGÈRES.

(Couleur jaune.)

A 50 CENTIMES.

Costanza (*Cervantès*).
Jonathan Frock (*H. Zschokke*).
La Bohémienne de Madrid (*Cervantès*)
Voyage en France (*Sterne*).

A 1 FRANC.

Aladdin.
Contes d'*Apulée*.
Contes d'*Auerbach*.
Djouder le Pêcheur.
La Bataille de la Vie (*Dickens*).
La Fille du Capitaine (*Pouschkine*).
La Mère du Deserteur (*W. Scott*).
Le Grillon du Foyer (*Dickens*).
Le Mariage de mon grand-père.
Lettres choisies de lady *Montague*.
Nouvelles choisies d'*Edgard Poe*.
Nouvelles choisies de *Nicolas Gogol*.
Nouvelles choisies du *comte Sollohoub*.
Tarass Boulba (*N. Gogol*).
Werther (*Gœthe*).

A 2 FRANCS.

La fille du chirurgien (*Walter Scott*).
Nouvelles danoises (trad. par *X. Marmier*).

A 3 FRANCS.

Mémoires d'un seigneur russe (*J. Tourghenief*).

5. AGRICULTURE ET INDUSTRIE.

(Couleur bleue.)

A 1 FRANC.

La Télégraphie électrique (*F. Bois*).
Le Jardinage (*Ysabeau*).
Les Chemins de fer français (*V. Bois*).

A 2 FRANCS.

Les Abeilles et l'Apiculture (*de Frarière*).
Maladies de la Pomme de terre (*Payen*).
Matériel agricole (*A. Jourdier*).

A 3 FRANCS.

Des Substances alimentaires (*Payen*).

6. LIVRES ILLUSTRÉS POUR LES ENFANTS.

(Couleur rose.)

A 1 FRANC.

Enfances célèbres (*Mme L. Colet*).
Fables de *Fénelon*.
Voyages de Gulliver (*Swift*).

A 2 FRANCS.

Choix de petits drames, *de Berquin*
Contes choisis des frères *Grimm*.
Contes des Fées (*Perrault, etc.*)
Contes de l'Adolescence (*miss Edgeworth*).
Contes de l'Enfance (*miss Edgeworth*).
Contes moraux (*Mme de Genlis*).
Don Quichotte (*Cervantès*).
La Caravane (*Hauff*).
La Petite Jeanne (*Mme Carraud*).
Nouveaux contes (*Mme de Baur*).

7. OUVRAGES DIVERS.

(Couleur saumon.)

A 1 FRANC.

Anecdotes du règne de Louis XVI.
Anecdotes du temps de la Terreur.
Anecdotes du temps de Napoléon Ier.
Anecdotes historiques et littéraires.
Aventures de Cagliostro (*de St-Félix*).
La Sorcellerie (*Louandre*).
Mesmer, ou le Magnétisme (*Bersot*)

A 2 FRANCS.

Etudes biographiques (*Le Fevre Deumier*).
Les Chasses princières (*E. Chapus*).
Le Sport à Paris (*E. Chapus*).
Œhlenschlager (*Le Fevre Deumier*).
Souvenirs de Chasse (*Viardot*).

A 3 FRANCS.

La Chasse à tir en France (*La Vallée*)
Les Cartes à jouer (*P. Boiteau*).
Le Turf (*E. Chapus*).

8. ÉDITIONS ÉCONOMIQUES.

(Couleur chamois.)

A 1 FRANC.

Aventures d'une colonie d'émigrants (traduites par *X. Marmier*).
Jane Eyre (*Currer-Bell*).
La Jeunesse de Pendennis (*Thackeray*).
Le tueur de lions (*J. Gérard*).
Stella et Vanessa (*de Wailly*).
Opulence et Misère (*Miss Ann. Stephens*).
Tancrède de Rohan (*Henri Martin*).

A 2 FRANCS.

La Case de l'oncle Tom (*Beecher Stowe*).
L'Allumeur de réverbères (*Miss Cumming*).

Imprimerie de Ch. Lahure (ancienne maison Crapelet)
rue de Vaugirard, 9, près de l'Odéon.

www.ingramcontent.com/pod-product-compliance
Ingram Content Group UK Ltd.
Pitfield, Milton Keynes, MK11 3LW, UK
UKHW012154240726
13966UKWH00002B/319